Knaur.

Knaur.

Über die Herausgeberin:
Dr. Elke Fröhlich, Studium der Germanistik, der politischen Wissenschaften und Geschichte, ist wissenschaftliche Mitarbeiterin im Institut für Zeitgeschichte in München-Berlin, Mitherausgeberin der Reihe »Bayern in der NS-Zeit« und Leiterin des Editionsprojektes »Die Tagebücher des Joseph Goebbels«. Sie ist bekannt als Expertin bei zahlreichen TV-Dokumentationen über die NS-Zeit (u.a. für *ZDF-History*, *Hitlers Helfer* und zuletzt für die ARD-Dokumentation *Joseph Goebbels)*. Sie lebt in München.

Elke Fröhlich (Hrsg.)

Als die Erde brannte

Deutsche Schicksale in den letzten Kriegstagen

Knaur Taschenbuch Verlag

»Die Kapitel 2, 4, 6 und 9 sind in alter Rechtschreibung belassen worden.«

Besuchen Sie uns im Internet:
www.knaur.de

Originalausgabe April 2005

Ein Unternehmen der Droemerschen Verlagsanstalt
Th. Knaur Nachf. GmbH & Co. KG, München.

Umschlaggestaltung: ZERO Werbeagentur, München
Umschlagabbildung: dpa
Satz: Ventura Publisher im Verlag
Druck und Bindung: Nørhaven Paperback A/S
Printed in Denmark
ISBN 3-426-77825-4

5 4 3 2

Inhalt

Zur Einführung

Das Jahr 1945 markiert den Tiefpunkt in der deutschen Geschichte und wurde durch das Kriegsende in einem an extremen Ereignissen ohnehin reichen Jahrhundert zur Epochenwende. Sein Symbol ist die bedingungslose Kapitulation der deutschen Wehrmacht am 8. Mai, ein Tag, der jahrzehntelang ein schwieriges Datum in der öffentlichen Erinnerung blieb. Tatsächlich endete der Krieg an diesem Tag nur auf dem Papier. Für die einen war er längst vorbei, für die anderen noch lange nicht. Das Kriegsende wurde aus den unterschiedlichsten Zeit- und Lebensperspektiven wahrgenommen. Deren facettenreiches Spektrum lässt sich nicht in bestimmte Erlebensmuster ordnen. So versammelt dieses Buch nicht in erster Linie repräsentative, sondern besonders eindrucksvolle Schicksale. Menschen schildern die Zeit, als die Erde brannte, und berichten, wie sie das Inferno überlebten.

Der Zusammenbruch dessen, worauf die Menschen ihr Leben gebaut hatten, ihre moralischen Demütigungen, ihre materielle Not, die Erfahrung extremer Brutalität, anhaltend intensive Todesnähe, die vielen persönlichen Lebenskatastrophen – all dies brannte sich Millionen von Deutschen ins Gedächtnis. Was die Verfolgten des Regimes unzweifelhaft als Befreiung von drohender Vernichtung erlebten, begriff das Gros der Bevölkerung als totale Niederlage, oft verbunden mit Gefangenschaft oder unsicherer Zukunft unter der Herrschaft der Siegermächte. Viele fühlten wohl nichts weiter als Erleichterung über das Ende der militärischen Kampfhandlungen, insbesondere der traumatischen Bombardements, und nicht wenige fürchteten zu

Recht, die Nemesis werde sie einholen und für ihre Mitverantwortung an Völkermord und Angriffskrieg zur Rechenschaft ziehen.

Teile dieser Vergangenheit öffnen sich nur durch die »erinnerte Form«, durch die persönliche Erzählung Einzelner. Die Flut an Memoiren und Aufzeichnungen von Angehörigen der Wehrmacht und deren Witwen, von Flüchtlingen und Vertriebenen in den fünfziger und sechziger Jahren legt beredtes Zeugnis ab von der Selbstwahrnehmung der Deutschen als nationaler Opfergemeinschaft, als Nation, die sich hauptsächlich durch Verlust und Opfer charakterisiert sah. An Zeugnissen, die ihre Auffassung, sie seien die ersten Opfer Hitlers gewesen, zu bestätigen schienen, herrschte reges Interesse. An den Erinnerungen der eigentlichen Opfer des NS-Regimes und damit des Krieges, den Überlebenden des Holocaust – ein Begriff, den es damals noch überhaupt nicht gab – war hingegen in den ersten Jahrzehnten der Bundesrepublik wie der DDR kaum jemand interessiert. Die Nachfrage nach Erinnerungen an den Holocaust und den Zweiten Weltkrieg setzte drei bis vier Jahrzehnte nach Kriegsende ein und stieg in ungeahnte Höhen. Erst mit der Rede des deutschen Bundespräsidenten Richard von Weizsäcker im Jahre 1985 war es möglich geworden, den 8. Mai nicht nur als Gedenktag für die Katastrophe, als welche die meisten Deutschen das Kriegsende erlebt hatten, zu sehen, sondern auch aus der Sicht der Opfer als Befreiung. Gleichwohl blieb dieses Datum umstritten und noch 1995, ein halbes Jahrhundert nach der Kapitulation, wurde heiß über den angemessenen Begriff – »Niederlage« oder »Befreiung« – debattiert. Die Bewertung des 8. Mai hing und hängt nicht zuletzt von der Generationszugehörigkeit des Betrachters ab. Der vorliegende Band enthält Beispiele für die Sichtweise der Verfolgten und die der Nichtverfolgten aus verschiedenen Generationen.

Die Generationenfrage hat auch auf die Planung dieser Publikation einen gewissen Einfluss genommen, wenn auch auf anderer Ebene. Im Jahr 1999 bezifferte sich die Zahl der Deutschen, die sich an Kriegserfahrungen erinnern konnten, nur noch auf schätzungsweise fünf Millionen. Heute, nach sechzig Jahren, sind es naturgemäß noch weniger Deutsche, die authentisches Zeugnis ihrer individuellen Erinnerungen an das Kriegsende ablegen können, ein guter Grund, wenigstens einige Erlebnisberichte für künftige Generationen zu sichern.

Die seit etwa zehn Jahren vor allem durch die Medien stark geförderte allgemeine »Erinnerungswelle« hat inzwischen als »Erinnerungsversessenheit« auch deutliche Kritik erfahren. An Geschehenes sich selbst und andere zu erinnern, zählt jedoch zu den elementaren Bedürfnissen des Menschen. Seit undenklichen Zeiten hat man sich Geschichten erzählt und bestimmte Erzählungen in der Gemeinschaft von Generation zu Generation tradiert. Als Gegenpol zur Erinnerung von Einzelnen oder ganzen Gemeinschaften, der infolge der Aufklärung wenig rationale Beweiskraft zugebilligt wurde, setzte sich die Geschichtswissenschaft durch, die vor allem mit ihrer Quellenkritik und scheinbaren Objektivität die Deutungshoheit über vergangenes Geschehen anstrebte und erhielt. So wurde sie zur Gegnerin erzählter, erinnerter Tradition, ja, sie verstand sich als deren »kritische Prüfungsinstanz« und fand als solche Anerkennung.

Dem vielfach als unzuverlässig überführten Gedächtnis wurde über Jahrhunderte wenig Beachtung geschenkt, der Zeitzeuge im

20. Jahrhundert pointiert als der natürliche Feind des Zeitgeschichtswissenschaftlers bezeichnet, bis vor etwa zwanzig Jahren eine nahezu abrupte Kehrtwendung einsetzte, die zur derzeitigen »Konjunktur des Gedächtnisses« führte. Einer der Gründe für dieses starke, weltweit verbreitete Interesse an erinnerter Vergangenheit ist sicher die unerwartet hohe Akzeptanz und Durchsetzungskraft der Forderung, an die Schuld und Verantwortung für Massenverbrechen in der Vergangenheit öffentlich zu erinnern und ihrer Opfer zu gedenken. Diese Forderung entstand, als die Auseinandersetzung mit der Geschichte des Holocaust Teil der politischen Kultur der Bundesrepublik geworden war, und stieß wohl wie kaum eine andere auf allgemeine Zustimmung, nicht nur in Deutschland. Sie setzte einen enormen Erinnerungs- und Gedächtnisaktionismus in Gang, der sich in zahlreichen ritualisierten Gedenkfeiern, historischen Ausstellungen und Dokumentationszentren sowie der flächendeckenden Errichtung von Denk- und Mahnmälern ausdrückte, und über dessen Auswirkung die Medien nahezu täglich informieren.

Durch die fortwährende Beschäftigung der Gesellschaft mit dem Geschehenen sind wohl auch die Erinnerungen der Zeitzeugen erstaunlich frisch. Aber auch bei denjenigen, die keinerlei Kriegserlebnisse hatten, stellen sich bei der Berührung des Themas schnell ganze Bildersequenzen zerstörter Städte oder elender Flüchtlingstrecks ein. Es scheint, als seien uns der Krieg mit seinem Grauen und das Ende mit seinen Hoffnungen in den letzten zwanzig Jahren wieder näher gerückt. Wenn wohl auch der Verlauf des Kriegsendes vielen präsent sein mag, so sollen doch im Folgenden einige wenige Fakten aus der letzten Phase ins Gedächtnis gerufen werden, bilden sie doch die Folie, auf der sich die Geschichten unserer Autoren abspielten.

Als das Endes des Krieges sich unübersehbar abzuzeichnen begann, waren im Banne des Rassenwahns Massenverbrechen monströsen Ausmaßes, insbesondere die Vernichtung der Juden, grausame Wirklichkeit geworden. Doch das Schicksal wendete das Blatt, und das Elend, in das man andere Völker gestürzt hatte, begann nun auch im Land der Täter heimisch zu werden. Es entlud sich gegen Kriegsende mit aller Gewalt. 1944 schrumpfte die »Festung Europa« zur »Festung Deutschland« zusammen und ihr »Dach«, die deutsche Jagdabwehr, war zu Beginn des Jahres 1945 eigentlich nicht mehr vorhanden. Die Städte und ihre Bürger waren den alliierten Bomben schutzlos ausgeliefert. Von allen Bomberoffensiven kosteten die auf die Kunststadt Dresden in der Nacht zum 14. Februar 1945 die meisten Menschenleben. (Sowohl Reinhard Baumgart als auch Karl Ludwig Hoch schildern diesen Doppelangriff der Royal Air Force aus ihrem persönlichen Erleben.) Auch die Bombardierungen von Würzburg und Nürnberg in den darauf folgenden Monaten zählen zu den verheerendsten Bombenangriffen, um Hitler zur Kapitulation zu zwingen. Insgesamt wurden rund 600 000 deutsche Zivilisten bei Luftangriffen getötet und nahezu eine Million verletzt, doch die so genannte Kampfmoral blieb ungebrochen.

Mit dem Eindringen der sowjetischen Armee in Jugoslawien, Rumänien, Ungarn und in Ostpreußen setzten die ersten panikartigen Fluchtbewegungen ein. Im ostpreußischen Memelgebiet stürzte sich im Oktober 1944 ein Drittel der Bevölkerung, darunter zahlreiche Evakuierte aus den luftgefährdeten Gebieten, in die Flucht. Mit der am 12. Januar 1945 einsetzenden sowjetischen Großoffensive wurde das Kriegsende endgültig eingeleitet, und eine Flüchtlingskatastrophe von bis dahin ungekanntem Ausmaß nahm ihren Anfang. In wenigen Wochen stieß die

Rote Armee in Oberschlesien, Ostbrandenburg und Pommern bis an die Oder vor. Unter dem Eindruck zahlreicher Gewalttaten gegen Deutsche und deren entsprechender propagandistischer Ausschlachtung entschloss sich die große Mehrheit zur Flucht. (Heino Weiße berichtet über die Flucht aus Pommern und Reinhard Baumgart über seine aus Schlesien.) Eine rechtzeitige Evakuierung blieb aus, und so endeten die großen spontanen Flüchtlingstrecks im strengen Winter bei hohen Verlusten in einem unvorstellbaren Chaos.

Das rasche Vordringen der sowjetischen Streitkräfte zwang die NS-Funktionäre, die Konzentrations- und Vernichtungslager auf polnischem Gebiet zu evakuieren. Zu den größten und grauenerregendsten Todesmärschen zählten die von Auschwitz und Stutthof mit ihren Außenlagern. Am 18. Januar 1945 wurden etwa 66 000 Häftlinge von Auschwitz gegen Westen getrieben, am 20. Januar setzten die Todesmärsche aus den Nebenlagern von Stutthof ein. An die 5000 vor allem jüdische Frauen wurden unter unmenschlichen Bedingungen von Königsberg nach Palmnicken an der Ostsee in Marsch gesetzt, wo sie ermordet wurden. (Martin Bergau war Augenzeuge dieses Verbrechens.) Am 27. Januar wurde Auschwitz von sowjetischen Truppen befreit. In der Agonie des Dritten Reiches wurden wohl noch mehr als 250 000 KZ-Häftlinge, ca. ein Drittel darunter waren Juden, auf Todesmärsche getrieben. (Esther Bejarano schildert, wie sie einem solchen entkam.) Die Evakuierung von Gefängnissen (Rudolf Kriss dokumentiert einen solchen Transport.) erfolgte etwa zur gleichen Zeit, die mancher Konzentrationslager später. Das Außenlager Leitmeritz des KZ Flossenbürg beispielsweise wurde erst einen Tag vor der Kapitulation befreit. (Martin Löwenberg berichtet darüber.)

Hitlers Zerstörungswille richtete sich auch gegen die Deutschen, deren ohnehin verzweifelte Abwehrkämpfe er mit abstrusen Maßnahmen zu steigern gedachte. Volkssturmbataillone, bestehend aus sehr jungen und sehr alten, unzulänglich ausgebildeten und kaum bewaffneten Männern, wurden Anfang 1945 überstürzt an die zusammenbrechende Ostfront geschickt, wo sie bei höchsten Verlusten der erdrückenden Übermacht der Roten Armee nicht standhalten konnten. Im Westen eingesetzte Volkssturmeinheiten lösten sich bei Erscheinen der Amerikaner schnell auf oder ergaben sich. Diese Erosionserscheinungen des Durchhaltewillens und die Kollaboration der Deutschen mit den Alliierten zu unterbinden, war Aufgabe der »Werwolf«-Organisation, die im Rücken der Feinde auf deutschem Boden unter Einsatz aller Mittel operierte. Der Steigerung des Kampfwillens für den »Endsieg« sollte auch die Einrichtung von Standgerichten, die als Strafmaß nur die Todesstrafe kannten, dienen. Durch sie fanden noch in den letzten Kriegswochen viele Deutsche, die, wie Robert Limpert, ihre Heimatstadt vor sinnloser Zerstörung bewahren wollten, den Tod. Hitlers Zerstörungssucht gipfelte in seinem berüchtigten »Nerobefehl« vom 19. März 1945, mit dem er anordnete, den Deutschen sämtliche wirtschaftlichen Lebensgrundlagen zu entziehen. Dies war die bekannte Kriegstaktik der »verbrannten Erde«, die schon auf dem Rückmarsch von den deutschen Truppen in radikaler Weise angewendet worden war. Den Sowjets hatte die Wehrmacht ein verwüstetes Land hinterlassen, und mit den »deutschen Versagern« sollte, so befahl es der »Führer und Reichskanzler«, ebenso verfahren werden.

Am 13. April besetzte die Rote Armee Wien und trat am 16. den Großangriff auf Berlin an. Am 25. April trafen amerikanische und sowjetische Truppen bei Torgau an der Elbe zusammen. Am 30. April verübte Adolf Hitler im Bunker der Reichskanzlei Selbstmord. (Rochus Misch, der letzte lebende Augenzeuge, hält diesen welthistorischen Abgang aus seiner Sicht fest.) Joseph Goebbels, Hitlers devotester Anhänger, folgte ihm als Einziger aus der Naziclique 24 Stunden später gemeinsam mit Frau und sechs Kindern in den Tod. Tags darauf kapitulierten die deutschen Streitkräfte in der Reichshauptstadt Berlin. Im US-Hauptquartier unterzeichnete Generaloberst Alfred Jodl am 7. Mai 1945 die bedingungslose Kapitulation der deutschen Wehrmacht, die am 8. Mai in Kraft trat; diese Zeremonie wurde am 9. Mai im sowjetischen Hauptquartier wiederholt; Unterzeichner auf deutscher Seite war Generalfeldmarschall Wilhelm Keitel.

Der Zweite Weltkrieg hat insgesamt etwa 55 Millionen Menschenleben gekostet, den weitaus größten Teil der Opfer hat die Sowjetunion zu beklagen. Das jüdische Volk wurde in Europa fast vollständig ermordet, an die 6 Millionen Menschen fielen den Nazis und ihren Kollaborateuren zum Opfer. Die Deutschen schätzten ihre Toten auf 5 bis 6 Millionen, jeder zweite Tote war Zivilist.

Vor dem Hintergrund dieses dramatischen Geschehens spielten sich die Schicksale der hier zu Wort kommenden Menschen ab.

Das vorliegende Buch umfasst eine Auswahl von Lebenserinnerungen und Zeitzeugenberichten, in denen die Erlebnisse und Geschehnisse zum Kriegsende erzählt und reflektiert werden. Es enthält weit überwiegend Originalbeiträge, die extra für diese Ausgabe erzählt und von professionellen Schreibern festgehalten oder selbst niedergeschrieben worden sind. Der kleinere Teil ist eine Auswahl aus bereits gedruckten, aber wie uns schien, noch nicht genügend verbreiteten Texten. Jedem Beitrag ist eine kurze Einleitung vorangestellt, die in knapper Form die Zusammenhänge herstellt und einige wenige Informationen zur Peron anführt. Ergänzt werden die Texte durch Porträtfotos, nach Möglichkeit durch ein dokumentarisches aus der Zeit um 1945 und eines neueren Datums.

Dieser Band will die Erinnerungen von Zeitzeugen überliefern. Es versteht sich daher von selbst, dass die Herausgeberin sich einer wissenschaftlich kritischen Wertung der Texte enthält. Die Aufnahme eines Textes in die Sammlung bedeutet nicht, dass sie die politischen Wertungen der Erzähler teilt.

Naturgemäß handelt es sich in der Mehrheit um Jugenderinnerungen, genauer gesagt, es erinnern sich heute etwa 75-Jährige an das Kriegsende aus ihrer damaligen Sicht als 15/16-Jährige (Martin Bergau und Harald Scholtz, wobei sich Letzterer auf seine Aufzeichnungen stützen konnte, die er zeitnah im Jahre 1945 noch abgefasst hatte, und Karl Ludwig Hoch, der in der Zeit ein Tagebuch geführt hatte). Charlotte Knobloch schildert ihre Rettung als Kind. Auch der Soldat Siegfried Rabe ist gerade mal zwanzig Jahre alt, als er in sowjetische Gefangenschaft gerät. Einige schildern ihre Erlebnisse als Opfer des Terrorregimes, andere aus der Sicht der damals nicht Verfolgten, ja Begeisterten. Auch die sprachliche Gestaltung ist unterschiedlich. Von Journalisten verfasste Texte, die den Erzählton zu treffen wissen, wechseln sich ab mit literarisch anspruchsvollerem Text eines Schriftstellers oder Professors. Es finden sich Erinnerungen, die mehr die persönlichen, familiären Aspekte berücksichtigen und solche, die von einer geistig-philosophischen Lebenseinstellung zeugen oder eher Wert legen auf die historisch-dokumentarische Komponente. Allesamt sind es Ausschnitte aus einer von starken Erlebnissen geprägten Lebensphase.

Sämtliche Geschichten verbindet ein positiver Aspekt. Trotz der dramatischen und mitunter Grauen erregenden Geschehnisse künden sie von dem vitalen Überlebenswillen der Protagonisten. Sie alle waren auf der Flucht vor dem Tode. Sie alle haben mit Glück überlebt – mit einer Ausnahme: der Student Robert Limpert. Die Geschichte dieses Widerständlers musste demzufolge geschildert werden, alle anderen Geschichten erzählen die Akteure selbst.

Robert Limpert, von bemerkenswerter politischer Reife, machte aus seiner Verachtung gegenüber dem Nationalsozialismus, die ihre Wurzeln in seiner tiefen Religiosität hatte, keinen Hehl. Seine ethisch fundierte Haltung erschöpfte sich aber nicht in Emotionen oder kritischen Überlegungen, sondern verpflichtete ihn zu aktivem Handeln. Es bedurfte eines ungewöhnlich hohen Maßes an Zivilcourage, um nationalsozialistischen Zerstörungswillen auch nur ein wenig eingrenzen zu wollen. Dieser Absicht dienten seine Flugblätter und sein Sabotageakt. Er wurde dabei beobachtet, denunziert und auf bestialische Weise ebenso eilfertig wie rechtswidrig gehenkt. »Tod den Nazihenkern«, so schloss sein letztes Flugblatt. Der erst 19-Jährige hatte seiner Vaterstadt das höchste Opfer gebracht. Eine angemessene Ehrung lässt bis heute auf sich warten.

Politische vernunftgeleitete Urteilskraft gepaart mit ethisch begründetem Handeln waren bei den Deutschen im Dritten Reich eher die Ausnahme, so auch bei den Jugendlichen. Sie bewegten sich in ihrer Mehrheit in den Organisationen des Jungvolks und der HJ bzw. deren Umkreis und waren durchaus begeistert vom Nationalsozialismus, in dem sie sozialisiert wurden, und auch vom Krieg. So war ein Angehöriger der »Adolf-Hitler-Schule« von der Gewissheit, zur vermeintlichen Elite des Reichs zu zählen, angetan oder – wie Martin Bergau – von der Aussicht, den Fliegerschein machen zu dürfen, fasziniert. Harald Scholtz hat in der Erkenntnis, gleich vielen anderen Jugendlichen dogmatisiert worden zu sein, einen guten Teil seiner beruflichen Arbeit darauf verwendet, diese Seite der NS-Geschichte wissenschaftlich aufzuarbeiten. Martin Bergau, ebenfalls begeisterter Hitlerjunge, erhielt noch in der Endphase des Krieges eine grausame Lektion. Als 16-Jähriger wurde er Augenzeuge des Todesmarsches von Jüdinnen durch Palmnicken, einer kleinen Gemeinde an der ostpreußischen Bernsteinküste. Einige geflohene und wieder ergriffene Mädchen und Frauen sollten erschossen werden, und er zählte zu den Bewachern der Gefangenen vor ihrer Exekution. Sein Bericht wirkt umso glaubwürdiger, als Bergau sich dabei nicht schont. Dieses Erlebnis, einem unmenschlichen Verbrechen beigewohnt und nichts dagegen unternommen zu haben, ließ ihn ein Leben lang nicht los. Er hat seinen beachtlichen Teil dazu beigetragen, das bewusst beschwiegene Massaker vor dem Vergessen zu bewahren. Von den Tausenden an der Bernsteinküste in den Tod Getriebenen haben nur fünfzehn überlebt.

Esther Bejarano überlebte sogar die Hölle von Auschwitz-Birkenau. Dieses Wunder verdankte sie ihrem außergewöhnlichen musikalischen Talent. Sie wurde in das legendäre Lagerorchester aufgenommen und hatte morgens und abends, wenn die Arbeitskolonnen durch das Lagertor marschierten, zu musizieren. Noch schlimmer war es jedoch für sie und ihre Mithäftlinge zu spielen, während Juden in Zügen an die berüchtigte Rampe gefahren und von dort direkt in die Gaskammern gebracht wurden. Nach ihrer Überstellung in das Frauenlager Ravensbrück musste sie Zwangsarbeit für das Unternehmen Siemens leisten. Auch das und den folgenden Todesmarsch überlebte sie. Seit dreißig Jahren besucht die couragierte Zeitzeugin Schulen, wo sie Jugendliche über die NS-Vergangenheit aufklärt und ihnen ihre Geschichte erzählt.

1
»Musik rettete mir das Leben«
Mein Weg durch die Lager – *Esther Bejarano*

Esther Bejarano lebte nach dem Krieg 15 Jahre in Israel, wo sie Musik studierte und zur Koloratursopranistin ausgebildet wurde. Nach Deutschland zurückgekehrt, feierte sie Erfolge als Musikerin bei der Gruppe »Coincidence«. Sie ist Vorsitzende des Auschwitz-Komitees und politisch aktiv. Die 80-Jährige kämpft seit Jahrzehnten unermüdlich gegen Rassismus und Neonazismus und wurde dafür im Dezember 2004 mit der Carl-von-Ossietzky-Medaille ausgezeichnet.

Wir waren ganz alleine in dem Restaurant, was mich wunderte. Die Deutschen haben sich alle versteckt, und ich dachte, dass sie vielleicht Angst vor den amerikanischen Soldaten haben.

Während wir in dem Restaurant saßen, hörten wir auf einmal einen lauten Krach auf der Straße und keiner wusste, was los war. Obwohl uns die Amerikaner gewarnt hatten, wollten wir doch nachsehen, was da los war. Darum sind die Soldaten mit uns aus dem Restaurant gegangen und wir sahen die Rote Armee einmarschieren und hörten sie rufen »Kapitulation! Der Krieg ist zu Ende! Hitler ist tot!«

Was dann passierte, war einfach Wahnsinn. Die amerikanischen und russischen Soldaten haben sich in den Armen gelegen, sich geküsst und waren außer sich – und wir waren mittendrin.

Nach einer Weile meinte ein russischer Soldat, dass das gefeiert werden muss. Darum ist ein Russe in ein großes Geschäft neben dem Marktplatz gegangen und hat dort aus dem Schaufenster ein riesiges Hitlerbild geholt. Das haben die russischen und die amerikanischen Soldaten auf den Marktplatz gestellt und angezündet. Alle tanzten um dieses brennende Hitlerbild und ich spielte Akkordeon. Das war meine Befreiung.

Ich bin am 15. Dezember 1924 in Saarlouis geboren worden. Meine Eltern sind mit uns vier Kindern, mir, meinen beiden Schwestern und meinem Bruder, 1936 nach Ulm gezogen, da meinem Vater dort eine Stelle als Lehrer und als Kantor der jüdischen Gemeinde angeboten worden war. Nachdem sich die politische Situation immer mehr verschärfte, kam ich 1940 in das Palästina-Vorbereitungslager Ahrensdorf, wo ich für die Landwirtschaft ausgebildet wurde. Allerdings hat damals keiner bedacht, dass die Anforderungen daran in Israel andere sind als in Deutschland. So haben wir gelernt, Hühner, Kühe und Gänse zu versorgen und den Boden zu bestellen. Die Jewish Agency hat damals das Geld für diese Auswanderungslager gestellt und die Faschisten haben erst mal nichts dagegen unternommen. Für mich war die Zeit in Ahrensdorf einigermaßen zu ertragen. Außerdem war ich dort das erste Mal verliebt.

Nachdem das Lager in Ahrensdorf aufgelöst wurde, kam ich im Juni 1941 in das Zwangsarbeitslager Neuendorf, wo ich tagsüber bei einem Blumenhändler arbeiten musste. Etwa zu dieser Zeit wurde es Pflicht, einen Judenstern sichtbar auf der Kleidung zu tragen.

Anfang April 1943 ging es dann von Neuendorf aus in das Konzentrationslager Auschwitz-Birkenau. Allein die Fahrt dorthin ließ nichts Gutes vermuten: Wohin der Zug fuhr, wussten wir während der ganzen Fahrt nicht. Die Waggons waren überfüllt und wir konnten uns kaum bewegen. Wenn wir mal austreten wollten, mussten wir über die Menschen steigen, um an die Kübel in der Ecke zu gelangen. Die Luft in den Waggons war fürchterlich schlecht und wurde immer schlechter. Das einzig Vertraute waren meine Freunde und Mirjam Edel, meine beste Freundin, die mit mir im Waggon saßen.

In Auschwitz kam ich am 20. April 1943 an. Seitdem wurde ich nicht mehr über meinen Namen Esther Loewy, sondern über die Nummer an meinem linken Unterarm identifiziert: 41 948.

Ich weiß noch, dass ich gedacht habe, nachdem ich die Nummer eintätowiert bekommen hatte: 41 948 Menschen waren also schon vor mir hier. Wo sind die bloß alle?

In der ersten Zeit schlief ich mit meinen Freundinnen in der gleichen Baracke. Das waren ehemalige Pferdeställe und wir lagen ohne Decken auf Holzbrettern.

Nach den morgendlichen Zählappellen musste ich Steine schleppen. Das war eine völlig unsinnige Arbeit. Wir mussten große Steine zusammentragen und an einer Stelle aufschichten. Wenn wir damit fertig waren, mussten wir dieselben Steine dort wieder abtragen und zurück zu der Ausgangsstelle schleppen. Die Steine waren sehr schwer und etliche Frauen haben das nicht ausgehalten. Und die SS-Leute haben dann auch noch auf sie eingeprügelt. Ich glaube, ich wäre zu Grunde gegangen, wenn ich nicht nach kurzer Zeit aus dieser Arbeitskolonne weggekommen wäre.

Ich habe ab und zu für die Blockältesten gesungen und dafür mal ein extra Stück Brot bekommen. Am liebsten mochten sie die Werke von Mozart oder Schubert, aber auch von anderen Komponisten. Eines Tages hörten wir, dass die Dirigentin Zofia Tschaikowska ein Mädchenorchester aufbauen sollte. Die SS-Leute hatten ihr das befohlen, damit im Lager Musik gespielt werden konnte, falls zukünftig große Bonzen nach Auschwitz kommen sollten. Regelmäßig sollte das Mädchenorchester spielen, wenn die Züge mit den neuen Häftlingen an der berüchtigten Rampe vorfuhren und die Arbeitskolonnen jeden Morgen und Abend am Tor ein- oder ausmarschierten.

Die Blockältesten empfahlen Sylvia Wagenberg, Hilde Grünbaum und mich für das Mädchenorchester. Wir wurden geprüft und obwohl ich noch kein Akkordeon spielen konnte, entschied die Tschaikowska, dass ich in das Mädchenorchester aufgenommen werde, weil sie mich für talentiert hielt. Daraufhin zogen meine beiden Freundinnen und ich in eine Baracke für Musikerinnen.

Das war eine Funktionsbaracke, in der auch Läuferinnen, Funktionärinnen, Dolmetscherinnen und Schreiberinnen schliefen. Das Essen war zwar das gleiche – morgens Tee, mittags eine Suppe, die aus Kartoffelschalen und ungenießbaren Kräutern bestand, und abends ein sechs Zentimeter dickes Stück Brot und Wurst, die mehr aus Mehl als aus Fleisch bestand. Manchmal gab es ein Stück Margarine dazu. Trotzdem war es viel besser, in der Funktionsbaracke zu schlafen, weil wir Betten hatten und nicht mehr auf den Holzpritschen schlafen mussten. Wir hatten sogar Bettwäsche und das war ein unvorstellbarer Luxus im Vergleich zu den anderen Häftlingen.

Allerdings wurde ich nach zwei Monaten in dem Mädchenorchester schwer krank. Sehr wahrscheinlich hätten die mich einfach sterben lassen, wenn ich nicht im Mädchenorchester gebraucht worden wäre. Zuerst hatte ich nur hohes Fieber, das nicht wegging. Die SS-Oberaufseherin Frau Becker hat mich in das jüdische Krankenrevier bringen lassen, wo ich aber weder Medikamente noch irgendeine ärztliche Versorgung bekommen habe. Nach ein paar Tagen ging es mir immer schlechter. Daraufhin kam der berüchtigte SS-Hauptscharführer Otto Moll und befahl, dass ich in die christliche Krankenstation gebracht werde, weil ich als Akkordeonspielerin gebraucht würde. Trotz der Verlegung wurde die Situation für mich nicht besser: Die tschechische Ärztin dort half nur den Patienten, die ihr dafür etwas bieten konnten. Die meisten tauschten Medikamente gegen Lebensmittel aus Paketen, die sie aus der Heimat bekommen hatten. Wir Juden durften aber keine Pakete bekommen, außerdem wusste ich ja gar nicht, was aus meinen Eltern und meinen Geschwistern geworden ist. Im Nachhinein habe ich erfahren, dass meine Eltern zu diesem Zeitpunkt bereits umgebracht worden waren und meine Schwester Ruth nach der Zeit im Vorbereitungslager in Ellguth nach Holland gebracht worden war. Von dort aus ist sie 1942 mit ihrem ungarischen Ehemann in die Schweiz geflüchtet. Die Schweizer haben die beiden aber wieder zurück nach Deutschland geschickt, wo Ruth mit ihrem Mann erschossen wurde.

Nachdem ich keine Medikamente bekommen habe, bin ich mit 41 Grad Fieber in der letzten Station vor der Gaskammer gelandet. Dazu muss man wissen, dass die Krankenstation in vier Bereiche eingeteilt war. Je kranker ein Patient war, desto näher kam er der Todeskammer. Und wieder war mein Retter der berüchtigte Arbeitsführer Otto Moll, der der Ärztin mit Erschießung drohte, wenn ich nicht wieder gesund werden würde. Dann bekam ich plötzlich Medikamente und mit Knoblauch bestrichenes Brot. Vier Wochen später konnte ich zurück zu dem Mädchenorchester und in die Funktionsbaracke.

Allerdings währte die Gesundheit nicht lange. Weil ich so schwach war, habe ich Bauchtyphus bekommen. Weil mir jemand erzählt hatte, dass davon die Haare ausfallen, habe ich sie ganz abrasiert. Aber ich musste ja keine Sträflingskleidung mehr tragen, sondern einen blauen Rock und eine hellblaue Bluse und ein Kopftuch im gleichen Blau. Dadurch konnte keiner die Glatze sehen.

Durch die erneute Schwächung durch den Typhus litt ich bald danach an Keuchhusten, der mich so geschwächt hat, dass ich nicht mal mehr Blockflöte spielen konnte. Weil dadurch aber zu dem Zeitpunkt meine Teilnahme an dem Mädchenorchester abhing, war mein Leben wieder stark gefährdet. Darum brachte mir die Orchesterleiterin Zofia Tschaikowska schnell ein paar Gitarrengriffe bei und ich übte ab dem Zeitpunkt Gitarre und war vorerst gerettet.

Als ob es mir noch nicht schlecht genug ging, bekam ich direkt nach dem Keuchhusten eine starke A-Vitaminose. Mein ganzer Körper war – bis auf das Gesicht – mit Furunkeln übersät. Ich konnte weder sitzen noch stehen noch wusste ich, wie ich mir helfen konnte. Darum ging ich zu der Erste-Hilfe-Station, wo eine deutsche Kommunistin als Krankenschwester arbeitete. Sie verband meine Wunden und gab mir den Tipp, auf ein Stück Stoff zu pinkeln und das auf mein vereitertes Ohr zu legen. Mein Ohr heilte tatsächlich schnell ab und die Furunkel heilten langsam wieder zu.

Mein Alltag sah zu der Zeit so aus, dass wir morgens und abends am Tor stehen mussten und Märsche spielten, wenn die Arbeitskolonnen ein- oder ausrückten. Später habe ich gehört, dass das Mädchenorchester auch vor SS-Obersturmführern spielen musste. Ich bin heilfroh, dass ich das nicht musste, denn zu meiner Zeit in Auschwitz kamen die hohen SS-Bonzen noch nicht, um sich anzusehen, wie die Menschen dort umgebracht werden.

Eine weitere schreckliche Aufgabe von uns war, dann zu spielen, wenn die Transporte der jüdischen Menschen ankamen und an der berüchtigten Rampe hielten. Die Menschen kamen aus ganz Europa und fuhren direkt ins Gas. Und wir standen da, haben Musikstücke oder Märsche gespielt und viele werden sich wohl gedacht haben, dass da, wo Musik gespielt wird, wohl nichts Schlimmes passieren kann. Das war schrecklich, weil wir ja genau wussten, dass diese Menschen umgebracht werden, aber wir durften nichts sagen. Direkt hinter uns standen die bewaffneten SS-Schergen, die sofort geschossen hätten, wenn eine von uns aufgehört hätte zu spielen und die Ankömmlinge gewarnt hätte. Diese ankommenden Züge, die direkt in die Gaskammern fuhren, gehören bis heute für mich zu den schrecklichsten Erinnerungen, auch nach so langer Zeit.

Bis heute muss ich auch noch mit Schaudern an die endlos langen Appelle oder Sonderappelle denken, bei denen die SS-Frauen die Gefangenen auspeitschen ließen. Meistens waren die Frauen nach den ersten zehn Schlägen schon bewusstlos, aber es wurde nicht vor dem 25. Schlag aufgehört.

Jeden Tag sahen wir abgemagerte Leichen auf den Straßen liegen oder Frauen im elektrisch geladenen Stacheldrahtzaun hängen. Die waren da aus Verzweiflung hineingelaufen, um sich zu töten. Ich hatte viele Momente, in denen ich mir auch gewünscht habe, tot zu sein, nur damit das alles für mich endlich aufhört. Ich erinnere mich auch an eine Frau, die bei einem Sonderappell aufgehängt wurde, nachdem ihr Fluchtversuch gescheitert war. Oder die Momente, in denen der Arbeitsführer Otto Moll mit seinem Hund durch das Lager ging und einfach mal so eine Frau von seiner Bestie zerfleischen ließ.

Die psychische Belastung im Konzentrationslager Auschwitz-Birkenau war enorm. Alleine die Handbewegung von Oberstabsarzt Dr. Josef Mengele entschied, wer weiterleben durfte und wer ins Gas geschickt wurde. Die Handbewegung nach links bedeutete Aufschub, die Handbewegung nach rechts hieß Gaskammer. Die Frauen, für die es die rechte Handbewegung gab, kamen in Block 25. Das war der Todesblock, aus dem die Frauen nach zwei oder drei Tagen mit Lastautos in die Gaskammern gebracht wurden.

Eines Tages hieß es morgens beim Appell, dass sich all diejenigen melden sollten, in deren Adern »arisches Blut« fließen würde. Die Aussicht war, in ein anderes Lager zu kommen, das kein Vernichtungslager war. Ich wusste, dass ich durch meine Großmutter väterlicherseits ein Viertel arisch war, aber ich wollte auch nicht als Einzige von meinen Kameradinnen aus Auschwitz weggehen. Aber meine Freundinnen haben gedrängt mich zu melden, damit ich den Menschen außerhalb des Konzentrationslagers erzählen könne, was für Verbrechen hinter dem Schriftzug »Arbeit macht frei« begangen werden. Von unserem Block war ich die Einzige, die sich meldete.

Nach etwa sechs Wochen untersuchte mich Dr. Mengele. Ich hatte panische Angst, weil meine A-Vitaminose noch nicht ganz abgeheilt war, ich dachte: »Wenn der mich so sieht, schickt er mich sofort in die Gaskammer.«

Aber alles ging glatt und ich saß mit ungefähr 70 anderen jungen Frauen, die halb- oder viertelarisch waren, im Zug Richtung Ravensbrück. Ich war sehr traurig, weil ich nicht wusste, ob ich meine Freundinnen jemals lebend wiedersehen würde.

Ich kannte keine der anderen 70 Frauen, die mit mir in dem Abteil saßen, aber bald waren wir eine Gruppe, in der jede echtes Zusammengehörigkeitsgefühl spürte. In Ravensbrück angekommen, bekamen wir neue Nummern. Meine lautete: 23 139. In den ersten vier Wochen mussten wir nicht arbeiten, wir waren in Quarantäne und bekamen besseres Essen als in Auschwitz.

Nach Ende der Quarantäne-Zeit musste ich schwer anpacken. Erst mussten wir die Kohlen von den Loren laden, sie an eine bestimmte Stelle schieben und dann wieder abladen. Ich arbeitete einen Monat dort und bewarb mich dann bei der Firma Siemens. Dafür musste ich einen Test machen, der sehr leicht war, und so wurde ich ohne Schwierigkeiten angenommen. Die Niederlassung der Siemens-Werke im Konzentrationslager Ravensbrück war sehr groß, ich glaube, es waren zehn Hallen. Ich arbeitete in Halle 4, wo Montagearbeiten durchgeführt wurden. Dort wurden Schalter für Unterseeboote gebaut.

Nach einiger Zeit wurde ich zur Vorarbeiterin befördert und gab ab dem Zeitpunkt meinen ukrainischen Kolleginnen die Anweisungen. Eigentlich wollte ich gar nicht Vorarbeiterin werden und mich über meine Kolleginnen stellen, aber die Ukrainerinnen baten mich so eindringlich darum, dass ich es doch tat. Weil mir meine Vorarbeiterin Frau Hintze so vertraute, überlegte ich mir, die Arbeit zu sabotieren. Das hatte ich mir so ausgedacht: Frau Hintze fertigte die Zeichnungen an, nach denen die Schalter zusammengebaut werden sollten. Ich stellte nach der Zeichnung ein falsches Muster her, das im Anschluss von Frau Hintze kontrolliert und mit ihrem Initial abgezeichnet wurde. Allerdings hat Frau Hintze meine Muster meistens abgezeichnet, ohne sie zu kontrollieren. Daraufhin kamen einige tausend Kisten voller unbrauchbarer Schalter zurück, was eine gewaltige Verzögerung für die Deutschen bedeutete. An dem Abend sangen und tanzten die Ukrainerinnen mit mir und brachten mir russische Lieder und Tänze bei.

Weil es so furchtbar kalt war, tauschte ich mit einigen Brotrationen einen grünen Mantel ein. Eigentlich war es nicht erlaubt, aber die Aufseher haben es akzeptiert. Jede Zivilkleidung musste aber mit einem großen weißen Kreuz gekennzeichnet werden. Nach fast drei Monaten entdeckte ich in an der Schulter des Mantels etwas Hartes. Nachdem ich die Naht aufgetrennt hatte, fand ich zwei sehr wertvolle Ringe, die darin eingenäht waren. Ich bekam schreckliche Angst, dass ich mit den Ringen erwischt würde. Das hätte mich den Kopf kosten können, wir mussten doch alle unsere Schmuckstücke schon in Auschwitz abgeben. Außerdem hatten wir ja schon lange keinen Schmuck mehr, jedenfalls keinen wertvollen, da die jüdische Bevölkerung bei der Silber- und Goldabgabe Mitte der 30er-Jahre alles an den Staat abgeben musste. Was sollte ich mit den Dingern also machen? Ich hatte die Idee, dass ich die Ringe Frau Hintze schenken könnte. Sie hatte sie meiner Meinung nach verdient und außerdem würde sie mich nicht verraten. Ich legte die beiden Ringe in ihre Schublade unter ein Staubtuch, ging zu ihr und sagte, dass sie die Ringe aus der Schublade nehmen sollte, ich würde sie ihr schenken.

Ich arbeitete fast zwei Jahre lang bei Siemens.

Im Januar 1945 hieß es plötzlich, dass wir 70 Frauen, die zusammen in Auschwitz waren, in die Schreibstube kommen sollten und uns einen roten Winkel abholen sollten. Ich fand das zwar merkwürdig, aber die roten Winkel waren durchaus mit Vorteilen verbunden: Wir mussten die Judensterne abgeben und wurden ab sofort zu »Arierinnen« erklärt. Die haben sogar von einer eventuellen Entlassung gesprochen. Ab sofort durften wir Briefe und Pakete erhalten. Im Herzen blieb ich selbstverständlich weiterhin Jüdin, nutzte jedoch die Vorteile meines neu erworbenen »Ariertums« voll aus, indem ich ganz offiziell Briefe schreiben konnte und tatsächlich Pakete erhielt. Meine Tante aus Berlin schickte mir warme Unterwäsche und auch was zum Essen. Das half mir die letzten Monate in Ravensbrück etwas erträglicher zu machen.

Frau Hintze erzählte mir einige Zeit später, dass die Sowjets im Anmarsch auf Berlin waren und der Krieg für Deutschland fast verloren sei. An dem häufigen Fliegeralarm merkten wir, dass die Faschisten bald ausgespielt hatten. Ich freute mich über jeden Fliegeralarm und hoffte, dass auch die Siemenswerke bombardiert werden – natürlich nachts, wenn kein Gefangener bei der Arbeit war.

Ende April hieß es, dass wir Zivilkleidung unter die Sträflingsanzüge anziehen sollten, weil das Lager in ein paar Stunden evakuiert werden würde. Die Sowjets seien schon ganz in der Nähe.

Dann war es so weit: Alle Gefangenen, die noch einigermaßen gesund waren und laufen konnten, mussten aus dem Lager raus. Von dem Moment an ging es in einer Kolonne tagelang durch Städte, Wiesen und Wälder, an der Seite immer die SS-Schergen mit ihren geladenen Gewehren. Wer hinfiel und nicht mehr laufen konnte, wurde gnadenlos erschossen. Die Kolonne musste durch Mecklenburg marschieren und kam dabei zum Konzentrationslager Melchow. Die Gefangenen von dort mussten sich dazustellen.

Im KZ Melchow habe ich völlig unerwartet meine Freundinnen Irmgard, Schoschana, Anni, Sylvia und Karla wieder getroffen und meine beste Freundin Mirjam Edel. Ursprünglich war sie ja sogar mit mir zusammen nach Auschwitz deportiert worden, aber dort in Birkenau wurde sie in das Stabsgebäude eingeteilt, in dem die SS-Leute wohnten. In Auschwitz haben wir uns dann nie gesehen.

Wir wussten nicht, wohin die Kolonne marschierte. Nachts haben wir auf großen Plätzen geschlafen, obwohl es sehr kalt war. Aber wir waren so müde, dass wir uns einfach auf die Pflastersteine gelegt haben.

An einem der Tage haben wir gehört, wie ein SS-Mann zum anderen sagte: »Es darf nicht mehr geschossen werden.« In dem Moment wussten wir, dass wir flüchten müssen.

Während des Marsches sind wir sieben Freundinnen in einer Reihe gegangen. Weil wir alle nebeneinander liefen, konnten wir einen Plan zur Flucht ausmachen. Die Idee war, uns hinter dicken Baumstämmen zu verstecken, sobald wir in einen Wald kommen. Wir haben vereinbart, dass sich eine nach der anderen aus der Kolonne stiehlt und sich versteckt. Ich weiß bis heute nicht, ob uns die SS-Leute zwar gesehen, aber ignoriert haben, oder ob sie es wirklich nicht bemerkt haben. Dunkel genug wäre es dazu gewesen.

Nachdem wir versteckt hinter den Baumstämmen gewartet haben, bis die Kolonne vorbeigezogen ist, haben wir uns im Wald getroffen und sofort unsere Sträflingskleidung ausgezogen. Darunter haben wir alle zivile Kleidung getragen. Um der Kolonne auf jeden Fall auszuweichen, sind wir vorsichtig in die entgegengesetzte Richtung gegangen und sind erst mal in Mecklenburg herumgeirrt.

Als Nächstes sind wir auf einen Flüchtlingstreck mit Flüchtlingen aus Berlin und Umgebung gestoßen. Die waren vor den Russen geflüchtet und viele von denen wussten auch noch nicht, wohin sie wollten. Etliche hatten Leiterwagen und Pakete dabei und es war ein bunt zusammengewürfelter Menschentross, unter den wir uns gemischt haben. Wir haben aber keinem erzählt, dass wir aus einem Konzentrationslager kommen, denn es waren ja Deutsche und damals haben wir keinem deutschen Menschen getraut. Wir hatten dauernd Angst, dass wir entweder wieder zum Todesmarsch zurückgeschickt werden oder noch schlimmer, dass man uns wieder verhaftet. Der Krieg war ja noch nicht zu Ende und die SS kämpfte noch in den Wäldern. Die Angst, dass man uns wieder einfängt, war weit präsenter als die Erleichterung über unsere Flucht.

Unsere erste Nacht in Freiheit verbrachten wir bei einem Bauern, der an der Hauptstraße in Lübsz seinen Hof hatte. Wir waren furchtbar müde und hungrig. Nachdem wir ihm gesagt haben, dass wir Flüchtlinge sind, hat er uns angeboten in seiner Scheune zu übernachten. Und er brachte uns einen Eimer voller gekochter Pellkartoffeln. Essen und Schlafen – mehr wollten wir in dem Moment auch nicht.

Am nächsten Morgen hat er uns geweckt, als er mitten auf seinem Hof stand und uns gerufen hat. Er sagte uns, dass rechts der Straße nach die Russen und links der Straße nach Amerikaner sind.

Da wir alle aus Deutschland auswandern wollten, beschlossen wir die Straße links hinunter zu den Amerikanern zu gehen. Wir rechneten uns in den Sektoren der Engländer oder Amerikaner größere Chancen aus, möglichst schnell nach Palästina emigrieren zu können.

Aber so weit war es noch nicht. Erst mal standen wir auf dem Hof und brauchten uns nicht mehr zu entscheiden: Auf der

Straße kam uns ein amerikanischer Tank entgegen. Nachdem wir uns bei dem Bauern bedankt hatten, sind wir zu dem Tank gelaufen und die Soldaten haben uns hochgehievt. Dann haben sie umgedreht und sind mit uns zum Marktplatz des kleinen Städtchens Lübsz gefahren. Dort haben sie uns sieben Mädchen in ein Restaurant eingeladen und wir mussten erst mal erzählen. Meine Freundin Irmgard Müller und ich konnten ganz gut Englisch und wir erzählten denen von unseren Erlebnissen in Auschwitz und Ravensbrück. Dabei erwähnte ich, dass ich im Mädchenorchester war. Ungefähr eine halbe Stunde später kam ein Kamerad von den amerikanischen Soldaten mit einem Akkordeon, das er mir schenkte. Darauf spielte ich später, als wir das Kriegsende feierten und um das brennende Hitlerbild herumtanzten.

Wir sind nach dem 8. Mai 1945 nur noch kurz in Lübsz geblieben. Die amerikanischen Soldaten hatten für uns Zimmer über dem Restaurant organisiert, in dem wir zusammen vor dem Einmarsch der Roten Armee gesessen hatten.

Deutschland war ja in Sektoren eingeteilt und die Amerikaner mussten am 9. Mai 1945 aus Lübsz wieder abziehen, weil es russisches Besatzungsgebiet war. Wir hätten zwar auch noch länger in Lübsz bleiben können, aber wir wollten ja weiter nach Westen. Die Amerikaner hatten uns am Vorabend erzählt, dass in Bergen-Belsen ein großes Lager für »displaced persons« war.

Ich konnte ein bisschen Russisch und habe den russischen Soldaten unsere Situation erklärt. Also sind wir aus Lübsz weggegangen und zu Fuß durch den russischen Sektor marschiert.

Unsere nächste Station war das kleine Städtchen Neustadt-Klewe. Dort angekommen waren wir sieben in erster Linie nur noch müde. An einer Ecke haben wir einen russischen Soldaten gesehen, den ich mit meinen paar Brocken Russisch angesprochen habe, ob er uns helfen kann eine Unterkunft und etwas zu essen zu finden. Nachdem wir ihm die Nummer auf dem linken Unterarm gezeigt haben, half er uns sofort und stellte uns für die Nacht eine Villa zur Verfügung. Dort konnten wir übernachten und nicht nur das: Die Speisekammer war voller Essen. Meine beste Freundin Mirjam Edel zauberte ein phantastisches Mahl. Leider bereuten wir das hinterher bitterlich. Wir hatten nicht bedacht, dass wir so lange nichts Richtiges gegessen haben und haben uns unsere Mägen mit diesem Festessen total verdorben. Etwas verwundert über diese gut gefüllte Speisekammer waren wir aber schon auch, weil es immer hieß, dass die armen Deutschen so ausgehungert seien.

Noch vor unserem Essen hatte sich der russische Soldat, der uns die Schlüssel zu der Villa gegeben hatte, für den Abend mit sechs seiner Kameraden angekündigt. Ich hatte ihm zwar gesagt, dass wir erst mal schlafen müssten, aber daran haben die sich nicht gehalten. Um in das Haus zu kommen, haben sie sogar den Glasteil der Türe eingetreten, um die Tür öffnen zu können. Die wollten Party machen. Der russische Soldat fand Mirjam und mich schlafend im Bett im ersten Stock. Seine Idee war, dass Mirjam aus dem Bett aussteigen – und er einsteigen könnte. Aber ich habe ihm noch mal gesagt, dass ich erst mal schlafen muss und außerdem krank bin. Erst nachdem ich ihm den Vorschlag gemacht habe, am nächsten Abend mit viel Wodka und seinen Freunden zu feiern, ließ er uns schlafen. Der Wodka-Vorschlag war für ihn wohl ein Wort. Wir hingegen sind in derselben Nacht noch aufgestanden und gegen drei Uhr morgens aus der Hintertür geschlüpft und weitergelaufen.

Obwohl wir alle in Konzentrationslagern waren, war keine von uns ernstlich krank. Wir waren alle zwar stark geschwächt, konnten uns mit Essen und Schlaf aber langsam aufpäppeln.

Unseren nächsten längeren Zwischenstopp hatten wir in der Nähe von Ludwigslust, wo uns wiederum amerikanische Soldaten geholfen haben. Damit wir von den Streckenposten problemlos durchgelassen werden, hatten die uns als »American nurses« ausgegeben. Da wir nicht bei den Soldaten auf dem Camp schlafen wollten, stellten die uns ein Bahnwärterhäuschen zur Verfügung, wo wir uns ausruhen konnten. Die beiden Soldaten John und Dane brachten uns Matratzen und Essen. Grundsätzlich waren aber alle Soldaten, die wir auf unserem Weg getroffen haben, sehr freundlich und hilfsbereit. In dem Bahnwärterhäuschen blieben wir ungefähr vier Wochen, bis das Camp der Amerikaner aufgelöst wurde und die Soldaten in Ludwigslust stationiert wurden. John und Dane holten uns am selben Nachmittag nach und wir gingen in Ludwigslust zum Bürgermeisteramt und erzählten unsere Geschichte von den »American nurses« und baten um private Unterbringung. Der Bürgermeister nannte uns einen Bauern, der viel Platz hatte. Bei dem haben wir dann länger als einen Monat gewohnt. Der Bauer war ein toller Mensch, an den ich heute noch gerne denke. Er war Kommunist und hatte seine Bücher im Garten vergraben.

Dane, der amerikanische Soldat, hatte uns einen riesigen Ballen Stoff organisiert und meine Freundin Irmgard Müller hat für jede von uns sieben ein Kleid mit einem anderen Schnitt genäht.

Als die Amerikaner abzogen und die Engländer nach Ludwigslust kamen, hat es sich schnell herumgesprochen, dass da sieben amerikanische »Krankenschwestern« sind. Als die englischen Soldaten uns besuchten, bot sich ein Schotte namens John an, uns Fahrunterricht auf einem Jeep zu geben. Er meinte, dass es uns bestimmt später helfen wird, wenn wir Auto fahren können. Die anderen Engländer haben uns auf Tanzabende und Partys eingeladen. Dort habe ich auch meinen ersten Walzer getanzt.

Wir Mädchen haben den Engländern allerdings vormachen wollen, dass wir Palästinenserinnen sind und wieder nach Hause wollen. Allerdings hatten wir nicht bedacht, dass die Engländer auch in Palästina stationiert waren, als Palästina britisches Mandatsgebiet war. So kam es auch, dass ein Holländer mich fragte, wie die palästinensischen Buslinien heißen und ich keine Ahnung hatte. So mussten wir die Karten offen auf den Tisch legen.

Zuvor hatten wir vorgegeben, uns auf Hebräisch zu unterhalten, dabei haben wir nur hebräische Gebete aufgesagt, die Stimme aber wie bei einem normalen Gespräch benutzt. Ich erinnere mich noch genau, dass ich mit einem Gebet etwas »gefragt« habe und meine Freundinnen mit einem anderen Gebet »geantwortet« haben. Der holländische Soldat meinte nach unserer Enttarnung aber nur, dass wir ausreichend Grund hätten auszuwandern.

Gesagt – getan: Wir sind zu siebt nach Bergen-Belsen gewandert und dort hatte ich ein wunderbares Erlebnis: Yehudi Menuhin veranstaltete dort ein Konzert, nicht für die Deutschen, sondern für die ehemaligen Gefangenen.

Mirjam und ich sind von Bergen-Belsen aus nach Frankfurt, wo ich die Feldnummer meines Bruders herausgefunden habe und ihm einen Brief schreiben konnte. Von Frankfurt aus ging es nach Fulda, weil dort ein Vorbereitungslager für Auswanderer nach Palästina war. Ich war ungefähr einen Monat im »Kibbuz Buchenwald«, wo ich zwar viele Bekannte von mir wieder getroffen, aber leider auch sehr viele Todesnachrichten bekommen habe.

Am 15. September 1945 bin ich dann in Israel angekommen.

Protokoll von Jennifer Bligh

2
Der Krieg verendet

Glück auf der Flucht – *Reinhard Baumgart*

Der gebürtige Breslauer Reinhard Baumgart, Jahrgang 1929, hinterließ bei seinem Tode im Sommer 2004 als »homme de lettre« ein reiches geistiges Erbe. Er war bekannt als Schriftsteller, Romancier, Literaturwissenschaftler, Mitglied der Gruppe 47 und des PEN-Zentrums Deutschland, Lektor bei Piper, Kritiker bei den angesehensten Zeitschriften und zuletzt als Professor an der TU Berlin. Der Text stammt aus seinen 2004 erschienenen Erinnerungen: »Damals – Ein Leben in Deutschland«.

Am 14. Januar 1945, einem Sonntagmorgen, schlurfte eine Gruppe Jugendlicher durch dreckigen Schneematsch, unter einer dunstigen Wintersonne über die Straßen von Sosnowitz in Richtung Königshütte. Wir kamen zurück aus dem Wehrertüchtigungslager, einer zehntägigen vormilitärischen Ausbildung, und hatten keine Ahnung, warum an diesem Morgen keine Straßenbahnen verkehrten, fragten aber auch niemanden, nach zehn Tagen WE gewohnt an stumpfsinniges Sichabfinden mit allem, also auch bereit zu diesem öden langen Marsch nach Hause. Aber dann, aus einer Gruppe Männer, hörten wir es doch: im Weichselbogen, 150 Kilometer von uns entfernt, hatte die Rote Armee vom Brückenkopf Baranow aus die deutschen Linien auf breiter Front durchbrochen. Sagte wirklich jemand: durchbrochen und auf breiter Front? In der Sprache des Oberkommandos der Wehrmacht wurde eine Frontlinie immer nur zurückgenommen oder begradigt. Aber wir fünf oder acht aus dem Lager Entlassenen, so abgestumpft wir auch sein mochten, hatten trotzdem die richtige Witterung: Nun rollt er auf uns zu der Anfang vom Ende. Vier Tage später erreichten die ersten sowjetischen Panzerspitzen das ostoberschlesische Industriegebiet.

Hätte man uns nicht planmäßig entlassen an diesem trüben Sonntagmorgen, könnte ich meine Geschichte wahrscheinlich nicht erzählen. Man hätte uns entweder an diese nun näher rollende Ostfront geworfen oder mindestens in Partisanenkämpfe geschickt, deren ferne Schüsse wir jede Nacht im Lager gehört hatten, und unser Haufen von ausgehungerten Fünfzehnjährigen, so unerfahren wie unausgerüstet, nur mit ein paar Karabinern und Kochgeschirren, hätte wenig Überlebenschancen gehabt, ob erst im Kampf oder dann im Gefangenenlager. Schießen mit der Panzerfaust hatten wir allerdings auch gelernt in diesen zehn Tagen, aber nie eine gesehen: geübt wurde mit Besenstielen.

Aber nun waren wir entlassen, frei, trotteten weiter auf Königshütte zu, wo einen Tag später schon unsere Flucht begann, die meine Mutter und mich mit einem der letzten nach Westen ausfahrenden Züge in Sicherheit bringen würde, nach Westen, wie ich es mir immer schon gewünscht hatte, in Sicherheit vor dem unheimlichen Osten. Erst vier Monate später und im bayerischen Schwaben sollten wir unser letztes Ziel erreichen, nach einem Fluchtweg über sieben Etappen: erst durch Niederschlesien, dann nach Dresden, von dort in den Harz, wieder zurück nach Aussig an der Elbe, dann als wiedervereinigte Familie zu viert quer durch das Sudetenland und schließlich durch Franken und über die Donau bis hinunter in dieses Dorf im Unterallgäu, wo wir in einem dünnen Regen am Pfingstmontag ankamen und bei den letzten noch auffindbaren Verwandten unterkriechen konnten.

Vier Monate Flucht, phasenweise hellwach erlebt, immer gefaßt auf die nächste Gefahr und die Chance, ihr zu entkommen, aber stundenlang auch verdöst wie in einem Dämmerzustand, in einer Erschöpfung, in der die Wahrnehmung des Schreckens ringsherum ausgeschaltet war. Ich träumte, ich zog mich zurück in Innenwelten oder in ein verrücktes, energisches Arbeiten, das nichts, gar nichts zu tun hatte und haben wollte mit der Trümmerwelt des verendenden Kriegs, sondern sich lieber vertiefte in die Herstellung von Sonetten, das Studium der Graphologie oder die Übersetzung von Shakespeare.

Aber so waren schon die letzten Wochen, Monate vor dieser Flucht vergangen. Dieses Wehrertüchtigungslager etwa in Baracken am Stadtrand von Sosnowitz war so deprimierend, so erniedrigend, daß die Erinnerung an diese öden Tagesläufe fast vollkommen ausgelöscht ist, weil sie offenbar schon damals nur mit einem halberloschenen Restbewußtsein zu ertragen waren. Unsere Ausbilder, diese Obergefreiten und Unteroffiziere schienen uns, obwohl sicher nur über vierzig, uralt, schlapp, fast mißmutiger noch als wir selbst. Sie ließen uns zwar antreten, hinlegen, durch den Winterdreck robben, erklärten die Funktionen der Panzerfaust auf Schautafeln und übten mit uns den richtigen Anschlag an Besenstielen, ließen uns aber immer wieder spüren, mit einem kurzen Schulterzucken, einem verächtlichen Auflachen, wie sinnlos auch sie diese ganzen Anstrengungen und Verrichtungen fanden.

Geschlafen wurde in feuchtklammen, dumpfen Decken, halb angezogen. Morgens und abends wurde trockenes Brot verteilt, Sirup als Aufstrich, dazu Gerstenkaffee, der auch als solcher nicht zu erkennen war, mittags eine farblose dünne Suppe von undefinierbarer Substanz. Die Ausbilder schienen sich schon über Monate von nichts anderem ernährt zu haben, so schlaff hingen die Uniformen um sie herum. Ich weiß nicht mehr, wie sie aussahen, und nicht einmal, ob irgend jemand aus meiner Klasse sich mit mir durch diese Wehrertüchtigungstage schleppte. Nur, daß der dumpfe Gleichmut, mit dem wir diese Tage und Nächte hinter uns brachten, die sogenannten Ausbilder und uns in einer tristen Solidarität verband, zu einem verlorenen, glaubenslosen Haufen, obwohl doch die einen immer noch zu befehlen und die anderen immer noch zu gehorchen versuchten.

Auch die Herbst- und Wintermonate vor diesem Januar waren ähnlich trostlos und spurlos vorübergegangen und sind nun im Gedächtnis fast ausgelöscht. Im Herbst 44 fuhren jedes Wochenende Züge aus den Industriestädten hinaus ins oberschlesische Grenzland, transportierten in Massen die noch arbeitsfähigen Teile der Volksgemeinschaft in die gemischten, wasserpolackischen Dörfer, um dort Panzergräben quer über die Felder zu ziehen. Schüler, Werktätige, Hausfrauen versanken pickelnd und schaufelnd in den nur langsam tiefer werdenden Gräben, hinter den Wällen der dürren, staubigen oberschlesischen Erde. Das Arbeitstempo war gemächlich, die Laune gut; und die unerwünschten Kontakte zwischen den vielen Frauen und wenigen Männern, den Jungen und Mädchen unten im Graben waren lebhafter als den oben auf und ab patrouillierenden, schreienden Aufsehern recht war. Handschuhe hatten wir nicht, also bald Blasen, und so war es mir recht, daß ich schon am zweiten Wochenende nach oben, aus dem Graben heraus auf den Erdwall kommandiert wurde, rekrutiert für den HJ-Streifendienst, zu den Aufsehern, ich wußte schon damals nicht, warum, und heute nicht mehr, von wem.

Und weiß auch fast nichts mehr von den Nächten in Scheunen und Turnhallen und Schulzimmern, höre nur noch undeutlich das Kichern und Schleichen zwischen den nach Geschlechtern getrennten Unterkünften, dazu die Schreie des Streifendienstes im Dunkeln, darunter meine eigenen, die Lichtkeile der Taschenlampen, das Hundegebell – alles nur fetzenweise noch vorhanden, weggewaschen von Amnesie. Wir konnten uns, wollten uns die über diese öden Äcker rollenden, in unsere Panzergräben stürzenden T 34 nicht vorstellen. Aber wenn sie je kämen, das ahnten wir, würden sie über ungesprengte Straßen und Landwege rasseln, zwischen unseren Panzergräben hindurch. Die, weil früh der Frost einsetzte, schließlich auch gar nicht mehr fertiggestellt wurden und als pathetische Fragmente in der Landschaft liegenblieben.

Aber offenbar war dieser Aufwand, der wöchentlich Hunderttausende aus den Revierstädten hinaus ins Land lieferte, gar nicht mehr auf irgendeinen sinnvollen Beitrag zur Landesverteidigung ausgerichtet, sondern sollte die Volksgemeinschaft des totalen Krieges im Masseneinsatz nur noch einmal zusammenführen. Da hockten und standen wir in unseren Viehwaggons, wie damals die nach Osten rollenden Truppen, wie später die Kriegsgefangenen, wie die geheimen Menschenlieferungen für die Vernichtungslager, sahen auf dem Nebengleis andere Waggons ruckeln und fahren, Frauen in Kopftüchern winken, auch die blonde Helga und die dunkle Marie, unsere beiden Dienstmädchen, lachten einmal zu mir herüber. Denn am Samstag morgen bei der Ausfahrt und Sonntag abend bei der Rückkehr war die Stimmung gut, wir hatten die Schufterei noch vor uns oder hatten sie überstanden, dieses sinnlose Schaufeln, Pickeln, Frieren, Schreien, diesen Verlust eines freien Wochenendes, verloren für dieses nicht einmal verzweifelte, nur dumpfe Irgendetwastun gegen das drohende Ende.

Das alles lag Monate zurück, als wir zum letzten Mal Weihnachten feierten in Königshütte, zwar ohne Geschenke, doch einmal noch mit der traditionellen schlesischen Speisefolge: erst der vom Vater tranchierte Karpfen mit Salzkartoffeln und einer Miniration brauner Butter, dann die scharfen roten und milden weißen Würste in einer aus Malzbier und Lebkuchen gebrauten braunen Soße und um Mitternacht sogar noch eine Schüssel voll Mohnklöße, feuchte, fette Schichten von Weißbrot und Mohn, durchtränkt von Zuckersaft. »Waihnochtn un kei Mohkließla!« hatte die Kinder-Anna meiner Mutter immer ausgerufen, wenn etwas Entsetzliches, etwas ganz und gar Ungehöriges und Unerwartetes passiert war.

Drei Wochen also nach diesem letzten schlesischen Weihnachten, am Montag mittag, dem 15. Januar 1945, saßen wir zum Familienrat beisammen in der Poststraße 2, und als hätte man alles schon vorausgesehen und vorausgeplant, wurde tränenlos und gefaßt beschlossen, daß die Tochter noch bei dem zur ärztlichen Versorgung ins Rote Kreuz abkommandierten Vater bleiben, der fünfzehnjährige Sohn aber seinen Pappkoffer packen sollte, um mit der Mutter den nächsten Zug über Breslau nach Liegnitz zu nehmen, wo eine ihrer vier Schwestern wohnte. Da saß ich nun eng an sie gequetscht auf einer Holzbank der dritten Klasse, für Wochen, Monate und womöglich für immer nur auf sie angewiesen, wie ich schon damals vor zehn Jahren fürchtete, als Vater und Schwester vor unseren Augen in der Ostsee zu ertrinken drohten.

Wer hielt sich an wem fest auf dieser Flucht zu zweit, der Fünfzehnjährige an der Fünfzigjährigen, oder sie sich auch an mir, dem schon über sie hinausgewachsenen Sohn? Plötzlich, da ich sie und sie mich zu schützen hatte, kam sie mir nah wie noch nie im Leben, diese Gutstochter, die hochvernünftige älteste unter sechs Geschwistern, gelernte und kriegserfahrene Krankenschwester, immer zuverlässig, optimistisch, verantwortungsbewußt und, ja, eben auch spröde und zurückhaltend, diese Mutter mit den hellblau kühlen, fast schon grauen Schelleraugen der Familie ihrer Mutter, denen ich nun in immer neuen Variationen begegnen sollte. Denn von Schwester zu Schwester, Tante zu Tante führte unser Fluchtweg immer weiter nach Westen, Nordwesten. Zunächst vom Regen in die Traufe.

Drei immer eisigere Winterwochen hausten wir in Liegnitz, in der Wohnung einer Tante und Witwe, wo ich oft schon in Kinderzeiten zu Besuch gewesen war, spielend und streitend mit einem fast gleich alten Vetter, der beim Aufbau von Eisenbahnen oder Indianerschlachten immer eine lästig andere Pedanterie und Phantasie entwickelt hatte als ich. Aber damals war immer Sommer, wir zogen gegen Mittag mit einem Kastenwagen voll Spielzeug, Gerät, Büchern, Säften in den Schrebergarten der Tante, der Spirituskocher summte vor der Laube, Unkraut wurde gejätet, die Nachbarin quasselte über den Zaun, und zwischen Stachelbeer- und Johannisbeerbüschen konnte ich mich hineinverlieren in ein neues Kapitel des *Grünen Heinrich*.

Das schien nun unvorstellbar weit weg in diesem Januar, der bald die Temperaturen hinuntertrieb bis auf unter zwanzig Grad minus. Die Frauen strickten unendliche Schals für die Front, und diese Front rückte, von einem russischen Brückenkopf östlich der Oder aus, mit Geschützdonner bis auf zwanzig Kilometer an die Stadt heran. Die Mutigsten oder Ängstlichsten begannen zu fliehen, mit Handwagen, Rucksäcken hinaus auf die vereisten, verschneiten Straßen. Aber die Schwestern, Mutter und Tante, beschlossen zu bleiben und lieber den Einmarsch der Roten Armee in einer sicheren Wohnung abzuwarten, als dort draußen entweder zu erfrieren oder doch eingeholt zu werden von der heranrückenden Front. Unsere Flucht schien also schon auf dieser ersten Etappe vergeblich gewesen zu sein: gut 150 Kilometer weiter westlich waren wir zwar, der Luftlinie nach, aber das war zuwenig. Was hatten wir uns nur dabei gedacht? Etwa, daß wir nach ein paar Wochen in das von der Roten Armee wieder geräumte Königshütte zurückkehren würden? Vielleicht sogar das. Aber ich vermute, daß wir alle längst nichts mehr planten und durchdachten, sondern nur noch überleben wollten, von einem Tag auf den nächsten. Und nun sogar unter einer sowjetischen Besatzung in Liegnitz.

Doch dieser russische Brückenkopf östlich der Oder, mit seinem bis kurz vor Liegnitz vorgetriebenen Keil, war offenbar der einzige, der in dieser Endphase mit einer Gegenoffensive noch einmal aufgerieben wurde. Züge nach Westen, drei, vier am Tag, wurden auf dem Liegnitzer Bahnhof wieder eingesetzt und gestürmt, und wir beide, meine Mutter und ich und auch unser letzter, einziger Koffer, im Gewühl hineingequetscht in ein Abteil, während draußen auf den Trittbrettern die nicht so Glücklichen hingen und sich wehrten gegen das brüllende Bahnpersonal, das sie herunterreißen wollte, der Zug würde sonst nicht abfahren, doch sie klammerten sich fest und brüllten zurück, und schließlich setzte sich der Zug doch in Bewegung, behangen mit diesen Menschentrauben. Wie lange die Fahrt dauerte über die etwa 160 Kilometer bis Dresden? Nichts von der ganzen Fahrt, kein Gesicht, kein Geruch, kein Stöhnen oder Lachen ist zurückgeblieben im Gedächtnis, alles spurenlos gelöscht.

Dresden aber, bis Mitte Februar 45 unzerstört wie keine andere große deutsche Stadt, Dresden und seine Schönheit und die Februartage dort leuchten in der Erinnerung immer noch. Eine einzige Häuserzeile der Innenstadt war von Sprengbomben getroffen worden, aus Versehen, davon waren die Dresdener überzeugt und auch davon, daß die Alliierten die Stadt verschont hatten und weiter verschonen würden, weil sie hier, in dieser steinernen Pracht an der Elbe, ihr künftiges Hauptquartier planten. Uns hatte die Dresdner Tante, die Vikarin, den Quartierschein für das Zimmer einer eben verstorbenen alten Dame aus ihrer Gemeinde besorgt, in einer großbürgerlichen Mehrfamilienvilla östlich vom Großen Garten, ich erbte sogar ein paar Bände Klassiker aus dem Nachlaß, Klopstock, Gellert, Wieland, Shakespeare, Jean Paul, und einen dicken frommen Taschenkalender für 1944, den ich für kurze Tagebucheinträge für das eben begonnene Jahr 1945 benutzte. Die Tante, obwohl doch bekennende Hitlergegnerin, war trotzdem vorwurfsvoll besorgt, weil ich mich erst in der Stadtbibliothek registrieren ließ und dann erst anmeldete beim Wehrbezirkskommando. Nur mit dem Stempel im Wehrpaß bekam der Flüchtling noch Lebensmittelmarken.

Aber er fühlte sich nun wirklich im Westen, sogar im Süden, in diesem Dresden, das ihm so schön vorkam wie Wien im Sommer vor anderthalb Jahren. Er lief den ganzen Weg vom Wehrbezirkskommando zurück in die Altedamenstube, mit langen Schleifen im kilometerlangen Großen Garten, und schrieb dort – Sonette, erst auf Bänken, aber dann auch im Weiterlaufen, die Rhythmen skandierend, immer neue Reime probierend, die Abläufe ständig verändernd und verbessernd. Es waren die schönsten Sonette seit Mörike: »Ich spür der Lüfte laues Regen, ich fühl der Sonne milden Schein …«

Tatsächlich schien, mit einem Schub südlicher Luft das Elbtal hinauf, der Frühling auszubrechen in diesem Dresden am 13. Februar, Faschingsdienstag, aber daran dachte damals und dort wohl niemand. Brav gehorchten auch wir beide, meine Mutter und ich, in der Nacht zum Aschermittwoch dem Sirenengeheul und stolperten über die Treppen hinab in den fremden Keller, doch dort unten vertrauten weiterhin alle der Dresdner Legende von der vorsorglichen Schonung der Stadt, und schließlich, sagten wir uns, waren ja auch in den Luftschutzkellernächten in Königshütte keine Bomben gefallen. Terrorangriff war für uns immer noch ein Wort aus der Zeitung. Allerdings ballerte diesmal, auch im Keller gedämpft hörbar, oben die schon schüttere Luftabwehr, also überquerte die Royal Air Force in dieser Nacht immerhin die Stadt, auf einem Flug mit unbekanntem Ziel. Aber, sagten zwei Männer, die noch einmal oben und draußen gewesen waren, die Nacht sei nun doch sehr hell, der Himmel vollgehängt mit »Christbäumen«, den an Fallschirmen dahinsegelnden Leuchtraketen, wie zur Ausleuchtung eines Zielgeländes. Also doch: Dresden.

Man steht still unter einer bebenden Kellerdecke und weiß nicht, daß man in den wüstesten Luftangriff zwischen dem Hamburger Feuersturm und der Bombe auf Hiroshima geraten ist, weiß bald auch nicht mehr, ob das Donnern, Wummern und Rollen nun erst acht oder schon dreißig Minuten dauert oder noch länger, es hört einfach nicht auf, kommt näher, rollt wieder zurück, bis ein kreischender Schlag über uns, um uns einschlägt. Ich sehe die Augen, die Augäpfel meiner Mutter drüben vor einem Kellerverschlag, nicht mehr hellblau, nur noch weiß sehe ich sie rollend aus den Höhlen treten, Tieraugen in Todesangst, und so sieht sie auch meine in diesem Augenblick, das würden wir unser Leben lang nicht mehr vergessen. Einmal noch, sage ich zu ihr hinüber, dann ist es aus. Darauf eine neue krachende Detonation, ein zitternder Riß saust durch die Decke über uns, sie hält, scheint zu halten, und merkwürdigerweise brennt immer noch, wenn auch flackernd, dort oben eine Lampe. Daß der zweite Luftschutzkeller neben unserem dunkel und halb zusammengestürzt ist, auch die Kellertreppe, daß in den Schuttmassen Menschen verschwunden oder bis über die Hüften begraben sind, die dort wimmern und stöhnen, das alles wird erst entdeckt, als wir mit Taschenlampen einen Weg, ein Loch nach oben und draußen suchen. Da kommst du nie durch, sage ich zu meiner Mutter, als ich zurückkomme. Aber wir stemmen uns alle nacheinander hoch in die von Bränden hellerleuchtete Nacht, auch meine verschrammte und verstaubte Mutter, auch unseren blöden Koffer, und sind vorher über die Schutthaufen vorbei an den jammernden Verschütteten gestiegen, auch meine Mutter, die Krankenschwester. Man hätte ihnen die Hand halten, über den Kopf streicheln können, helfen nicht. Aber mit ihnen sterben hätte man können. Denn als wir am nächsten Morgen vor diesem ehemaligen Haus standen, war es zusammengesackt zu einem einzigen Schuttberg, ohne einen einzigen Mauerrest, im zweiten Nachtangriff von einem neuen Volltreffer zusammengeschlagen.

Das nennt man Glück: im richtigen Keller gestanden und sich im richtigen Moment gerettet haben, hinaus auf eine Straße genügend weit von der Innenstadt, wo man also nicht bei lebendigem Leibe verbrannte, nicht später von Tieffliegern hingemäht wurde, sondern zwei Straßenecken weiter den nicht eingestürzten Keller im Haus der Tante erreichen konnte, um dort auch den zweiten donnernden Angriff dieser Nacht zu überleben, der die brennende Stadt nun mit Sprengbomben und Luftminen eindeckte, um das Feuer zum Sturm zu entfachen, der aber unseren neuen Keller verschonte, auf dessen nacktem Boden vor meinen Füßen ein zwei- oder dreijähriges Kind schlief, ungestört von dem höllischen Krachen ringsum – das alles könnte man Glück nennen. Wären da nicht die anderen, die dieses Glück nicht hatten, die Verschütteten in unserem Keller oder die Unbekannten, die wir Tage später zu Leichenhaufen aufgestapelt in einer Ecke des Großen Gartens sahen, die wahrscheinlich von US-Tieffliegern bei den folgenden Tagesangriffen über die Grünflächen Gejagten und dort Zusammengeschossenen, nun haufenweise gesammelt, um mit Desinfektionsmitteln oder noch schneller mit Flammenwerfern unschädlich gemacht zu werden.

Ich hatte bis dahin nur einen einzigen Toten gesehen, den feierlich aufgebahrten SA-Mann in seiner Garage in Lissa, und sah diese nun liegen wie Schlachtvieh oder Abfall, nackt, halbnackt, bläuliches, blutiges Fleisch in zerfetzten Kleidern, als ehemalige Menschen und einzelne unkenntlich. Die Augen tränten, seit Tagen gebeizt vom braunen Nebel der immer noch qualmenden, schwelenden Stadt. Ich sah zu dem Leichenstapel und sah dran vorbei und fühlte – fast nichts. Nichts, außer ein leeres Grauen, nichts, was dieses Bild, seinen Schrecken hätte auflösen können. Keinen Haß auf mit Bordkanonen ausgerüstete Jäger und Schlächter. Keine Trauer um unschuldige Opfer. Opfer wofür, unschuldig woran? Das Bild blieb leer, sinnleer, über Jahrzehnte, aber es haftete und überdeckte künftige Bilder von Leichen und Leichenhaufen. Diese Film- und Zeitungsfotos, die immer Trauer auslösen sollten oder Empörung, Haß- oder Schuldgefühle, doch mich immer nur erinnerten an dieses erste, reale Bild, an ein Grauen, das sich nicht vergessen, aber auch für nichts und gegen nichts benutzen ließ.

Das Dresdener Haus, das mit zwei Bombenschlägen in einen Schutthaufen verwandelte Haus, habe ich beim ersten Besuch in der Stadt, ein Vierteljahrhundert nach dem Krieg, lange gesucht und lange nicht gefunden. Ich wußte keinen Straßennamen, verlor bald jede Orientierung, als wir kreuz und quer durch dieses Viertel zwischen Großem Garten und Elbe fuhren, aber plötzlich sahen wir ihn, stiegen aus, standen davor, meine

Frau und ich, vor dem einzigen unaufgeräumten Trümmerberg in der ganzen Umgebung. Hatte man nicht einmal die Verschütteten, die Toten ausgegraben und geborgen? Und dann entdeckte ich ihn hinten im Grundstück, den rot aufgemauerten Schornstein, und nun erst erinnerte ich mich: Da hinten hatte damals tatsächlich eine kleine Lackfabrik gearbeitet. Das also erklärte den Abwurf von Sprengbomben in diesem Gebiet weitab von den Dresdener Flächenbombardements. Sorgfältig und pflichtbewußt hatte offenbar ein britischer Bomberpilot auf ein vermeintlich kriegswichtiges Objekt gezielt, ausnahmsweise, und hatte zweimal tödlich danebengetroffen.

Als wir vier Tage nach den Angriffen auf weitem Bogen um die zertrümmerte und verkohlte Innenstadt zwei oder drei Stunden hinausmarschierten zu einer der Ausfallstraßen, auf denen Lastwagen die Flüchtigen zu den nächsten noch funktionierenden Bahnhöfen abtransportierten, da zählte ich auf diesem Weg durch die Außenbezirke acht oder neun völlig unversehrte Häuser, in einer eben noch wie in vollkommenem Frieden und unzerstörbarer Schönheit dahinträumenden Stadt. »Frieda, ich bin bei der Berta«, stand in Kreideschrift auf einer Ruinenfassade.

Wieder weiß ich nicht, auf welchen Wegen und Umwegen wir schließlich das Dorf Timmenrode erreichten, zwischen Thale und Bad Blankenburg am Ostrand des Harzes, um wieder bei einer Tante, der jüngsten Schwester der Mutter, zwei Schlafstellen zugewiesen zu bekommen. Für fast zwei Monate schienen dort die Zeit, der Krieg und sein Ende noch einmal für eine Atempause stillzustehen. Ich stieg durch die rauhe, spätwinterliche Natur hinauf zum Hexentanzplatz am Fuße des Blocksbergs, versuchte mit einem Kommentar den *Faust* zu lesen und zu verstehen, blieb im zweiten Teil jämmerlich stecken und übersetzte lieber rhetorische Prunkstücke aus Shakespeare, um »To be or not to be«, »It was the lark and not the nightingale« und »Friends, Romans, countrymen, lend me your ears« etwas genauer und natürlich noch schöner ins Deutsche zu übertragen als Tieck und Schlegel. Ich fing sogar an, mit Gustav Freytags *Technik des Dramas* als Bastelanleitung, ein eigenes Renaissancestück in Jamben herzustellen, mit Liebe, Verrat, Gift und Degengefechten und flüssig perlenden Blankversen, es verendete in der Anfangsszene des dritten Aktes. Im vierten, so hatte ich bei Gustav Freytag gelesen, versagen zuweilen auch Genies, nichts sei schwieriger als der Umschlag, der Abstieg aufs Ende zu.

Während draußen auf der Welt der Krieg längst in die Schlußphase seines fünften Aktes marschierte und taumelte. Aber wir wußten und ahnten nichts von Hitlers Nero-Befehl vom 19. März, der dem von Osten und Westen ins Reich vordringenden Feind nur noch eine Zivilisationswüste, verbrannte Erde auszuliefern drohte, als Strafe auch für dieses deutsche Versagervolk, das sich dem Führer und seiner Berufung so trostlos verweigert hatte. Und so las ich seelenruhig weiter meinen *Faust* und die *Welträtsel* von Ernst Haeckel, exzerpierte Gustav Freytag und kopierte abendelang für den jüngsten meiner Vettern eine Bildgeschichte von Wilhelm Busch. Sollte ich vielleicht Illustrator werden oder Dramatiker oder doch nur Astrochemiker?

Die Tante, in deren nun überbelegte Wohnung wir eingeschlüpft waren, die schönste, jüngste, zweitklügste und sicher strengste unter den Schwestern der Mutter, sah diesen jungen Weggetauchten und Drückeberger mit Unbehagen, ja Unwillen. Denn sie erlebte den Untergang Deutschlands. Ihr Ehemann, ein bayerischer Freiherr, war verschollen irgendwo in

Polen, wo ihm die neuen Kolonisatoren ein gewaltiges Gut übertragen hatten. Ihre vier blonden Kinder, ohne sichere Zukunft, vielleicht schon Halbwaisen, mußten bei jeder Mahlzeit neben und unter uns an ihrem Katzentisch mucksmäuschenstill aushalten. Die junge schöne Tante hielt auf Zucht, Ordnung, Haltung noch im Untergang, und da war nun einer bei ihr eingezogen, der in dieser deutschen Endzeit in Büchern schnüffelte, Verse bastelte und sich vor dem Volkssturm drückte, wegen eines Fuß-, genauer Zehenschadens, aber dennoch humpelnd zu romantischen Wanderungen aufbrach, hoch in den Harz.

Ja, ich hatte wieder Glück, wenn es auch diesmal weh tat. Ein eingewachsener Nagel im großen Zeh war während der Fluchtwochen eitrig verschlampt und mußte aus dem vereisten Zeh herausgestemmt werden, und der Patient war nun auf Wochen per Attest nicht kriegsverwendungsfähig, konnte nicht mehr im örtlichen Volkssturm den Harz gegen die Rote Armee verteidigen. Er blieb ein Zuschauer. Nachts sah er den Himmel über dem zerbombten Magdeburg glühen, hörte noch am 8. April am hellichten Tag den fernen Donner von Halberstadt herüber, das die US-Bomber kurz vor dem Einmarsch der eigenen Truppen niederwalzten, was später der Halberstadter Alexander Kluge in einer grotesk genauen Prosacollage für die Nachwelt festhalten sollte.

Ich humpelte sogar durch das weltabgeschieden vor sich hin träumende Quedlinburg und hinauf zum romanischen Dom, wo der erste deutsche König Heinrich I. begraben lag, wie ich wußte, doch ich ahnte nicht, was mich dort in der hellen Kirchenhalle erwartete: Die SS hatte den Dom als Andachts- und Weihestätte ihrer Religion der Herrenrasse übernommen, von allem Prunk, allen Devotionalien, allen Erinnerungen gesäubert und in ein ausgenüchtertes, kalt drohendes Thinghaus für ihre schwarzen Ordensmessen, die Fahnenweihen und Vereidigungen verwandelt. Der arme König Heinrich. Von seinem bescheidenen Empfang der deutschen Königswürde erzählt vielstrophig eine Loeweballade, die mir der Bariton meines Vaters oft vorgesungen hatte, vor dem Spiegel im dunklen Flur in Lissa, mit mir auf dem Arm, geschmeichelt und ein bißchen auch gelangweilt.

Ihn, den Vater, sah ich erst wieder Mitte April, in Aussig im damaligen Sudentenland, sah ihn wieder und wollte ihn erst nicht erkennen: von hinten, ein gebückter Rücken in einer rauhen, grauen Rotkreuzjacke, und der Mann, der sich schließlich umdrehte und langsam aufstand, schien nicht um ein Vierteljahr, sondern um ein Jahrzehnt gealtert, siebzig statt sechzig, verlegen lächelnd, als hätte er uns alle in diese Lage gebracht und könnte es nicht erklären und sich auch nicht entschuldigen. Aber wir hatten ja überlebt, bis jetzt, alle vier. Meine Schwester war auf unendlichen Wegen zu uns in den Harz gekommen, als Kurier, denn es gab keine Telefonverbindung, keinen verläßlichen Postverkehr, aber immer noch verkehrten Züge, und mit denen fuhren wir zu dritt hinunter nach Aussig an der Elbe, wo die Dienststelle meines Vaters, die oberschlesische Ärztekammer, nun nichts mehr zu tun hatte, als sich selbst zu erhalten und zu verwalten. Nur einen Tieffliegerangriff mußten wir auf der Fahrt überstehen, waren sitzen geblieben im Zug, während draußen ein paar Mutige, Ängstliche über eine Wiese auf einen Waldrand zu flohen, wirr beschossen aus den tief dahinknatternden Jagdmaschinen, ohne Treffer. Na, dann überlebt mal schön, sagte uns eine alte, im Elbtal aussteigende Frau, und das wollten wir uns merken für die nächsten Wochen.

Untergekommen waren wir in einem Mietshaus auf einem Höhenzug über Aussig. Auf dem Weg in die benachbarten

Schrebergärten konnte man Brennesseln pflücken, die einzige Nahrung, die markenfrei wild herumwuchs, aber wir wußten nicht, wie gemein Brennesselgemüse ohne eine Prise Salz schmeckt, und nicht einmal Salz war noch aufzutreiben. Gegen den Hunger half wieder nur Lesen, die Stadtbücherei, aus der ich Bernhard Bavinks *Grundlagen der Naturwissenschaft im 20. Jahrhundert* und Ludwig Klages' *Einführung in die Graphologie* auslieh, zwei Kilo Bücher, die ich auf den letzten Etappen der Flucht mitschleppte und die heute noch auf einem Regal hinter mir stehen, versehen mit dem Eigentumsstempel der Stadtbücherei Aussig im Sudetenland. Auf was warteten wir dort?

Fliegeralarm gab es nur noch am Tage, denn die Angriffe mußten nicht mehr von der nachterfahrenen Royal Air Force, sondern konnten, weil keine Luftabwehr mehr störte, von den Amerikanern geflogen werden. Die steuerten eines Mittags auch das unversehrte Aussig an und bombardierten in schulmäßig anfliegenden Staffeln binnen einer Viertelstunde die Innenstadt zusammen. Aus unserer Höhenlage sahen wir seelenruhig, gefahrlos dem präzisen Vernichtungswerk zu, konnten die in den Bombenkorridor einschwenkenden, dann wieder hochziehenden und abschwenkenden, im hellen Sonnenlicht flimmernden Formationen beobachten, die geballten Rauch- und Schuttwolken hochsteigen sehen, eine trotz des Donnerns und Rauschens fast stille Breitwandszene, weit weg. Zweitausend Tote, meldete am nächsten Tag die Zeitung, und ich dachte, zwei Monate nach Dresden: Glück gehabt, Aussig, nur zweitausend. Ich versuche, während ich das aufschreibe, diese Gelassenheit schaurig zu finden, aber ich weiß immer noch: sie war schaurig zeitgemäß. So wie es heute zeitgemäß ist, Kriege zu führen fast ohne eigene Verluste. Wenn drei oder vier Soldaten bei einem Kriegseinsatz umkommen, geht die Nachricht um die Welt. Nur drei oder vier, hätte man damals gesagt, und es waren ja schließlich Soldaten.

Es war längst klar – aber uns auf der Flucht noch immer nicht, damals –, daß Reich und Führung nur noch reagierten, nicht mehr handelten, daß dieses Volk der Täter jetzt nur noch passiv sein konnte, massakriert vom Terror aus der Luft, bedroht vom Durchhalteterror des eigenen Staats, überrollt von den aus Ost und West aufeinander zumarschierenden Armeen der Alliierten. Es nahm das alles mit der gleichen Geduld, Disziplin, Schicksalsergebenheit hin, mit der man auch ausgezogen war in diesen Krieg, zum Nordkap und bis nach Afrika, auf den Atlantik bis in den Kaukasus. Noch am 20. April saß die Familie vor dem Volksempfänger in dieser fremden Wohnung in Aussig und hoffte, daß Goebbels in seiner letzten Geburtstagsrede auf den Führer uns verkünden würde, wie es denn weiter oder wie es zu Ende gehen sollte. Täuscht die Erinnerung, oder hat er mit balsamischer Stimme tatsächlich am Ende ein Zukunftsbild des Friedens beschworen, mit im Sonnenlicht wogenden Kornfeldern, als wäre nichts gewesen und alles wie ehedem? Dann endlich, sagte die immer wärmer, gerührter klingende Stimme, dann könnte auch der Führer, entlastet von der Bürde der Führung und Verantwortung, sich ausruhen und zurücktreten in sein Volk und wieder sein, was er immer nur sein wollte und war: »unser Hitler«.

Zehn Tage später war er tot, gefallen mit der Waffe in der Hand, hieß es, bis zum letzten Atemzug kämpfend gegen den Bolschewismus. Daß er die Waffe gegen sich selbst gerichtet hatte, blieb ein Gerücht. Die Parteileitung Aussig rief zu einer Massenkundgebung, Feier des 1.Mai und zugleich Totenfeier für den Führer, der letzte braune Aufmarsch, mit Fahnen und

Uniformen zwischen den auf hohen schwarzen Säulen flackernden Feuerschalen, und weit weg auf der Tribüne hielt der Kreisleiter seine Götterdämmerungsrede auf den toten Führer, auferstanden aus dem Volk, ein Leben lang kämpfend für sein Volk, nun untergegangen mit dem Volk: Finis Germaniae! rief der Redner, wahrscheinlich ein Studienrat. Ich stand als Zivilist eingekeilt zwischen Uniformen, um mich kicherten und schäkerten BDM-Mädel mit Hitlerjungen, unwürdig, fand ich, noch einmal aufrichtig erschüttert. Denn dort vorn verkündete ein Funktionär der Bewegung und in einer öffentlichen Rede das Scheitern der Bewegung, den Untergang des Reiches, und das mit Pathos, mit einer fast inbrünstigen Genugtuung über dieses große Exempel weltgeschichtlicher Tragik. Der Leitartikel des *Aussiger Tageblatts* wütete am nächsten Morgen gegen den würdelosen Defätismus des Kreisleiters und proklamierte in seiner Überschrift die neue Parole: Mit Dönitz zum Endsieg! Dieser Trostspruch sollte uns, auch wir waren jetzt endlich reif für Zynismen, begleiten auf den letzten Wochen der Flucht.

Wann begann sie, diese vorletzte Etappe? Vor der Kapitulation am 8. Mai oder am Tag danach? Jedenfalls wieder Richtung Westen, im Opel Olympia, Modell 1940, mit dem Rotkreuzzeichen auf der Windschutzscheibe, im weiten Bogen dem unsicheren Prag im Süden ausweichend, immer wieder im Schritttempo hineinfahrend in die unendlichen Trecks der Bauerngespanne, Mütter mit beladenen Kinderwagen, der versprengten oder desertierenden Soldaten, während südlich hinter dem Horizont Geschützdonner rollte, von letzten kämpfenden Waffen-SS-Einheiten, hieß es. Die Karte auf den Knien, saß ich vorn neben dem Vater in seiner grauen schlappen Jacke, denn Karten konnte ich am besten lesen, und außerdem: Ich wollte nicht nur in keine Panzerschlacht geraten, sondern weiter nach Westen und dabei auch etwas erleben. Karlsbad, sagte ich, Karlsbad sei das nächste, bequemste, das sicherste Ziel.

Spät am Abend, von dem östlichen Höhenzug über der Stadt, sahen wir Karlsbad unten im Tal, sahen im Dunkeln die flimmernden Lichter, die erste nicht mehr verdunkelte Stadt seit fünfeinhalb Jahren, jetzt, erst mit diesem unvergeßlichen Anblick schien der Krieg wirklich aus und überstanden. Wir klingelten den ersten Apotheker heraus, den wir fanden, wurden nicht freundlich, nicht unfreundlich aufgenommen, vier Matratzenlager wurden rund um den Eßtisch eingerichtet, für zwei Nächte oder drei, der Opel untergestellt in einen Holzverschlag. Vor Karlsbad, jenseits der Eger, stand die Elitearmee des Generals Patton, wartete und rückte nicht ein. Wartete sie auf die Rote Armee, die sich durch letzte SS-Einheiten langsam herankämpfte? Tschechen mit Armbinden in den Landesfarben patrouillierten in Streifen durch die Straßen und begannen die Verwaltung der von den deutschen Behörden aufgegebenen Stadt zu übernehmen. Auf die Windschutzscheibe unseres Opel Olympia im Holzverschlag klebten sie einen dreifach bestempelten Beschlagnahmezettel. Wir waren gefangen.

Aber mein mutiger und doch ängstlicher Vater und ich, wir gingen nachts hinauf zur Höhenstraße, von der wir das flimmernde Karlsbad zum ersten Mal gesehen hatten, wo verlassene und bewohnte Lastwagen, Personenwagen, Busse und Geländewagen, Wehrmachts- und Zivilfahrzeuge in langer Reihe am Straßenrand standen, ich kroch hinein, wo immer eine Tür sich öffnen, eine Plane sich aufreißen ließ, auf der Suche nach Benzinkanistern, denn unser Tank war fast leer. Wir fanden nichts, nirgends, ich stieß nur, in einen Lastwagen hochgeklettert, dort auf ein keuchend ineinander verkeiltes Paar, sogar mein Vater unten auf dem Asphalt mußte das Paarungsgeräusch gehört haben und zischte hoch, ich sollte runterkommen, los, sofort! Und schweigend gingen wir nebeneinander die lange Straße wieder hinunter ins nächtliche Karlsbad, zu unserem Matratzenlager um den Eßtisch des Apothekers, ohne Benzin, aber ich um eine Erfahrung reicher.

Karlsbad, der Ort unserer ersten Friedenstage, nicht mehr deutsch, noch nicht tschechisch, weder russisch noch amerikanisch besetzt, eine herrschaftsfreie Zone, versuchte diesen Zustand der Anarchie ein paar Tage lang abzufeiern. Im Kurviertel, auf den Terrassen der Hotels, saßen wie Komparsen eines fernen Films heiter elegante Menschen, plauderten und lachten hinter Sonnenbrillen, die Damen knallig geschminkt, die Herren mit dicken Kreppsohlenschuhen – alles seit Jahren nicht mehr oder noch nie gesehen. Wie auch die Kuchen und Torten, mit dicken Sahnehauben serviert, alles lebensmittelkartenfrei, denn wer hatte noch Lebensmittelkarten? Offenbar sollte alles, was an Vorräten und guter Laune noch vorhanden war, einmal noch, zum letzten Mal genossen werden: nach uns die Sintflut. So böhmisch oder österreichisch, so flott filmreif und dekadent hatte ich mir unseren Untergang, das Finis Germaniae nicht vorgestellt. Ich aß die Torten und spielte wieder einmal Zaungast. Aber immer noch klebte das tschechische Stempelpapier an unserem Opel Olympia, unserem Fluchtwerkzeug und Überlebensmittel.

Er wußte, was er riskierte, mein vorsichtiger Vater, seine Verhaftung, vielleicht sein Leben, als er nachts gegen drei sein eigenes Auto aus dem Holzverschlag stahl, den Beschlagnahmewisch von der Windschutzscheibe löste, uns mit unserem Restgepäck einsteigen ließ und die acht Kilometer auf die Egerbrücke zufuhr, hinter der die Armee Patton stand und ein-, zweimal pro Stunde, so das Gerücht, ein Kontingent Fahrzeuge und Menschen hinüberließ in amerikanisches Besatzungsgebiet, in Sicherheit vor der tschechischen Machtübernahme und der Roten Befreiungsarmee. Da stand kilometerweit gestaut wieder der aus Pferde-, Last-, Kinder-, Personenwagen gemischte Treck, in dem wir uns Tage zuvor durch das Sudetenland bewegt hatten, da warteten Militär und Zivilvolk, Familien, Einzelgänger, feldgraue Kameradschaften und Bauerngespanne auf Einlaß in die rettende westliche Welt, geduldig und ungeduldig. Wir reihten uns ein, schoben uns Meter um Meter näher an die noch sehr ferne Brücke, über die tatsächlich zwei- oder dreimal pro Stunde etwa eine Minute lang ein Pulk Menschen und Wagen von weißbehelmten Militärpolizisten durchgewinkt wurde.

Nach etwa drei Stunden trafen am Ende der Schlange flüchtende Fußgänger, Radfahrer, Hausfrauen, Kinder in wirren Haufen ein, flüchtig aus ihrem Karlsbad, denn dort war, unangekündigt, im Morgengrauen nun doch die Rote Armee eingezogen. Wieder also Glück gehabt, dem tschechischen Beschlagnahmezettel zu verdanken, dachten wir, aber nicht lange. Gegen zehn, im hellen Sonnenschein, fuhren zwei, drei Jeeps mit sowjetischen Offizieren auf die Egerbrücke, zu Verhandlungen offenbar mit ihren amerikanischen Verbündeten – Verhandlungen über was? Zwei russische Offiziere schritten die Kolonne der Wartenden ab, lächelnd und stumm, sie schienen abzuschätzen, was aus der Fluchtmasse noch über die Brücke sollte und durfte, was ihnen zufiele als gerechte Beute. Sogar ein Haufen junge Waffen-SS auf zwei Geländewagen hinter uns wurde nur stumm lächelnd zur Kenntnis genommen. Uns hatten diese jungen Landsknechte schon vorher und ungefragt zwei Kanister Benzin ausgeliefert: Wir könnten das brauchen, und sie seien nun sowieso »futsch«. Sie lachten, als wüßten sie und wüßten doch nicht, was ihnen bevorstand.

Glück gehabt, wieder, mit einem letzten oder vorletzten Schub wurden wir durchgeschleust über die Brücke, den Fluß, mit Benzin versorgt für eine fast unendliche Fahrt, die wir gespenstischerweise frei, ungegängelt, auf plötzlich leeren Straßen fortsetzen durften. Wohin, nach Süden, Richtung Bayern, nach Norden, wieder in den Harz? Ich hatte, die Karte auf den Knien, mich für die Südroute entschieden, weil ich den Harz ja schon kannte, und hatte also vor dem Norden, einem sicher sowjetisch besetzten Sachsen, wortreich gewarnt. Doch die Armee Patton nahm uns auf der Straße nun doch alle Wahl ab: Militär nach links, Zivil weiter geradeaus. Ein paar Kilometer nur, dann wurden auch wir nach links gewiesen, über einen Feldweg einen kahlen Hang hoch, dichtbepflanzt mit Zelten. Aussteigen, sich registrieren und einweisen lassen, Männer und Frauen getrennt, ich gehörte nun also zu den Männern.

Glück gehabt, das bestätigte uns ein junger Offizier mit schmalem blondem Oberlippenbart, der dabei knapp lächelnd ein Reitgertchen gegen die Stiefel schlug: You are very lucky – und zwar, weil wir nicht von den Engländern interniert worden seien: They are not fair! Das war der erste englische, vielmehr amerikanische O-Ton, den ich in meinem Leben hörte, und er verwirrte alle meine Begriffe, Vorurteile und Erwartungen: Ein Yankee spielte die Rolle des britischen Gentleman, mit diesem Satz, dem Schnurrbärtchen, der lässigen Reitgerte. Daß sie sich für die Elite ihrer Armee hielten und die besiegten, doch tapferen Deutschen also würdig und fair zu behandeln gedachten, wollten uns die Pattonoffiziere nun immer wieder demonstrieren. Vorerst aber beschlagnahmten sie alle Fahrzeuge, mit zwei Ausnahmen: Der einzig fließend und eifrig amerikanisch sprechende Internierte, ihr Dolmetscher, und der einzige Arzt Dr. Baumgart durften über ihre Pkws weiter verfügen. Die Glückssträhne wollte und wollte nicht abreißen.

Unten in der Stadt Schönbach übten wir uns nun mittags und abends im Schlangestehen vor den Verpflegungsstationen der Armee, ließen uns die Essensreste in die Kochgeschirre klatschen, Pancakes, Maisbrei, Weißbrotscheiben, und kratzten aus nachlässig geleerten Konservendosen ein Grundnahrungsmittel der nächsten Monate: Erdnußbutter, fett, hellbraun, sämig und unvergeßlich. Ihr Geschmack, ihr Geruch erinnert mich immer noch an diese Maisonnentage und die ersten benommenen Schritte in der Freiheit, fast ohne Angst, erinnert an die gutmütige, aber manchmal auch verächtliche Nachsicht der amerikanischen Sieger mit diesen merkwürdigen Deutschen, eben noch lebensgefährlich für die ganze Welt, nun so bescheiden, vorsichtig und dankbar für ein bißchen gute Behandlung.

Der Flüchtlingsarzt bekam für seinen Opel Olympia einen Passierschein für Fahrten im Umkreis von zwanzig Kilometern um die Stadt, zwecks ärztlicher Versorgung der Bevölkerung. Das Dokument wurde in dünner blauer Handschrift hingekritzelt auf einen handtellergroßen Zettel kariertes Papier. I am Jewish, sagte der Lieutenant Auerbach, als er das Stück Papier meiner Schwester überreichte. Genau das hatte sie sich schon gedacht, oder gefürchtet, wollte sie fast sagen, und sagte es dann doch nicht. Wir haben dem Leutnant sein lässiges Vertrauen nicht gedankt, sondern uns bei erster Gelegenheit hinübergerettet auf deutsches Reichsgebiet, am Pfingstsonntag gegen fünf Uhr die schon tschechisch beflaggte Grenze überquerend, wo sich an diesem Feiertagsmorgen aber kein Grenzer, kein Zöllner, kein Soldat blicken ließ.

Ich weiß nicht, wie oft wir noch auf der Autobahn Richtung

Süden unseren Auerbachzettel amerikanischen Militärposten vorweisen und die Lage der sehr nahen Stadt Schönbach erklären mußten und auch konnten, obwohl der mit vier Personen und ihrer Resthabe vollgepackte Wagen nicht aussah wie einer auf Krankenbesuch. Wir passierten Bayreuth mit dem rechts in der Sonne rot herüberleuchtenden Festspielhaus. Nein, mein Vater sah nicht da hinüber, die von Panzerketten zerpflügte Autobahn schlug ins Steuer, keine Zeit, keine Lust, mit einer Baritonarie an seine Wagnerzeiten damals am Schweriner See zu erinnern. Aber am gleichen Abend noch, an diesem Pfingstsonntagabend sah ich meinen Vater wieder lachen, an einem langen, von Kerzen beschienenen Tisch, besetzt mit einem Dutzend tafelnder und trinkender Menschen, zum ersten Mal in diesem Jahr 45, so kam es mir vor.

Jedesmal, wenn ich auf der Autobahn die Ausfahrt Feucht bei Nürnberg passiere, mehrmals im Jahr, denke ich zurück an diesen Pfingstsonntagabend, an dem der Krieg und die zwölf braunen Jahre für uns zu Ende waren, weil dort in Feucht dieses Ende endlich gefeiert wurde. Wir hatten diesmal nicht bei einem Apotheker oder Zahnarzt, sondern einem echten Standesgenossen um ein Nachtquartier gebeten, einem praktischen Arzt und Geburtshelfer, der für den Abend Verwandte, Freunde, Nachbarn zu einem Pfingst- und Friedensessen eingeladen hatte. Denn in Feucht bei Nürnberg war einer der letzten Nachschubzüge für Hitlers Alpenfestung auf dem Obersalzberg aufgehalten, gestürmt und von der Bevölkerung geplündert worden. Rotwein, Pasteten, Kaviar sogar und Butterkekse, Thunfisch- und Gemüsekonserven, Beutegut aus Frankreich, Rußland, Dänemark fiel als Beute an die Volksgenossen, die solche Kostbarkeiten nie oder seit Jahren nicht gesehen, geschweige denn genossen hatten.

Licht gab es nicht an diesem Abend, aber Kerzen standen auf dem langen Tisch, dicke weiße, vielleicht auch die aus dem Beutezug geraubt. In deren Licht schlemmten wir uns nun durch diese letzte Hinterlassenschaft des Dritten Reiches, wir und nicht die Bonzen, für die sie bestimmt waren, die auch für meinen Vater, den Altparteigenossen, immer die Bonzen waren, und so aß er nun mit und lachte, als wäre er nie dabeigewesen und nun erlöst von allem Übel. Lachte, weil die beiden Kollegen ihre Ärztewitze austauschten und er wieder einmal erzählen durfte vom Kollegen Reinson, dem Balten im dreißigsten oder vierzigsten Medizinsemester, der ihn während der Ferien so oft vertreten hatte, leider trank, aber alles perfekt beherrschte, nur keine Geburtshilfe, vor der hatte er Angst. Und so mußte er ängstlich bei kritischen Entbindungen alles Notwendige immer im Lehrbuch neben der Hebamme und der Gebärenden nachschlagen: So genau, so vorsichtig wie der Doktor Reinson war keiner! schwärmten nachher die glücklichen Mütter. Unter dem leer gegessenen, noch nicht abgeräumten Tisch schlug sich die Flüchtlingsfamilie ein in ihre Decken und schlief ihre erste Nacht in Bayern, der neuen Heimat, die nie eine werden würde.

Die Donaubrücken bei Ingolstadt waren zerbombt oder gesprengt, doch unsere Fahrerlaubnis für Schönbach und Umgebung wurde von den Militärposten auch für die Fähren, die dort den Fluß überquerten, akzeptiert, und am Pfingstmontag gegen drei erreichten wir im Nieselregen das Dorf Tussenhausen im Unterallgäu und fragten vor der Kirche nach Luis Schmid, einem sehr entfernt verwandten, angeheirateten Vetter, bis vor kurzem noch Dorfbürgermeister. Schmiiid Luis? fragte die Alte mürrisch zurück: Kenn i ita. Was »ita« bedeutete, wußten wir nicht, aber daß wir nun »Hureflüchtlinge« waren und lästig, begannen wir zu ahnen.

3

Eine Welt bricht zusammen

Als Hitlerjunge quer durch Deutschland – *Harald Scholtz*

Harald Scholtz, geboren 1930 bei Görlitz, arbeitete noch vor dem Abitur 1948 an verschiedenen Volkshochschulen in Berlin. Er studierte Geschichte, Germanistik und Philosophie in Berlin, Tübingen, Göttingen und Edinburgh. Nach Staatsexamen und Promotion 1955 nahm er seine wissenschaftliche Arbeit 1959 an der FU Berlin auf. Seine Erfahrungen, die er als Eliteschüler von 1942 bis 1945 an einer »Adolf-Hitler-Schule« gemacht hatte, beeinflussten ganz offensichtlich auch seine Aufgabenstellung als Wissenschaftler. 1973 veröffentlichte er sein Standardwerk über nationalsozialistische Ausleseschulen. Seither gilt er als ausgewiesener Spezialist auf diesem Gebiet der NS-Geschichte. Er zählt zu den Mitbegründern der »Informationsstelle Jugend unterm Hakenkreuz e.V.«, deren Vorsitzender er von 1994 bis 1997 war. Der Professor lehrte von 1971 bis 1995 am Institut für Erziehungswissenschaft der Freien Universität in Berlin, wo er heute noch lebt.

Nein, in militärischen Kategorien, dem Krieg angemessen, hatten wir nicht zu denken gelernt. Das wusste wohl unser Scharerzieher und Geschichtslehrer, ein junger, schwer verwundeter Hauptmann, als er uns am 7. Juni 1944 auf dem Schulhof im lothringischen Finstingen antreten ließ und »stillgestanden« kommandierte, um uns die Nachricht von der Invasion an der Kanalküste mitzuteilen. Er kannte seine Schar, diese 14-jährigen »Adolf-Hitler-Schüler«, die wohl ohne dieses Kommando in Jubel ausgebrochen wären, weil sie auf nichts anderes als auf »Sieg« und »Vergeltung« programmiert waren. Das Schießen hatte man uns beigebracht, das Tarnen, Angreifen, auch das klaglose Verlieren im »Geländespiel«, aber nicht das Wahrnehmen der Kriegsrealität. Wir kannten nur die beschwichtigende Sprache der Wehrmachtsberichte und die Bilder der Wochenschauen.

In dem kleinen lothringischen Städtchen waren wir – ebenso wie viele Gleichaltrige in den Lagern der Kinder-Land-Verschickung (KLV) – aufgespart für »später« und zugleich benutzt als Repräsentation des »Reiches« in einer nicht gerade deutschen-freundlichen Umgebung. »De dütsche Velos« hörten wir rufen, wenn wir mit unseren Fahrrädern in die Dörfer fuhren, um dort den Versuch zur Organisation von HJ-Dienst zu unternehmen. Als ich einmal in Begleitung eines einheimischen HJ-Führers in der benachbarten Kreisstadt über einen Goebbels-Artikel aus der Wochenzeitung »Das Reich« sprach und es mir aus der Runde der um einige Jahre Älteren entgegentönte »Du lügst«, wollte ich mich mit dem Rufer persönlich auseinander setzen. Aber der meldete sich nicht. Als das der ältere HJ-Führer mit der Angst vor der »Gestapo« erklärte, war ich noch empörter: Was hatte ich mit denen zu schaffen! Mag sein, dass diese politische Naivität – neben der militärischen – dem Alter geschuldet war; jedenfalls ist mir dieses Erlebnis deutlich in Erinnerung geblieben. Zum ersten Mal sah ich meine Vertrauensseligkeit infrage gestellt.

Als wir am 15. September 1944 aus den Ferien in die Schule zurückkehrten, wurden wir zum Ausschachten von Panzergräben befohlen und trafen dort auf französische, aus dem Senegal stammende Kriegsgefangene. Der lothringische Lehmboden erwies sich als mindestens ebenso kräftezehrend wie das anschließende Pickeln des Eifel-Schiefers entlang des bisher unbenutzten »Westwalls«. Das Ausheben von Gräben in der Oberrheinischen Tiefebene erschien dagegen als ein Kinderspiel. Ebendort wurde eine Klosterschule zu unserem nächsten Domizil.

Der Unterricht und der Kampf um gute Noten gingen dort zwar weiter, aber eine größere Rolle spielten die Angriffe der »Jagdbomber« auf die Bahnlinie vor unseren Fenstern. Ein Ende des Krieges war indessen für mich nicht vorstellbar. Die Versprechungen von »Wunderwaffen« erschienen uns glaubhaft, hatten wir doch schon in der Eifel, auf der »Ordensburg« Vogelsang, die »Vergeltungs«-(V-)Waffen über uns hinwegorgeln hören. In den Ferien im heimatlichen Schlesien munkelte man davon, führerlose Flugzeuge am Himmel gesehen zu haben, ja selbst noch in den letzten Wochen des Krieges sah ich bei Memmingen propellerlose, mächtig fauchende Jagdflugzeuge, die als »Turbinenjäger« eine Erlösung vom Albtraum der alliierten Jagdbomber zu bringen schienen. Das für Friedrich den Großen glückliche Ende des riskanten Siebenjährigen Krieges durch den Tod der Zarin Elisabeth wurde uns schon vor Augen gestellt, bevor der Tod Präsident Roosevelts uns eine mögliche Parallele sehen ließ, was zusätzlich jeden Ansatz zum Nachdenken über das Kriegsende und die in Aussicht stehende Niederlage vernebelte.

Unser Schulführer war unter den hauptberuflichen HJ-Führern wohl einer der wenigen, die Auszeichnungen aus beiden Weltkriegen trugen. Damit erkläre ich mir nachträglich den Widerstand gegen einen Einsatz seiner Schüler an der Rhein-Front. Dass er nicht zur Rechenschaft gezogen wurde, verdankte er nur einem Jagdbomber, der dem aus Berlin herannahenden Rächer den Garaus machte. Von eben diesem Schulführer bekam ich ein besonderes Geschenk zu meinem 15. Geburtstag. Er schickte mich im Februar 1945 als »Kurier« von Baden nach Berlin zur »Reichsjugendführung«, um meine Familie nach der Flucht aus Schlesien wieder sehen zu können. Eine solche Fahrt war zu dieser Zeit schon recht abenteuerlich. An zusammenhängende Zugverbindungen war nicht mehr zu denken. Oft wurde ich von Lastwagen mitgenommen, deren Fahrer mich – am Fahrerhaus außen nahezu frei schwebend – als Luftbeobachtungsposten benutzten. Sowohl Würzburg wie auch Potsdam konnte ich noch in ihrer Schönheit bewundern, bevor auch sie zerstört wurden. In Berlin bekam ich – insbesondere nach den schweren Angriffen vom 3.Februar – die Realität des Luftkrieges eindrucksvoll zu Gesicht. Den besonderen Genuss eines Besuchs im Großstadtkino vergällte ein Fliegeralarm, der mir freilich erlaubte, mit dem mächtigen Bunker am Zoo Bekanntschaft zu machen. Mit meiner Mutter verabredete ich, dass ich in Torgau an der Elbe bei Verwandten von ihrem Verbleib erfahren würde, falls sie mit den Schwestern auch aus Berlin fliehen müsste.

Der Rückweg führte mich über Württemberg. So gelangte ich ins verträumte Tübingen, dem ich mich, aus dieser Erinnerung heraus, vier Jahre später als Studienort zuwandte. Heil zur Schule zurückgekehrt, war ich mit einem Freund nur darauf aus, an Waffen zu gelangen, mit denen wir die ausgehobenen Stellungen verteidigen wollten. Karabiner und die zugehörige Munition bekamen wir durch die Fürsprache eines jungen Offiziers ausgehändigt, der unseren Schulführer zu kennen schien. Dieser ist vermutlich darüber informiert worden und machte uns einen Strich durch alle »Helden«-Träume, indem er uns die »organisierten« Waffen einzusammeln befahl. Gleich darauf wurde unsere Schar auf den Weg zur »Ordensburg« Sonthofen geschickt.

Im überfüllten Zug durchquerten wir die Tunnel des Schwarzwaldes, zusammen mit Frauen und Kindern, die sich aus beschossenen Ortschaften gerettet hatten. Doch die Stimmung war keineswegs gedrückt: Wie von einem gemischten Chor erklangen in dieser Nacht Volkslieder, die wir alle kannten. Erst am Morgen, bei der Fahrt über die Schwäbische Alb, zwangen uns Jagdbomber, den Zug zu verlassen. Hier in der Landschaft der romantischen Vulkankegel war es, dass mir zum ersten Mal ausgemergelte Gestalten in gestreifter Kleidung unter Bewachung mit aufgepflanztem Bajonett begegneten. Ich hielt sie für Zuchthäusler und war entsetzt, wie sie sich auf einen Korb mit Broten stürzten. Meine Reaktion *»Ekel und Mitleid«* halten die ein halbes Jahr später gemachten Aufzeichnungen fest, jedoch nicht das Entsetzen darüber, dass in *unserem* Staat Menschen so behandelt wurden. Dieses Gefühl habe ich aber außerdem in lebhafter Erinnerung. Als unter uns die Vermutung aufkam, dies könnten auch KZ-Häftlinge sein, hätte dies ein Anlass sein müssen, meine Vorstellungen von »KZ« zu revidieren und über den Unterschied zu »Verbrechern« im Zuchthaus nachzudenken.

In Sonthofen angekommen, wurden wir sofort auf eine lange Nachtfahrt mit dem Fahrrad nach Neu-Ulm geschickt, um Verpflegungsbestände für die »Alpenfestung Tirol« zu retten. Wir staunten sehr über die vorhandenen Vorräte, die es zu verstauen galt.

Unsere Schar wurde nun nach den Geburtsjahrgängen getrennt: Der Jahrgang 1929 wurde zur SS-Junkerschule nach Bad Tölz geschickt, während wir uns um die Verteilung der Jüngeren, die zu uns gestoßen waren, auf Lager der Kinderlandverschickung (KLV) zu kümmern hatten. Die »Ordensburg« wurde zum Lazarett erklärt: Wir waren nur noch Gäste in den eigenen Räumen, auch die Fahrräder waren uns weggenommen worden. Ein Chaos tat sich für uns auf, die wir an Disziplin, Ordnung und ein reibungsloses Funktionieren gewöhnt waren. Und unser »Erzieher«, obwohl als Heeresgeologe kriegserfahren, erwies sich als kopflos. Auf dem Weg ins Ungewisse war es ein älterer Schüler, der mir riet, statt mit »Heil Hitler« jetzt mit Grüß Gott oder Guten Tag zu grüßen – man dürfe die Leute nicht verärgern! Das war ein erster Schritt, der mich aus der Abgeschlossenheit und Isolation hinausführte. Er ließ mich wahrnehmen, dass die »Volksseele« ganz anders gestimmt war als die nur auf den »Endsieg« programmierten Jungengemüter. *»Da hörte ich zum ersten Mal unpolitische Leute über die kritische Lage reden und merkte, dass es nicht nur unsere Anschauung gab«*, schrieb ich später in meinen Aufzeichnungen über eine Rast in Wertach, nicht einmal einen Tagesmarsch von Sonthofen entfernt.

Am 27. April erreichte die kleine Schar, die sich wieder zusammengefunden hatte, schließlich die »Endzeit«-Psychose. Wir ließen unsere Waffen in der Scheune zurück, in der wir übernachtet hatten, erleichterten unsere Tornister und entfernten die HJ-Rauten von unseren Mützen. In unseren Gelände-Uniformen sahen wir nun aus wie Mini-Soldaten. *»In der Ferne hörten wir MG-Feuer, unablässig rieselte der Regen: ein Bild traurigsten Zusammenbruches«*, schrieb ich später. Wie oft hatten wir gesungen: »Eh der Fremde Dir Deine Krone raubt, Deutschland, fallen wir, Haupt bei Haupt.« – Für mich stand das neue Marschziel fest: »Alpenfestung Tirol«.

In Steingaden suchte ich mir unter den Landsern, die sich ergeben wollten, einen verwirrten Mann in der Uniform der Waffen-SS aus, der mir von einer Hirnschädigung durch einen Bombenangriff in Wien erzählte. Ihn überzeugte ich davon, dass wir uns beide nicht gefangen nehmen lassen dürften. Also machten wir uns in der Dunkelheit auf, in Ungewissheit darüber, ob die feindlichen Panzer auf der Straße nach Saulgrub nicht schon durchgebrochen waren. Beim Anschleichen an die Straße nahm ich Soldaten in hellen Uniformen wahr, wie sie das Afrikakorps trug, dazu fremdartige Laute. Endlich erkannte ich den oberbayerischen Dialekt und rief erleichtert: »Bruno, es sind Deutsche!« – was natürlich große Heiterkeit auslöste.

Der Nachtmarsch wurde bei Regen und Hagel zur Tortur. Halb schlafend trottete ich einem Panjewagen hinterher, bis ich wagte aufzusitzen. Erst am frühen Morgen, bei der Ankunft in Oberammergau, merkte ich, dass unter der Plane, auf der ich saß, Landser geschlafen hatten. Hier zeigte man sich entschlossen, dem Gegner mit der Panzerfaust entgegenzutreten. Doch ich misstraute nach den Erfahrungen mit dem zurückflutenden Heer in Lothringen dieser Entschlossenheit. Ich konnte meinen Kumpanen davon überzeugen, noch den weiteren Marsch nach Garmisch auf sich zu nehmen, wo wir Einheiten der Waffen-SS vermuteten. Doch auf dem Weg dorthin verlor ich ihn, weil ich einem Pferdewagen nachlaufen musste, auf den ich meinen Tornister gelegt hatte.

Da auch Garmisch zur Lazarettstadt erklärt worden war, schickte mich die »Frontleitstelle« nach Innsbruck. Ein Lastauto wollte in diese Richtung fahren – »so weit der Holzvorrat reicht« – denn Holzgas war die damals weit verbreitete Antriebsart für Lastwagen. Indessen wurde schon in Krün der Wagen nach einsatzfähigen Landsern abgesucht. Ich hätte als Einziger weiterfahren können, doch reihte ich mich gern in den bunten Haufen ein, der vornehmlich aus 16-Jährigen bestand, die nach sechswöchiger Ausbildung in einem »Wehrertüchtigungslager« in Uniformen der Waffen-SS eingekleidet worden waren. Noch in der Nacht sollten wir als »Panzerjagdkommando« den Walchensee erreichen.

Als wir uns am nächsten Morgen an der Kesselbergstraße eingruben, wurden wir von Tieffliegern beschossen, die knapp über den Baumwipfeln dahinfegten. In der Nähe brannte ein Arbeitsdienst-Lager. Da war es an der Zeit, dass uns der »Kampfgruppenkommandant« entließ. Eine Schreckensbotschaft für mich: Der Weg nach Bad Tölz, wo ich die älteren Kameraden vermutete, war abgeschnitten; jedenfalls den Berg hinunter nach Kochel, wo ich in der »Motorschule« des NSKK (Nationalsozialistisches Kraftfahrerkorps) ein Paar Schaftstiefel ergatterte. Die wurde ich freilich bald los an eine Bäuerin, die mich »fürs Ärgste« aufnahm. Tatsächlich zogen am 1. Mai die US-Truppen in Kochel ein. *»Aus den verlassenen Lastwagen, die überall herumstanden, holte ich alle Arten von Waffen und vergrub sie in einem Benzinfass, auf das ›Wunder‹ hoffend, dass der Führer noch Waffen und Menschen haben mußte, denn Deutschland musste doch wieder frei werden!«* Doch dieser Führer lebte bereits nicht mehr: »den Heldentod gestorben«, hieß es im Rundfunk. Doch um mich herum glaubte kaum einer an seinen Tod: »Der feige Banause ist geflohen« oder »Gott sei Dank, dass wir den Verbrecher los sind.« Ich dagegen schrieb in würgender Trauer in mein Notizbuch *»Der Führer ist tot«*, aber ich weinte ihm keine Träne nach, obwohl ich mich sehr an die Schilderung in »Mein Kampf« erinnerte, nach der Hitler beim Ende des Weltkriegs im Lazarett geweint haben soll. Ich war entsetzt – über alles.

Die Serben des kleinen Ortes hatten sich inzwischen bewaffnet und suchten ihn nach Untergeschlüpften ab. Ein Serbe tauchte plötzlich auch bei uns auf: »Du SS!« Nie im Leben wollte ich die »Hände hoch« nehmen und tatsächlich stimmte ihn ein Landsmann um, der auf dem Hof arbeitete; er wolle nach Hause und ich hätte seine Arbeit zu übernehmen. Doch die aufgebrachte Bäuerin wollte mich – trotz des Schneeregens – gleich auf die Straße setzen. Noch eine Galgenfrist wurde mir gegeben, bis am 4. Mai mittags wieder die Sonne schien. Der Kampf um Berlin war zu Ende. Mein Plan stand fest: Immer nach Norden, da müsste ich meine Lieben finden. Doch wie würden sich die Amerikaner verhalten?

Mein Herz klopfte nicht wenig, als mich der erste braungebrannte Amerikaner in seiner staubigen Uniform anhielt: Ob ich Soldat sei? Ich gab ihm meinen Ausweis mit dem Lichtbild in Uniform. Er las laut vor: »Adolf Hitler School«, maß mich mit einem langen Blick – und ließ mich laufen. In Benediktbeuern wimmelte es von Panzern. Ein Scheunentor war voll von angeschlagenen Befehlen und Anordnungen. Ich konnte mir nicht verkneifen, einen Blick darauf zu tun, innerlich kochend: »Auflösung der NSDAP« usw. Eine Sperrstunde von zehn Uhr abends bis sieben Uhr früh war einzuhalten. Also galt es, für die Nacht immer eine Unterkunft zu finden. Auf der ersten Station war ich hoch willkommen – als Nachtwache. Denn weitere Plünderungen und Überfälle wurden erwartet von meinem Gastgeber, der als Friseur für das »Hochlandlager« der Hitlerjugend tätig gewesen war. Sogar in Brotbeutel und Kochgeschirr gab es wieder etwas zu verstauen.

Unbeirrt von Warnungen setzte ich meinen Weg nach Norden allein fort. Vor und hinter mir freilich liefen meist Ausländer, noch mit irgendeinem gestreiften Kleidungsstück angetan, auf der Straße nach Wolfratshausen. Dort brausten kolossale Pontonwagen durch die engen Straßen mit Schwarzen als Fahrern. Die Einwohner standen in langen Schlangen vor Lebensmittelgeschäften. Allmählich dämmerte mir: *»Unser Deutschland war nicht mehr.«* Jenseits der Stadt begannen Trupps von Ostarbeitern auf Fahrrädern mich zu drangsalieren: »Du Soldat? Ausweis!« Jetzt zeigte ich nur noch meinen Gesundheitspass: »Ah, Hietlerjunge«, worauf ich eine Backpfeife bekam. Schließlich zwei Polen mit rot-weißen Bändchen, die mich hasssprühend anschrien: »Schuhe raus,« und als sie mir auch noch die Socken ausgezogen hatten, fuhren sie hohnlachend weiter.

Im nächsten Ort griff mich ein baumlanger Franzose und schleppte mich in einen Kreis von Ausländern hinein, wo ich meinen Ausweis einem Amerikaner zu geben hatte, der ihn in dem Kreis weitergab. Ich zeigte auf meinen bloßen Füße, er trat darauf. Er zog einen kleinen Revolver aus seiner Tasche, prüfte, ob keine Kugel geladen sei, spannte, sicherte und setzte ihn auf meine Stirn, entsicherte und drückte ab. »*Als ich mit keiner Wimper gezuckt, dem Feind nur in die Visage gestarrt*« hatte, bekam ich eine Ohrfeige, aber auch meinen Ausweis zurück.

Von der Straße, auf der wieder Fahrradpatrouillen zu sehen waren, flüchtete ich in ein Bahnwärterhäuschen. Es war voll von Ausquartierten, doch eine Tasse Kaffee und ein Paar alte Socken waren für mich übrig. Zwischen den Schienen, von Schwelle zu Schwelle hüpfend, gelangte ich in das nächste Dorf. Beim Warten auf eine Quartierzuteilung bot mir ein älterer Mann eine Lagerstatt in Ebenhausen an, das ich gerade in großer Panik verlassen hatte. Mir wurde aber eine Unterkunft in einer Scheune zugewiesen, in der ich zum ersten Mal mit KZ-Häftlingen in Tuchfühlung geriet »*Eine lange Latte aus Leipzig und ein kleiner Schneider*«, dem der Angstschweiß noch auf der Stirn stand, zwei Zähne waren ihm ausgeschlagen worden. Freimütig erzählten sie, als »Arbeitsscheue« nach Dachau gelangt zu sein. Mit ihrer frohgemuten Stimmung war es freilich vorbei, als sie den Aufdruck »SA-Schule Hannover« auf meiner Zeltplane entdeckten, die ich noch immer um meinen Tornister gewunden hatte. Mit der Aufschrift hatte ich zwar nichts zu tun, aber in meinem »Affen« steckten noch Braunhemden und der HJ-Führer-Ausweis. In dieser Nacht bangte ich um mein Leben, zu deutlich war mir aus den Berichten der beiden geworden, dass ein KZ keineswegs das »Umerziehungslager« war, für das ich es gehalten hatte. Der Hass der beiden auf alles Braune war nun für mich nachvollziehbar.

Eine weitere Nacht an diesem »Lernort« zu bleiben, schien mir nicht geraten. Also überwand ich meine Angst vor Ebenhausen und realisierte das Angebot des Mannes, der mich nicht nur seines Alters wegen an meinen Vater erinnerte. Den Dresdener hatte es als Spediteur nach Bayern verschlagen. Er verhalf mir durch den Ausweis über den Erwerb des DJ-Leistungsabzeichens zu einem Lichtbildausweis in Zivil mit dem Stempel »Dienstsiegel mangelt« und auch dazu, Zeltbahn, Geländebluse und Braunhemden loszuwerden. Zivile Kleidung aus der »Volksopfer«-Spende wurde besorgt. Ein Schuster gab mir Wanderstiefel eines alten Herrn: *»Ob mir 12 oder 13 Paar von meinen Reparatur-Schuhen geraubt wurden, bleibt sich gleich.«* Von den älteren Damen, bei denen ich mit dem Spediteur untergekommen war, borgte ich mir eine nicht unpassende Lektüre aus: Grimmelshausens »Abenteuer des Simplicissimus«. Zu unserer Verpflegung steuerte nicht zuletzt ein ehemaliger KZ-Häftling bei, der bei BMW gearbeitet hatte und keineswegs so abgezehrt aussah wie die beiden anderen. Ein kleiner Gepäckwagen wurde gebastelt. Die Stunde der Kapitulation am 8. Mai um Mitternacht erlebte ich fassungslos in den Sternenhimmel starrend.

Am 10. Mai, dem Himmelfahrtstag, machten wir zwei uns auf den Weg gen Norden. In München erwarteten uns Plakate der »Freiheitsaktion Bayern« (FAB), die sich rühmte, München vor Straßenkämpfen bewahrt zu haben. *»Mühselig war der Weg durch die Steinwüste bei sengender Hitze.«* Quartier fanden wir in Großlappen bei einem Chemiker, der sich als *»SPDler«* zu erkennen gab. Er berichtete von ersten Maßnahmen gegen »Nazis« – von München als »Hauptstadt der Bewegung« war nicht mehr die Rede.

Unser Wägelchen für das Gepäck hatte nach der Fahrt durch München bereits gestreikt, deshalb hielten wir umso mehr nach Fahrzeugen Ausschau, die uns eine Strecke des Weges mitnehmen konnten. Wenige waren es, aber viele Wanderer. Unter Tränen und hinkend ging eine nicht mehr ganz junge Frau in der Uniform einer Nachrichtenhelferin ihres Weges. Mein Kumpan sprach sie an: eine Dresdnerin, von ihren Kameraden verlassen. So zogen wir jetzt zu dritt weiter und profitierten davon, dass sie in ihrem Rucksack noch manches Kleidungsstück hatte, das sich gegen Essbares eintauschen ließ, auch gegen einen uralten hochbeinigen Korbkinderwagen, der von mir gezogen wurde.

In Abensberg, also schon in der Nähe der Donau, sahen wir die ersten Bilder von Leichenbergen aus einem KZ. *»Ich konnte nicht an sinnlose Greueltaten glauben, doch geriet der Glaube an die* Gerechtigkeit *unserer Sache dadurch ins Wanken.«* Die Bilder ließen sich nicht als »Feindpropaganda« abtun, weil sie Menschen in KZ-Kleidung zeigten und ich gelernt hatte, diese Einrichtung mit anderen Augen zu sehen. Doch die grausame Realität, die hinter diesen Bildern stand, war ich noch nicht imstande wahrzunehmen. Dagegen vermerken meine Aufzeichnungen über den nächsten Tag und den Weg nach Lengfeld an der Donau: *»Ergriffen stand ich vor dem Grab eines alten und eines blutjungen Soldaten, die wahrscheinlich den Panzer dort in der Kurve mit ihrem Flakgeschütz hier, dessen Rohr geborsten ist, abgeschossen haben.«* Erst 55 Jahre später habe ich durch eine Veröffentlichung über die Kämpfe am 26. April 1945 erfahren, dass es sich bei dem »Blutjungen« wohl um einen Schüler aus unserem Schulverband, kaum zwei Jahre älter als ich, gehandelt hatte.

Auf der »Militärstraße« zu gehen, war eigentlich verboten. Über die Donau bei Regensburg rollte unablässig der Nachschub. Doch Fähren nahmen die Ströme der Heimatlosen auf. Beim Drängeln auf das Boot gab das brüchige Korbgeflecht unseres Wagens nach und ließ unser Gepäck in die Donau tauchen. Rasch war es wieder herausgefischt. Im Fluss Regen wurde dann erst einmal ausgiebig gebadet. Der Hunger war freilich unser ständiger Begleiter. Auf die »Urlaubermarken«, die mir auf meinen provisorischen Ausweis hin gegeben wurden, konnte man nichts mehr einkaufen. Meist waren es Soldatenfrauen, die uns etwas zusteckten; auf den Bauernhöfen, die vom Krieg unberührt schienen, wurden wir oft schroff abgewiesen. Unsere Straße nach Norden war gesperrt: Man wolle uns »auffangen«.

Alle Schleich- und Umwege nützten nicht viel: *»Zivilrussen haben einen Mann auf den Gleisen der Bahnstrecke gesteinigt. Entweder ihr geht zum Bauern oder meldet euch beim Ami, der mit Lastwagen nach Hof fahren soll – oder ihr werdet ausgeplündert.«* Meine Begleiter waren für das Auffanglager; dort gab es nichts zu essen, dafür eine Untersuchung nach tätowierten Blutgruppenzeichen, also nach SS-Verdächtigen. Deshalb nichts wie fort in Richtung Nabburg, das aber »wegen Seuchengefahr gesperrt« war. Ein Dorf wurde deutlicher: *»Für Flüchtlingstransporte polizeilich gesperrt. Die Tränen schossen mir hoch, als ich dieses Zeugnis deutschen Gemeinschaftsgeistes und der Hilfsbereitschaft sah.«*

Viele junge Schlesier traf ich. Unter ihnen kursierten Gerüchte, die Sowjets zögen sich über die Elbe, wohl gar über die Oder zurück. Das schien uns eine freudige Pfingstbotschaft zu sein. Tatsächlich aber war die Grenze nach Sachsen streng bewacht. Von einheimischen Jungen geleitet, durchquerten wir das Dreiländereck (Bayern, Sachsen, Tschechei) und waren damit in einem Gebiet, in dem bitterste Not herrschte. Aber gerade dort, in Hammerbrücke, wurden wir aufs Liebenswürdigste aufgenommen. Unsere Weggefährtin freilich war so erschöpft, dass wir sie zurücklassen mussten.

In Rautenkranz gingen wir durch eine Sperre in ein Gebiet ohne Besatzung. Hier – war den Augen zu trauen? – lagerten ganze Regimenter in voller Montur. Zwei junge Panzeroffiziere sprangen aus einem Kübelwagen, grüßten militärisch – sie wirkten auf mich wie Roboter, deren Mechanismus man abzustellen vergessen hatte. Nun war die Stunde des Abschieds auch für meinen Weggefährten gekommen. Geradezu erleichtert machte ich mich allein auf den Weg nach Aue. Verheißungsvoll hörte ich aus dem Tal zum ersten Mal wieder Pfiffe einer Lokomotive: auf dem Trittbrett und durch einen Platzregen nach Chemnitz.

Plötzlich war ich im sowjetisch besetzten Gebiet. Die Russen, raue Krieger auf unendlich vielen Pferden, erinnerten mich an Bilder vom Ersten Weltkrieg. Die anerzogene Aversion ihnen gegenüber bewog mich jedoch, Reißaus zu nehmen und die amerikanischen Linien wieder aufzusuchen, denn das Flüsschen Chemnitz war hier die provisorische Zonen-Grenze. Als Signal für deren Bewachung spritzte eine MG-Garbe vor mir auf. Doch den Zivilisten mit den roten Armbinden »Polizei« konnte ich entwischen und gelangte in einem unbewachten Moment über den Fluss. Jungen in meinem Alter geleiteten mich bis zur Mündung in die Mulde. Ein Lastwagen verkürzte mir den Weg nach Grimma, wo die Mutter eines schlesischen Klassenkameraden untergekommen war. Ängstigende Gerüchte auch hier, doch bekam ich als Wegzehrung noch etwas Geld mit.

Das war ich rasch wieder los, als ich eine nur halb zerstörte Eisenbahnbrücke entlang über die Mulde ging, einem sowjetischen Posten direkt in die Arme. Er »filzte« mich und meinen Tornister, wobei nicht nur die sorgsam gehütete Deutschlandkarte, sondern auch mein Fahrtenmesser zutage kam. Gleich hörte ich wieder von den Polen, die mit mir die Mulde überquert hatten: »Hietlerjunge!« Der Russe brachte seine Maschinenpistole in Anschlag und drohte, mich zu erschießen, ließ mich aber nach Wurzen entwischen. Dort erlebte ich, wie später auch in anderen Städten, was ich *»den russischen Budenzauber«* nannte, mit plärrenden Lautsprechern, Wimpeln, roten Fahnen, Stalinbildern und bunten Tafeln: »Die Hitler kommen und gehen. Das deutsche Volk, der deutsche Staat bleibt bestehen.« Doch was war das für ein Staat, in dem Willkür, Gewalt und Unsicherheit herrschten, wie ich rasch demonstriert bekam? Ich wurde sehr an die Schilderungen der dicken Schwarte »Der verratene Sozialismus« erinnert, die auch reichlich Bildmaterial enthalten hatte.

Für die Einhaltung der Sperrstunde war es wichtig, die Moskauer Zeit zu berücksichtigen, die hier galt. Deshalb überwand ich mein Misstrauen gegen die Aufforderung eines jungen russischen Soldaten, auf seinen Landauer zu steigen. Und tatsächlich kutschierte er mich nicht in eine der gefürchteten »Kommandanturen«. So kam ich noch vor Beginn der Sperrstunde in Torgau an. Doch bei den Verwandten keine Nachricht von meiner Mutter. Eine Woche lang konnte ich mich von den Strapazen erholen, durfte nicht auf die Straße, las derweilen

Hans Zoeberleins »Befehl des Gewissens«, bevor er ins Feuer wanderte.

Am 3. Juni begleitete mich die ganze Familie dann zur Elbe. Danach war ich wieder allein mit meiner Angst vor Posten in den grellgrünen Mützen der sowjetischen Geheimpolizei, GPU. In Annaburg endlich wieder vertraute Wege, die ich 10 Jahre zuvor einmal kennen gelernt hatte – und dort ein Zug nach Wittenberg! Während der Übernachtung dort hörte ich wieder von schauerlichen Erlebnissen der letzten Tage. Die Weiterfahrt ging nur bis kurz vor Jüterbog. Mit knapper Not konnte ich aus einer Kolonne, die Schienen abmontieren sollte, entkommen.

Wieder eine Trittbrettfahrt bis kurz vor Berlin, dann der Weg nach Rangsdorf, auf dem ich mehr gelaufen als gegangen bin: Wird das Haus noch stehen, werden Mutter und Schwestern noch leben? Es hieß, sie seien nach Schlesien zurückgegangen, wie den Flüchtlingen allgemein befohlen worden war. Aber insgeheim wurde mir mitgeteilt: Sie leben in Berlin. Die Mittenwalder Eisenbahn fuhr uns am nächsten Morgen nach Berlin-Neukölln. Und so ist der 6. Juni zu meinem »Wiedergeburtstag« geworden.

4
»Tod den Nazihenkern«

Widerstand in der letzten Stunde – *Robert Limpert*

Robert Limpert, Sohn aus einer gut katholischen Familie, lebte im überwiegend protestantischen Ansbach. Bereits als Gymnasiast trat er nationalsozialistisch gesinnten Lehrern mutig entgegen. Wegen eines Schülerstreiches mit politischem Hintergrund musste er die Schule wechseln, legte aber dennoch ein ausgezeichnetes Abitur ab. Als 17-jähriger war er Mitglied der »Vorderasiatisch-ägyptischen Gesellschaft« sowie der »Schweizerischen Palestina-Gesellschaft« und schrieb Artikel für Fachzeitschriften. Aufgrund seiner Sprachbegabung – er beherrschte neun Sprachen, darunter Neupersisch und Arabisch – beabsichtigte er, Turkologie und Arabistik in der Schweiz zu studieren, erhielt aber von der zuständigen NS-Behörde keine Genehmigung. So besuchte er vorläufig die Universität in Würzburg. Der hier abgedruckte Text erschien erstmals 1983 in einem Band über unbekannte Widerstandsfälle mit dem Titel »Die Herausforderung des Einzelnen«.

Wir lesen als Datum den 8. Februar 1945: In der Wohnung seines väterlichen Freundes, des Domkapitulars Dr. Kainz in Würzburg, schreibt ein junger Mann, der neunzehnjährige Student Robert Limpert, sein Testament. Er verfügt darin über seinen einzigen nennenswerten Besitz, seine Bibliothek, die manches seltene und kostbare Buch enthält. Jeder seiner Angehörigen und Freunde möge sich das Geeignete aussuchen. In frommer Demut ist ein letzter Dank, ein letzter Gruß formuliert an die Eltern, den Großvater, die Schwester, an die väterlichen Freunde, an Mitschüler, Bekannte und an den einzigen Freund.

Robert Limpert lebte zu dieser Zeit in intensiver Todesahnung. Er war schon seit langem schwer herzkrank, das mag mitgewirkt haben. Es kam nicht von ungefähr, wenn er in seinen Abschiedszeilen ausdrücklich auf sein »politisches Testament« hinwies. Der streng katholisch erzogene, mit idealistischer Begeisterung der Wissenschaft zugewandte, ganz und gar zivilistische junge Mann hatte sich seit langem aufgebäumt gegen den martialischen Ungeist des Nazismus und des Krieges, der auch in der fränkischen Provinz alles Leben zu erdrücken drohte. Seinem Wahlspruch »pietas, caritas, castitas!« treu zu bleiben, das würde ihm, so mag er geahnt haben, das Leben kosten. Er formulierte sogar seine Todesanzeige, nur die Stelle, an der das Todesdatum einzusetzen war, blieb offen. Zehn Wochen später konnte sie durch ein genaues Datum geschlossen werden: den 18.4.1945.

Alle diejenigen, die Robert Limpert näher kannten – Verwandte, Bekannte und Lehrer – charakterisierten ihn später als hochintelligenten, sehr begabten jungen Mann. Sie alle kannten ihn als tiefreligiös, mutig und offenherzig. Dazu war er von den Eltern erzogen worden. Ein ihm nahestehender Bekannter sagte über den jungen Idealisten, er habe sich dem Geistigen verschrieben: »Ein Leben in Freiheit und Frieden war sein Berufsziel, wissenschaftliches Arbeiten seine Daseinsbestimmung.«

Anfang März 1945, etwa vier Wochen nach der Abfassung seines Testaments, wurde Limpert eingezogen und kam zum Fliegerhorst Seligenstadt bei Würzburg. Acht Tage später fand ein Fliegerangriff auf Würzburg statt, in dessen Verlauf er einen schweren Herzanfall erlitt. Er wurde in das Revier gebracht, einige Tage beobachtet und anschließend als wehruntauglich entlassen. Limpert kehrte nach Ansbach zurück, im Reisegepäck das Trauma dieser Luftangriffe. Sein Vater berichtete über ihn in dieser Zeit: »Seitdem hielt er sich bei uns hier in Ansbach auf. Er war immer noch der Antinationalsozialist und der Kriegsgegner wie er früher war, nur jetzt im verstärkten Maße. Er machte daraus kein Hehl. Ich warnte ihn oft deswegen, daß er doch mit dem Kopf nicht durch die Wand könne, aber es war vergebens.«

In diesen Tagen rüstete sich seine Heimatstadt schon zum letzten Verteidigungskampf, während sich gleichzeitig deutliche Auflösungserscheinungen im Gefüge des Dritten Reiches bemerkbar machten. Die amerikanischen Truppen näherten sich rasch. In den ersten Apriltagen verlief die Front noch gute 50 Kilometer nordwestlich von Ansbach, doch den Geschützdonner konnte man schon in der Stadt hören. Der fränkische Gauleiter und Reichsverteidigungskommissar Holz beabsichtigte, den »deutschesten aller Gaue« bis zum letzten zu verteidigen. Ansbach erklärte Holz zum »Verteidigungskern von Nordbayern«. Gemäß dieser ihr zudiktierten Rolle mußte für die Stadt ein im nationalsozialistischen Sinne zuverlässiger Kampfkommandant gefunden werden. Am 27. März 1945 wurde diese Funktion dem 50jährigen Luftwaffen-Oberst Dr. Ernst Meyer, der seit dem 1. August 1944 auf dem nahegelegenen Flugplatz Katterbach stationiert war, übertragen. In dieser Eigenschaft erwarb er sich den Ruf eines äußerst hartgesottenen, gnadenlosen Offiziers und blindgläubigen Hitler-Anhängers, der, nur noch auf seinen Offizierseid und ein nationalsozialistisch verstandenes Pflichtgefühl pochend, bald alles Maß für Moralität und Menschlichkeit verlieren sollte. Bis zur Kapitulation glaubte er, wie er später behauptete, felsenfest an einen Sieg, herbeigeführt durch den Einsatz von Wunderwaffen. Auch nach der Kapitulation träumte er noch von einer Wende. Meyer war ein extremes Beispiel dafür, was jahrelange nationalsozialistische Indoktrination anrichten konnte.

Noch bevor der berüchtigte Befehl herauskam, wonach jede Stadt als Festung bis zum äußersten verteidigt werden sollte, machte sich Meyer an die Vorbereitung dieser Aufgabe.

Zur selben Zeit begann der junge Robert Limpert in Ansbach mit Aktivitäten, die diejenigen des Kampfkommandanten überflüssig machen sollten. Er stellte Flugblätter her, die zur kampflosen Übergabe der Stadt aufforderten, und klebte sie in der Nacht vom 7. auf den 8. April unter Lebensgefahr an Hauswände, Türen, Schaufenster und Anschlagstellen der Partei. Es sind insgesamt drei Flugblätter erhalten geblieben.

Das letzte erhalten gebliebene Flugblatt, das Limpert am 17. April verteilt hatte und wovon er bei seiner Verhaftung am anderen Tag einige mißglückte Abzüge bei sich trug, geben wir im Auszug wieder:

»Ansbacher!
Verteidigung der Stadt bedeutet ihre völlige Vernichtung. Unsere Stadt ist einer der wenigen Orte des Reiches, die noch verhältnismäßig unzerstört sind. Wir wollen sie uns erhalten! Widerstand kann die Amerikaner nicht aufhalten, nur uns den Untergang bringen. Beseitigt die Panzersperren! Verhindert die Verteidigung!
Retten wir die Stadt und das Leben für uns und für Deutschland!«

Kreisleiter, Kampfkommandant und Kriminalpolizei reagierten aufgeschreckt. Sie alle waren sich einig, daß die Wirkung dieser Flugblätter in die Breite ging und daher nicht zu unterschätzen sei. Kriminalbeamte wurden angewiesen, diese Zettel wieder abzureißen. Die von Limpert veranlaßte illegale Flugblattaktion, unseres Wissens die einzige, die es in Ansbach damals gab, war einer der letzten Fälle, den die inzwischen schon verlagerte Kriminalpolizei-Außenstelle Ansbach überhaupt noch bearbeitete.

Als der Kampf um Ansbach begann, konnte man noch mehr Hitlerbilder rezatabwärts schwimmen sehen als die Tage zuvor; und braune Uniformjacken, auf die die Besitzer einst so stolz gewesen waren, fanden sich in dunklen Ecken und im Stadtgraben. In der Nacht vom 17. auf den 18. April »verabschiedete« sich auch der Kreisleiter. Er äußerte, er müsse einmal die Volkssturmtruppen inspizieren, stieg in seinen Volkswagen und wurde seitdem in Ansbach nicht mehr gesehen. Anderntags soll er schon in Oberammergau gewesen sein. Die Behörden waren nur noch in der dritten Garnitur vertreten. In dieser Nacht zog sich, wahrscheinlich zum Entsetzen des Kampfkommandanten, auch der größte Teil der Wehrmacht in die Gegend südlich von Ansbach zurück. Bis auf wenige schwache Sicherungstruppen war in Ansbach kein Militär mehr vor Ort.

Der 18. April, der letzte Kriegstag für Ansbach, brach an. Er kündigte frühsommerliche Temperaturen an. Die Bäume standen schon in schönster Blütenpracht. Aber wer von den Ansbachern hatte einen Blick dafür? In den frühen Morgenstunden wurden sie durch schwere Detonationen aufgeschreckt. Viele glaubten, nun seien die gefürchteten Bomber da, aber es war kein Motorengeräusch zu hören. Fünf Brücken in und um Ansbach waren ohne vorherige Warnung mit übergroßen Sprengbomben in die Luft gejagt worden. Als dann der Morgen zu dämmern begann, donnerte und grollte es aus Richtung Katterbach herüber nach Ansbach. Deutsche Soldaten sprengten weite Teile des Flugplatzes Katterbach und zerstörten die dort noch stehenden Flugzeuge vom Typ Me 110. Millionenwerte wurden noch kurz vor Toresschluß vernichtet.

Robert Limpert hatte erfahren, daß die Amerikaner bis zum äußeren Teil der Dombachstraße vorgedrungen waren. Er glaubte, nun sei die Stunde angebrochen, der Stimme der Vernunft Gehör zu verschaffen. In aller Frühe ging er auf das Rathaus, um den in der Stadt verbliebenen dritten Bürgermeister, Albert Böhm, zur kampflosen Übergabe der Stadt zu bewegen. Böhm war zwar ein alter Nazi mit Goldenem Parteiabzeichen (seit 1923 Parteigenosse, seit 1933 in der SS), glaubte aber, von den Besatzern nicht allzuviel befürchten zu müssen, deshalb war er auch als einziger höherer NS-Funktionär in der Stadt geblieben. Die Tatsache, daß ein Student mit einem Bürgermeister über eine so außergewöhnlich wichtige Sache verhandelte, war unter den damaligen Umständen nichts Besonderes. In der Stadt gab es ja kaum noch Männer. Böhm sagte Limpert die kampflose Übergabe der Stadt zu, anderen Angaben zufolge soll er ihn sogar ermächtigt haben, die Rolle des Emissärs zu spielen und den Amerikanern um 10 Uhr bei der Gneisenau-Kaserne die Übergabe der Stadt zu melden. Robert Limpert eilte fort, um von seinem Erfolg zu berichten. Einer seiner ehemaligen Klassenkameraden, Herbert Franke, berichtete einen Monat später über Limperts nächste Schritte:

»Unterwegs versammelte er die Leute auf der Straße um sich, teilte ihnen mit, die Stadt würde übergeben, forderte sie auf, die Waffen wegzuwerfen, die Panzersperren einzureißen und die weiße Fahne zu hissen. Leute, die noch äußerten, weiterkämp-

fen zu wollen, wurden von der erregten Menge fast verprügelt; es war geradezu ein Volksaufstand, den Limpert entfacht hatte.«

Ehe Kampfkommandant Meyer von diesen Vorgängen erfuhr, hatte er schon am Ort seines Gefechtsstandes, in dem 2 Kilometer von Ansbach entfernten Eyb, Veranlassung, gegen die Sabotage seiner Verteidigungsanstrengungen Sturm zu laufen. Stellte er doch fest, daß in dem kleinen Ort die Panzersperren weggeräumt waren. Einige resolute Frauen der Gemeinde hatten gegen die Sperren bei dem Ortsbürgermeister Wurmthaler protestiert und ihre Beseitigung gefordert. Die Sperren seien ohnehin wertlos und würden nur zur Zerschießung des Ortes durch die Amerikaner führen. Als sich der Bürgermeister halb willfährig, halb unschlüssig gezeigt hatte, waren die Frauen daran gegangen, eigenhändig die Holzbohlen der Sperren zu zersägen und die Stücke als Feuerholz in ihre Häuser zu tragen. Der Kampfkommandant, über diesen Vorfall empört, erschien am 18. April gegen 10 Uhr 30 vormittags auf dem Bürgermeisteramt von Eyb und machte dem Bürgermeister in dessen Wohnung eine dramatische Szene. Wurmthalers Frau, die Zeugin des Auftritts war, gab später zu Protokoll, was Meyer ihrem Mann androhte: »Sie sind Bürgermeister und für die Gemeinde verantwortlich. Wir werden Sie zur Verantwortung ziehen und Sie werden dafür büßen. Ihr Anwesen lassen wir in Flammen aufgehen und Sie selbst werden erschossen.« Meyer meldete den Bürgermeister der SS-Division. Zwei Stunden später, am Mittag des 18. April, wurde Wurmthaler von einer SS-Streife abgeholt und zu einem Standgericht in Nehdorf gebracht. Wir wissen nicht, was sich dort zugetragen hat. Aber offensichtlich scheinen die SS-Führer, mit denen der Bürgermeister zu tun bekam, weniger fanatisch gewesen zu sein als der Ansbacher Kampfkommandant. Am Abend desselben Tages wurde Wurmthaler wieder auf freien Fuß gesetzt und kehrte in seine Gemeinde zurück.

Nach diesem Vorfall in Eyb begab sich Kampfkommandant Meyer am späteren Vormittag des 18. April nach Ansbach und erfuhr hier, daß Bürgermeister Böhm sich für die Kapitulation der Stadt ausgesprochen habe. Meyer eilte daraufhin in das Rathaus der Stadt und setzte hier Böhm offenbar ähnlich zu wie vorher dem Bürgermeister von Eyb. Auffälligerweise unterließ er aber eine förmliche Meldung und die Einleitung eines standgerichtlichen Verfahrens. Um dies und sein gleichwohl scharfes Auftreten zu begründen, erklärte Meyer Monate später, Böhm habe, als er, Meyer, ihn im Rathaus zur Rede stellte, sich als »verächtlicher Feigling« mit »schalen Ausreden« hinter dem inzwischen verschwundenen Kreisleiter von Ansbach versteckt. Hätte er, Meyer, den Kreisleiter zu einer Gegenüberstellung erreichen können, wäre »das Standgericht sicher gewesen«. Nur weil der Beweis der lügnerischen Ausrede Böhms nicht sicher geführt werden konnte, sei dieser »einem Standgericht entronnen«. Diese nachträgliche Erläuterung benötigte Meyer vor allem zur Begründung seines ganz andersartigen Verhaltens gegenüber Robert Limpert kurze Zeit später.

Während Meyer mit Bürgermeister Böhm sprach, hatte sich vor dem Rathaus eine Gruppe von Menschen eingefunden. Nachdem er aus dem Rathaus gekommen war, hielt Meyer vor diesen Leuten eine geharnischte kurze Ansprache, in der er allen Defätisten mit scharfen Repressalien drohte. Unter den Zuhörern befand sich auch Landgerichtsdirektor Dr. Eichinger. Er schilderte später, was er sah und hörte: Meyer scheint in diesen Stunden um sich herum nur noch Verräter, Drückeberger und Defätisten gesehen zu haben. Wie so manche andere »glühende Nationalsozialisten« wurde er in den letzten Stunden seiner Befehlsführung zum aggressiven Amokläufer gegen die Wirklichkeit der Niederlage. Wenige Minuten nach seiner Ansprache vor dem Rathaus nahm Meyer an der Rathausecke einen fünfzehnjährigen Jungen auf einem Fahrrad ins Visier seines Gewehrs, weil der Junge die Aufforderung zur Abgabe des Fahrrades nicht befolgt hatte, in der Absicht, ihn zu erschießen. »Glücklicherweise«, so der Zeuge Dr. Eichinger, »hielt ein auf dem Gehsteig gehender unbeteiligter Soldat den Buben auf, der Oberst mit seinen Soldaten sprangen hinzu, nahmen das Rad und ließen den Buben laufen.« Dr. Eichinger zweifelte nicht daran, daß der Kampfkommandant, »nur um das Rad zu beschlagnahmen, den Knaben, der gar nicht wußte, was los war, ohne weiteres von hinten vom Rad heruntergeschossen hätte«, wenn der Soldat nicht dazwischengegangen wäre.

Nachdem Robert Limpert zu Ohren gekommen war, wie sich die Dinge nach seinem Überzeugungsversuch beim Bürgermeister im Rathaus infolge des Auftritts des Kampfkommandanten entwickelt hatten, war er zum Äußersten entschlossen. Von dem Vorhaben, Meyer zu erschießen, konnte sein Vater ihn nur mit Mühe abhalten. Robert Limpert entschloß sich daraufhin zu einem anderen spektakulären Akt. Mit einer Pistole und einer Kneifzange in der Tasche ging er von der elterlichen Wohnung auf die belebte König-Ludwig-Promenade und durchschnitt hier in aller Öffentlichkeit das über der Erde geführte Kabel, das bis vor kurzem die Telefonverbindung zwischen dem (inzwischen geräumten) Gefechtsstand des Kampfkommandanten zu den vor der Stadt postierten Truppenteilen gewesen war. Limpert wußte nichts von der Verlegung des Gefechtsstandes des Kampfkommandanten. Er riskierte alles, ohne etwas zu bewirken. Auch wenn er annehmen konnte, daß die große Mehrheit der Bevölkerung Ansbachs an einem schnellen Ende des Kampfes interessiert war, mußte er sich des Risikos seines auffälligen Handelns am hellichten Tage bewußt sein.

Das Wahrscheinliche geschah! Zwei Hitlerjungen im Alter von 13 und 14 Jahren, die sich die gesprengte Rezatbrücke angesehen hatten, beobachteten ihn. Der eine sah, wie Limpert das Kabel zerschnitt, der andere, von seinem Kameraden aufmerksam gemacht, konnte gerade noch sehen, wie Limpert die Kombizange in die Joppentasche steckte. Einer der beiden Jungen wohnte nur ein paar Häuser von den Limperts entfernt und kannte Robert Limpert vom Sehen. Die Jungen erzählten einigen herumstehenden Männern, was sie beobachtet hatten, darunter befand sich auch der Onkel eines der beiden Hitlerjungen, ein Blockwart und Alt-Parteigenosse. Er riet seinem Neffen, das Gesehene der Polizei zu melden. Daraufhin gingen die beiden Jungen zur Polizeiwache im Rathaus und meldeten dem diensttuenden Wachtmeister Döhla den Vorfall. Dieser informierte sofort seinen Vorgesetzten Zippold. Inzwischen soll ein Soldat auf der Polizeiwache erschienen sein und mitgeteilt haben, daß er schon den Kampfkommandanten und die Kreisleitung über den Fall benachrichtigt habe. Keiner der anwesenden Polizeibeamten kam auf den Gedanken, sich die Namen der Jungen und des Soldaten nennen zu lassen und aufzuschreiben, wie es Vorschrift gewesen wäre. Deshalb konnte der Soldat, als es später um die gerichtliche Aufklärung der Vorgänge ging, nie ausfindig gemacht werden. Die beiden Jungen wurden durch Zufall entdeckt. Was folgte, war ein makabres Stück gedankenloser Polizeibeamtenroutine.

Wachtmeister Döhla begab sich in den Luftschutzkeller des Schlosses, wo er, wie Limpert, noch immer den Gefechtsstand des Kampfkommandanten vermutete, um diesem Meldung zu machen. Außer einigen Zivilisten traf er dort aber kein Mitglied des militärischen Stabes des Kommandanten mehr an, konnte sich also mit eigenen Augen davon überzeugen, daß der Gefechtsstand dort nicht mehr existierte und also auch Limperts Tat keinerlei Bedeutung gehabt hatte.

Wieder auf der Polizeiwache, teilte er seine Feststellungen seinem Vorgesetzten Zippold mit, der seinerseits inzwischen dem Kommandanten der Schutzpolizei Hauenstein Bericht über den Fall erstattet hatte. Zippold und Hauenstein waren sich darüber einig, daß der Fall eigentlich in die Zuständigkeit der Kriminalpolizei falle. Da die letzten Beamten des Außenpostens der Kriminalpolizei in Ansbach ihre Dienststelle aber bereits am Vortage verlassen hatten, sah sich Hauenstein »gezwungen«, wie er später selbst aussagte, den Fall von der Schutzpolizei »bearbeiten« zu lassen. Nichts wäre einfacher gewesen, als den Fall in den chaotischen letzten Kriegsstunden unter diesen Umständen auf sich beruhen zu lassen. Dies um so mehr, als die Tat Limperts, wie die Polizei inzwischen wußte, weder für die »kämpfende Truppe« noch für irgend jemand sonst Konsequenzen gehabt hatte. Außerdem herrschte auf der Polizeiwache am Vormittag dieses 18. April, wie die Polizeibeamten später aussagten, ein starker Betrieb, der Rechtfertigung genug dafür gewesen wäre, den Fall Limpert liegenzulassen.

Statt dessen aber setzte Zippold seinen Hauptwachtmeister Döhla sofort in Marsch und beauftragte ihn, »sich nach Limpert umzusehen und diesen bei Betreffen auf die Wache zu bringen«.

Wachtmeister Döhla war möglicherweise selbst überrascht, als er Robert Limpert in der Wohnung seiner Eltern tatsächlich vorfand.

Man hätte annehmen sollen, der intelligente junge Mann, der bemerkt hatte, daß er beobachtet worden war, sei bemüht gewesen, sich irgendwo anders zu verstecken. Doch Limpert nahm von der König-Ludwig-Promenade den direkten Weg nach Hause. Dort erzählte er seinen Eltern in aufgeregtem Ton, was vorgefallen war, und blieb mit ihnen im Luftschutzkeller. Nach der Erinnerung des Vaters (sie wurde bei der Kriminalpolizei Ansbach schriftlich am 4.5.1945 festgehalten) kamen 10 Minuten danach zwei uniformierte Polizeibeamte und führten Robert Limpert ab.

Unterwegs fragte Hauptwachtmeister Döhla den Studenten, ob er bewaffnet sei. Limpert bejahte dies, griff in die Hosentasche und zog einen sechsschüssigen geladenen Trommelrevolver heraus. Widerstandslos händigte er die Waffe dem Polizisten aus. Auf der Wache angelangt, nahm Döhla eine Leibesvisitation vor. Dabei kam eine Reihe von verdächtigen Gegenständen zum Vorschein: eine schwarze Maske, eine Kombizange oder Drahtschere, zwei Flugblätter, wie sie in den letzten Tagen an vielen Stellen Ansbachs gefunden worden waren, und der Entwurf für ein weiteres Flugblatt.

Die Verbreitung dieser Flugblätter hatte, wie bereits erwähnt, bei der Polizei schon seit Tagen beträchtliches Aufsehen erregt und sie zu verschiedenen Recherchen veranlaßt. Das Auftauchen des Flugblattes bei Limpert machte den Polizeibeamten erneut deutlich, daß eigentlich die Gestapo diesen Fall zu bearbeiten habe. Hauenstein stellte dies auch ausdrücklich fest, meinte aber wiederum, daß die Ordnungspolizei vertretungsweise den Fall übernehmen müsse.

Nachdem solche Polizeibeamten-Routine dazu geführt hatte, daß Limpert auf der Polizeiwache in Gewahrsam genommen wurde, ging der Automatismus der eingeübten Subalternität weiter, obwohl die meisten Polizeibeamten an der Verfolgung des Falles so kurz vor der Ankunft der Amerikaner kaum Interesse gehabt haben dürften. Um sich in dieser Hinsicht abzusichern und die Verantwortung möglichst von sich abzuwälzen, beauftragte Hauenstein seinen Untergebenen, Oberleutnant Zippold, den Fall bei Oberregierungsrat Bernreuther vorzutragen und ihn nach dessen Weisungen zu bearbeiten. Zippold suchte sofort den Regierungsvizepräsidenten im Luftschutzkeller des Schlosses auf und trug ihm den Fall vor. Über die Besprechung machte Bernreuther am 16.10.1945 die folgende Aussage:

»Er frug mich, was mit dem Mann geschehen solle, ob man ihn nicht mit Rücksicht auf den bevorstehenden Einmarsch der Amerikaner laufen lassen solle. Ich trug Bedenken, dem zuzustimmen, da es sich ja um ein schweres militärisches Verbrechen handelte, hielt mich auch selbst zu einer derartigen Anordnung gar nicht für zuständig. Soviel ich mich erinnern kann, habe ich dann den Gefechtsstand des Kampfkommandanten angeläutet und dort erfahren, daß von der Division bereits der Befehl eingetroffen sei, daß der Festgenommene festzuhalten sei und daß er zum Tod verurteilt sei. Ob es sich bei diesem Befehl lediglich um einen militärischen Befehl oder um ein gerichtlich ausgesprochenes Urteil handelte, wurde nicht mitgeteilt. Es kann sein, daß ich dann dem Leutnant Zippold gesagt habe, es sei wohl zweckmäßig, in der Wohnung des Limpert, den ich übrigens persönlich nicht kannte, eine Haussuchung zu halten, um allenfalls den Vervielfältigungsapparat, auf dem die Plakate hergestellt waren, sicherzustellen. ... Damit war der Fall für mich erledigt.«

Der später von der Militärregierung mit den Ermittlungen zum Fall Limpert beauftragte amerikanische Offizier bemerkte dazu:

»Von Bernreuther wäre allerdings zu erwarten gewesen, daß er als alter Jurist, als erfahrener Mann und damaliger Leiter der Regierung soviel Einblick in die Verhältnisse gehabt hätte, von Menschlichkeit und innerem Anstand ganz zu schweigen, daß er gewußt hätte, daß die Eroberung der Stadt Ansbach nur mehr eine Frage von Stunden sein konnte und daß das Ende der Naziherrschaft in Ansbach nicht mehr durch eine blutige Mordtat gekennzeichnet zu sein bräuchte ... So wird auch bei Bernreuther an diesem letzten Tag das echt preußische Pflichtgefühl unmenschlich harter, brutaler Prägung lebendig geworden sein und ihn bei seinem maßlosen Ehrbegriff als alter Reserveoffizier übersehen haben lassen, daß die Rettung der Stadt Ansbach und Tausender Menschen höher stehe als der Ehrbegriff und die tote Haltung einer sterbenden Welt.«

Polizeioberleutnant Zippold entsprach dem »Rat« des Regierungsvizepräsidenten und befahl zwei Polizeibeamten, eine Haussuchung in der Wohnung Limpert vorzunehmen. Vater Limpert berichtete später, nur etwa eine halbe Stunde nach der Verhaftung seines Sohnes seien die beiden Polizeibeamten gekommen. Sie fanden ein Flugblatt in einem Wandschränkchen im ersten Stock und ein weiteres Blatt auf einem Bücherregal im Zimmer Robert Limperts. Es handelte sich um mißlungene Abzüge, doch die Schrift war so gut zu erkennen, daß der Vater die Handschrift seines Sohnes identifizieren konnte. Des weiteren wurde das gleiche Papier gefunden, aus dem die bekannten Flugblätter hergestellt worden waren. Der Vervielfältigungsapparat war nicht mehr aufzufinden. Ihn hatte Mutter Limpert inzwischen in den Abort geworfen, weil auf ihm der Name Frank vermerkt war. Frank war ein ehemaliger Klassenkamerad von Robert Limpert, den die Eltern Limperts decken wollten.

Lange hielt es Vater Limpert jetzt nicht mehr zu Hause. Gegen 11 Uhr 45 ging er aus Sorge um seinen Sohn zur Polizei. Vor dem Rathaus trat er an Hauptmann Hauenstein, der sich in Begleitung einiger Polizeibeamten befand, heran und bat ihn, seinen Sohn sprechen zu dürfen. Hauenstein verweigerte ihm die Bitte mit den Worten: »Ihren Sohn können Sie jetzt nicht sprechen, Sie brauchen sich gar nicht zu beunruhigen.« Vater Limpert machte sich daraufhin auf den Weg nach Hause.

Inzwischen war den Polizeibeamten klargeworden, daß sie voreilig gehandelt hatten. Nun versuchten sie – nach eigener Aussage –, den Fall auf die lange Bank zu schieben.

Jetzt aber machte ihnen der Kampfkommandant einen Strich durch die Rechnung. Oberst Meyer kam gegen 13 Uhr in die Fernsprechvermittlungsstelle ins Schloß, wo ihm der diensttuende Feldwebel berichtete, daß das Fernsprechkabel zerstört worden sei. Der Mann, der es durchtrennt habe, sei von der Polizei verhaftet worden. Man erwarte seine Weisungen, was nun zu geschehen habe. Meyer marschierte mit seinem Gefechtsläufer zur Polizeiwache und traf dort auf Hauenstein, der gerade das Rathaus verlassen wollte, und überfiel ihn mit den Worten: »Wo ist der Kerl, der das Kabel durchschnitten hat, den Kerl will ich sehen.« Meyer hielt von dem Polizeidienststellenleiter Hauenstein nicht viel, betrachtete ihn als »armes Würstchen«, das vor jeder Verantwortung zurückschrecke und sich hinter papierenen Paragraphen und Bestimmungen verstecke. Entsprechend behandelte er den Polizeihauptmann. Er ließ sich von Hauenstein zur Arrestzelle führen. Als er Limpert sah, interessierte ihn als erstes, warum ein so junger und wohlbeleibter Mann nicht Soldat sei. Möglicherweise rief dieser erste Eindruck bei dem »schneidigen« Kampfkommandanten starke Antipathien gegen Limpert hervor. Dieser erklärte, er sei krank und deswegen wehrdienstuntauglich und zeigte eine entsprechende Bescheinigung. Daraufhin fragte ihn Meyer nach dem Telefonkabel, worauf Limpert ausweichend antwortete: das Kabel habe ihn »interessiert«. Einen Moment war Meyer – nach eigener späterer Aussage – unschlüssig, was er jetzt tun sollte. In diesem Augenblick bemerkte Hauenstein – jetzt ganz und gar erbötig –, daß noch ganz anderes Material vorläge. Meyer trat aus der engen Zelle heraus und verlangte von Hauenstein, ihm dieses Material zu zeigen. Die Arrestzelle wurde wieder mit einer Doppeltür geschlossen. Meyer, der Gefechtsläufer, Hauenstein und Zippold begaben sich in das Dienstzimmer Zippolds, wo dieser über den Fall Limpert Bericht erstattete unter Vorlage der Beweisstücke, die bei der Leibesvisitation und bei der Haussuchung gefunden worden waren. Meyers Reaktion war eindeutig. Bei seiner späteren Vernehmung vom 26. bis 30.10.1945 beschrieb er sie wie folgt:

»Für mich war kein Zweifel, daß ich hier den Mann gefaßt hatte, der seit etwa 8 Tagen schon landesverräterische Anschläge in großer Zahl verbreitet hatte. Es waren bereits mehrmals Suchaktionen der Hitlerjugend nach den Anschlägen durchgeführt worden. Nun mußte ich handeln. Ich sagte: Meine Herren, wir bilden sofort ein Standgericht. Indem ich auf die einzelnen Personen zeigte, Sie, Hauenstein als Vorsitzender, Beisitzer Oberleutnant Zippold und Uffz. Franz, mein Gefechtsläufer. Hierauf Schweigen. Ich hatte den Eindruck einer

gewissen Hilflosigkeit. Ich fragte nun die einzelnen nach ihrer Meinung.«

Es trat Stille ein. Keiner getraute sich etwas zu sagen. Hauenstein, weil man von ihm eine Antwort erwartete, sprach als erster: Er sagte wörtlich: »Nach den vorhandenen Beweisstücken erscheint Limpert staatsfeindlicher Umtriebe dringend verdächtig.« Zippold wollte die sich anbahnende Entwicklung etwas verzögern, deswegen sagte er unter indirektem Hinweis auf weitere notwendige Ermittlungen: »Bei weiteren Feststellungen wird sich herausstellen, daß Limpert nicht der Alleinschuldige ist.« Der Gefechtsläufer sprach sich eindeutig für Hängen aus. Hauenstein erwartete, daß Limpert nun vorgeführt, ihm das Beweismaterial vorgehalten und das Wort erteilt würde. Aber kaum hatte der Gefechtsläufer seinen Satz beendet, sagte Meyer: »Ich verurteile Limpert zum Tode. Das Urteil wird sofort vollstreckt.« Vier Stunden vor dem Einmarsch der Amerikaner in Ansbach fällte der Kampfkommandant dieses allen Verfahrensregeln spottende, praktisch von ihm allein diktierte Standgerichtsurteil. Die hinzugezogenen berufserfahrenen Polizeibeamten erhoben keinen Einspruch, obwohl ihnen die Rechtswidrigkeit und Sinnlosigkeit des Tötungsbefehls nicht verborgen blieb.

In der Urteilsbegründung der Strafkammer des Landgerichts Ansbach vom 14.12.1946 hieß es:

»Sie durften von dem Augenblicke an, als Sie das ungesetzliche Vorgehen des M. erkannt hatten, also nach der Urteilsfällung durch M., an der Vollstreckung in keiner Weise mitwirken, Sie waren vielmehr schon kraft Ihres polizeilichen Amtes, das Ihnen die Verhütung von Verbrechen aufgab, unbedingt verpflichtet, alles Ihnen nur irgendwie Mögliche zu tun, um M. an

der sofortigen weiteren Ausführung seiner Tat zu hindern ... Sie haben aber nicht einmal den Versuch unternommen, M. entgegen zu wirken, vielmehr in liebedienerischer Ergebenheit gegenüber einem höherrangigen Offizier das gröbste Unrecht an L. geschehen lassen.«

Nachdem Meyer das »Urteil« gegen Limpert gefällt hatte, befahl er Hauptmann Hauenstein und Oberleutnant Zippold, bei der Hinrichtung als Zeugen anwesend zu sein, und verlangte eine Leine. Während die Polizeibeamten diese besorgten, suchte Meyer nach einer geeigneten Vorrichtung zum Hängen und fand in der Nähe des Rathaustores einen in die Mauer eingelassenen Haken. Daraufhin ging er in Begleitung von Hauenstein und Zippold zur Arrestzelle, ließ sie aufsperren und verkündete Limpert das Urteil. Wie Zippold später aussagte, wollte Limpert etwas entgegnen, aber Meyer verbot ihm das Wort und sagte: »Du bist ein Staatsverbrecher und hast nichts mehr zu melden.« Limpert verlangte nach einem Pfarrer. Meyer verwehrte ihm auch diese letzte Bitte. Er führte Limpert am Arm nach oben zum Rathaustor. Ihnen folgten die Polizeibeamten und der Gefechtsläufer. Sie alle erreichten die Hinrichtungsstätte am Rathausbogen ohne Zwischenfälle. Doch nun passierte, wie sich Meyer vor Gericht ausdrückte, ein »Malheur«: Die Leine wurde durch den in einer Höhe von etwa 2,5 Metern befestigten Haken gezogen, der Kampfkommandant machte sich höchstpersönlich daran, die Schlinge zu knüpfen. Da duckte sich Limpert, machte einen Satz zur Seite und rannte davon. Dem Fliehenden sprangen Meyer, sein Gefechtsläufer und einige Polizeibeamte nach. Der schwer herzkranke Limpert stolperte nach 75 Metern ungefähr auf der Höhe Utzstraße 5. Seine Verfolger stürzten sich auf ihn. Es war nur noch ein Menschenknäuel zu sehen. Limpert stieß gellende Hilfe- und Schmerzensschreie aus. Er wurde getreten und an den Haaren gezerrt, doch keiner der Umherstehenden rührte einen Finger, keiner legte ein Wort für den jungen Mann ein. Einige der Umstehenden beteiligten sich sogar daran, den um Hilfe Schreienden wieder zum Rathauseingang zu schleppen. Oberleutnant Zippold rechnete es sich besonders hoch an, daß er dem Delinquenten dazu verholfen habe, »anständig« zu dem Haken zurückgeführt zu werden. In seinem Bericht vom 27.8.1945 schrieb er: »Als sich seine Hilferufe immer mehr steigerten und schließlich in ein Wehgeschrei ausarteten, ging ich etwas näher hinzu. Nun beobachtete ich, daß Oberst M. den Limpert an seinen langen Scheitelhaaren zerrte, was ihm wahrscheinlich Schmerzen verursachte. Um das unwürdige ›an den Haarenziehen‹ zu vermeiden, ging ich nun hin und nahm Limpert an seinem noch freien linken Arm, um ihn zusammen mit anderen Polizeibeamten in anständiger Weise zurückzuführen.« Was dann geschah, schilderte ein unbeteiligter Augenzeuge, Landgerichtsdirektor Dr. Eichinger:

»Während er von den Schutzleuten festgehalten blieb, trat der Oberst vor ihn, legte ihm die Schlinge über den Kopf, zog sie mit beiden Händen über der Kehle fest zusammen, Schutzleute zogen ihn langsam empor, indem sie den Strick durch den Haken laufen ließen. Der Delinquent hatte die Arme empor gehalten und fingerte sich an der Wand und der frischgebauten Luftschutzmauer empor, da er unter sich zufolge der im Eck liegenden Ziegelsteine immer noch Boden fand. Da bückte sich der Oberst und scharrte mit seinen Händen die Steine unter den Füßen des Delinquenten weg. Da riß der Strick, der Delinquent fiel mit der Schlinge und einem Strickrest um den Hals auf den Boden. Schnell machte der Oberst eine neue Schlinge,

legte sie dem am Boden Liegenden neuerdings um den Hals, Schutzleute zogen wiederum an. Der Delinquent ließ jetzt die Arme hängen und hatte das Gesicht gegen die Gumbertuskirche gerichtet. Seine Füße standen immer noch auf, aber sie trugen das Gewicht des eigenen Körpers nicht mehr. Mit eingeknickten Knien blieb er hängen.«

Seit dem Eintreffen des Kampfkommandanten im Rathaus bis zum Tode Limperts waren nicht mehr als 15 Minuten vergangen. Meyer ließ noch einige der bei Limpert gefundenen Flugblätter an dessen Körper anheften und dazu einen mit grüner Farbe beschriebenen Zettel mit dem Text: »Ich bin der Verfasser.« Da sich einige Leute auf der Straße eingefunden hatten, hielt er eine kurze Ansprache, die darin gipfelte, daß hier ein Landesverräter der verdienten Strafe zugeführt worden sei, im übrigen sei die Lage nicht schlecht, man habe fünf Panzer erledigt, wahrscheinlich kämen die Amerikaner nicht mehr nach Ansbach. Mit dem Befehl, die Leiche müsse so lange hängen bleiben, bis sie »stinke«, verließ Meyer den Rathausplatz.

Erst Stunden später beauftragte Hauenstein Hauptwachtmeister Döhla, Vater Limpert vom Tod seines Sohnes zu benachrichtigen. Die Polizeibeamten warteten inzwischen in ihren Diensträumen auf die Amerikaner. Diese kamen etwa um 17.30 Uhr, fanden die Polizeimannschaft geschlossen vor, nahmen sie alle in Gefangenschaft und schnitten Limpert von dem Haken.

Sie waren von der Tat und dem Schicksal Robert Limperts tief beeindruckt.

Aufgezeichnet von Elke Fröhlich

5
Tod an der Bernsteinküste

Ein NS-Verbrechen in Ostpreussen – *Martin Bergau*

Martin Bergau, geb. 1928 in Palmnicken, Sohn eines Küsters, erlebte 1945 im Alter von 16 Jahren das größte NS-Massaker in Ostpreußen. Die Erinnerung daran ließ ihn ein Leben lang nicht los. Als der später in Schwaben lebende Handwerksmeister in Rente ging, nutzte er die neu gewonnene Zeit, um regelmäßig in die alte Heimat zu fahren. Er recherchierte das inzwischen vergessene Verbrechen vor Ort und in einschlägigen Archiven oft auch gegen beträchtliche Widerstände. Martin Bergau hat es sich zur Aufgabe gemacht, die Opfer nicht in Vergessenheit geraten zu lassen und dabei viel erreicht. Diesem Ziel dient auch sein folgender Bericht.

Ich schreckte aus dem Schlaf hoch, mir fuhr der heiße Schrecken in alle Glieder. Schüsse peitschten durch die Nacht. Die Russen! Sie waren da.

Seit Tagen erwarteten wir ihren Angriff. Ostpreußen war eingekesselt in diesen letzten Kriegsmonaten. Ich war sechzehn und zum Volkssturm abkommandiert worden, dem hilflosen Versuch, die Heimat zu verteidigen.

Nun waren sie also da. Die Russen.

Ich sprang in meine Kleidung, packte meine Maschinenpistole und stürmte hinaus in die eisige Kälte der Januarnacht.

Im Schneegestöber erkannte ich eine zerlumpte Frau, die mir

von unserem offenen Hoftor entgegenstürzte. Als sie mich mit meiner Waffe sah, lief sie in panischer Angst zur Straße zurück. Es fielen Schüsse, die Frau brach zusammen.

Ich kauerte mich hinter eine Schneewehe und nahm eine endlose Kolonne elendster Gestalten wahr. Das blasse Schneelicht beschien hunderte bis auf die Knochen abgemagerter junger Frauen, die in Lumpen und Säcke gehüllt waren. Sie wurden durch Schüsse und Kolbenschläge vorwärts getrieben. Ebbte der Lärm ab, hörte ich das geisterhafte Knirschen und Schlurfen hunderter Holzschuhe auf dem trockenen, festgefrorenen Schnee. Und das angstvolle Keuchen der stolpernden, völlig entkräfteten Frauen.

Einzelne Frauen versuchten zu fliehen, sie wurden mit Schüssen niedergestreckt. Anderen gelang die Flucht durch den Kugelhagel in die Vorgärten der Dorfhäuser.

Irgendwann war der Elendszug an mir vorbeigestolpert, gestöhnt, getrieben. Mein Vater holte mich ins Haus.

Im hellen Licht des nächsten Morgen zeigte sich, dass das Grauen der Nacht kein Traum gewesen ist: Im weißen Schnee, direkt an unserer Eingangspforte, war eine rote Lache aus gefrorenem Blut. Darin lagen festgefroren die Lumpen, die die Frau getragen hatte, die vor mir in den Tod geflüchtet war.

War ich an ihrem Tod schuld?

Überall auf den Straßen sah man Spuren des nächtlichen Todesmarsches – blutiger Schnee und verstreute Habseligkeiten. Auf dem Kirchsteig, in einer Blutlache, lag frosterstarrte Hirnmasse.

Nur die Toten waren entfernt worden. Da wurde mir klar, warum am Vorabend über den Königsberger Sender eine Aufforderung gelaufen war, Transportmittel bereitzustellen. Auf einem Pferdeschlitten fuhr der Werkskutscher des Bernsteinwerkes von Palmnicken eine fürchterliche Ladung in Richtung der Grube Anna. Wie Brennholz waren die steif gefrorenen Ermordeten auf dem Schlitten aufgeschichtet.

Fassungslos weinend standen einige Palmnicker Frauen vor der Molkerei. Sie hatten den Abtransport der Leichen beobachtet.

Palmnicken, das wunderschön am Ostseestrand gelegene Bernsteindorf, war bis zu diesem 27. Januar 1945 von den Schrecken des Krieges verschont geblieben. Nun brach das Grauen über das Dorf herein.

Als Zehnjähriger war ich 1938 zu den Pimpfen gekommen. Ich war, wie alle Jungen in Palmnicken, bei der Hitlerjugend. Es gab Zeltlager, Sport oder Segelfliegen und wir waren mit Begeisterung dabei. In der Schule steckten wir auf der Landkarte Fähnchen immer weiter nach Osten und käuten die NS-Parolen wieder, die uns von den Lehrern vorgepredigt wurden. Meine Eltern hatten sich mit Abscheu über die Reichspogromnacht geäußert, zum Einfall der Deutschen in die Sowjetunion bemerkte mein Vater, dass damit der Krieg verloren sei. »Fritz, dich bringe ich noch ins KZ!«, drohte da mein Onkel, ein glühender Nazi. Mein Vater war Küster der evangelischen Kirche in Palmnicken. Sein Vorgesetzter war Pastor Johannes Jänicke, der der Bekennenden Kirche Ostpreußens vorstand und engen Kontakt zu Dietrich Bonhoeffer und anderen aus dem Widerstand hielt. Immer, wenn ich heute in die alte Heimat komme, gehe ich zum wieder aufgebauten Pfarrhaus, in dem sich die Widerständler getroffen haben.

Wir Hitlerjungen waren hingerissen von dem schnellen Vormarsch unserer Armee. Bis zum Endsieg konnte es nicht mehr lange dauern.

Ich durfte als Dreizehnjähriger Segelfliegen und wurde 1944, mit 15 Jahren, Luftwaffenhelfer in Königsberg. Wir Schüler waren begeistert. Mit Stolz warteten wir unser schweres Geschütz.

Im August bombardierte die Royal Air Force Königsberg und machte die Innenstadt innerhalb weniger Minuten zum Trümmerfeld. Zum ersten Mal überkamen mich Zweifel an der Sieghaftigkeit unserer Armee, als ich die verkohlten Leichen auf dem geschmolzenen Asphalt sah. Doch als mir im Herbst 1944 angetragen wurde, den Luftfahrerschein zu machen, willigte ich gerne ein. Dazu musste ich in die Luftwaffe eintreten. Danach wollte ich auf die Kunstflugschule.

Aber in dieser Zeit setzte die Rote Armee zum Sturm auf Ostpreußen an. Innerhalb zweier Wochen war der größte Teil Ostpreußens überrannt.

An der Bernsteinküste rechneten wir täglich mit einem Angriff von See her und als in der Nacht zum 27. Januar die Schüsse hallten, glaubte ich, dass die Russen nun gelandet wären.

Doch es war die SS und die Frauen, von denen wir nicht wussten, wer sie waren.

Im Laufe des Tages gingen angstvoll geflüsterte Mutmaßungen um: 3000 jüdische Häftlinge seien eingetroffen. Sie wurden im Bernsteinwerk untergebracht. Woher kamen die Frauen?

Als im Herbst 1944 die Rote Armee zum ersten Mal auf deutsches Gebiet bis Gumbinnen vordrang, konnte sie noch in schweren Kämpfen bis in die Ausgangspositionen zurückgeschlagen werden. Da beschloss man, den Ostwall zu bauen. Einen Panzergraben, der die Russen am erneuten Einmarsch in Ostpreußen hindern sollte. Anstatt die Menschen zu evakuieren, gruben Kinder und alte Männer an diesem Graben, alle Arbeitskräfte wurden benötigt. Daher wurden in Auschwitz junge Frauen selektiert, um sie als Arbeitssklaven zu diesen Schanzarbeiten einzusetzen.

Ob sie überhaupt kräftig genug für die Arbeiten waren, sollte bei einer »Tauglichkeitsprüfung« festgestellt werden: Sie mussten völlig nackt einen Hundertmeterlauf absolvieren. Nur jede dritte Jüdin kam für den Bau in Frage. Diese Frauen, etwa 20 000, wurden nach Ostpreußen geschafft. Alle anderen wurden vergast.

Doch der Ostwall – er war kein Schutz vor den Russen. Das war eine Illusion. Am 12. Januar 1945 begann die russische Großoffensive auf Ostpreußen. Panisch löste die SS die jüdischen Straflager auf und trieb die Insassen in das zur Festung erklärte Königsberg. Wohin mit den Juden? Die Russen standen vor der Tür, sie würden die Verbrechen gesühnt wissen wollen.

13 000 Häftlinge wurden in einem Fabrikgelände am Königsberger Nordbahnhof registriert.

8000 Menschen wurden nach Pillau geschafft, in ein Barackenlager.

Dieses Lager wurde gesprengt.

5000 Menschen wurden am 26. Januar nach Palmnicken getrieben. Sie sollten bei lebendigem Leib in der stillgelegten Schachtanlage Anna in sechzig Meter Tiefe eingemauert werden. Bei uns im Dorf wollte man die Zeugen der Verbrechen verschwinden lassen.

Doch schon auf dem eisigen Marsch von Königsberg nach Palmnicken wurden 2000 Menschen ermordet. Wenn sie zusammenbrachen, wenn sie zu fliehen versuchten, wenn sie etwas Schnee aufheben wollten, um davon zu essen. Die SS und die Schergen, die der SS von der Organisation Todt überlassen worden waren, erschlugen sie mit den Gewehrkolben oder schossen sie in den Kopf oder ins Genick.

Auf wenigen hundert Metern zählte ein Zeuge fast vierhundert Leichen, vornehmlich von Frauen, doch auch von Männern und Kindern. Sie lagen im blutigen Schnee, in ihren dünnen Häftlingslumpen. In den verkrampften Fingern hielten sie noch das notdürftig aus Konservenbüchsen zurechtgemachte Essgeschirr.

Der Todeszug schleppte sich 50 Kilometer, ohne Pause, ohne Nahrung. Vor der Eiseskälte von minus achtzehn Grad schützten sich die Menschen mit Lumpen und Papier, das sie mit Kabeldrähten an ihren dürren Körper befestigt hatten. Die Holzschuhe rutschten auf dem eisglatten Boden. Wer fiel, wurde sofort erschossen.

In der Nacht waren sie in Palmnicken, am Morgen waren im Dorf nur noch die roten, gefrorenen Lachen zu sehen.

Die 2000 Leichen, mit denen der Weg von Königsberg bis in unser Dorf gepflastert war, waren abtransportiert und in Massengräbern verscharrt worden.

Die 3000 Menschen, die den Marsch überlebt hatten, sollten nun auch spurlos verschwinden, tief unter der Erde eingemauert. Und nun warteten sie dicht gedrängt in einer Werkshalle auf ihr weiteres Schicksal.

In der Zwischenzeit durchkämmten die Männer der SS Palmnicken, um die versprengten Jüdinnen, die in der Nacht entkommen konnten, zu suchen. Viele spürten sie auf, einige Frauen fanden jedoch bei unseren Leuten im Dorf Unterschlupf. Ich habe Kontakt zu einer Jüdin, Maria Blitz. Sie flüchtete in einen Stall, die Familie versteckte sie – unter großem persönlichem Risiko. So überlebte Maria das Massaker, was sie bis heute, als 90-Jährige, als ein Wunder begreift.

Kurz nachdem die Juden in Palmnicken eingetroffen waren, musste eine Gruppe von Hitlerjungen im Gemeindeamt erscheinen – bei Ortsgruppenleiter Kurt Friedrichs, einem strammen Nazi, der wegen seiner Trunksucht im Dorf nur Blaupungel genannt wurde. Wir sollten bewaffnet kommen. Waren sie jetzt doch da, die Russen? Das Grollen der Front war ständig näher gekommen.

In der Amtsstube drängten sich die Jungen mit geschulterten Gewehren. Zwei SS-Männer standen da, mit unbewegten Gesichtern. Sie trugen Kampfanzüge.

Friedrichs goss uns Halbwüchsigen Schnaps ein, verkündete, dass wir eine Aufgabe zu bewältigen hätten, die ganze Kerle erfordere. Faselte von einer Stunde der Bewährung und ermahnte uns eindringlich zu absolutem Stillschweigen.

Er entließ uns mit den Worten, dass uns die beiden Herren – er meinte die SS-Männer – mit unserer besonderen Aufgabe vertraut machen würden.

Es war dunkel, als wir das Gemeindeamt verließen. Wir wussten immer noch nicht über unsere Aufgabe Bescheid, aber folgten den SS-Männern durch das Dorf. Wir gingen Richtung Anna-Grube und erreichten das Zechengebäude.

Eine Lampe gab spärliches Licht, in ihrem Schein erkannten wir etwa vierzig oder fünfzig Frauen, zusammengedrängt, von SS-Leuten bewacht. Es waren Jüdinnen, die nach ihrer Flucht aus der Elendskolonne von der SS wieder aufgespürt worden waren.

Sie boten ein erbarmenswertes Bild: Nur der dünne Häftlingsdrillich bot Schutz vor der Kälte, außerdem hatten sie Papiersäcke umgegürtet. An den Füßen trugen sie plumpe Holzschuhe. In dieser Januarnacht war es um die minus achtzehn Grad.

Immer noch war mir nicht klar, zu welchem grauenhaften Geschehen wir Jungen hier herangezogen werden sollten. Ich war damals gerade sechzehn Jahre alt.

Die Frauen mussten sich in Zweierreihen aufstellen.

Wir sollten sie bewachen.

Alles schien seltsam eingeübt, oft wiederholt.

Ich wurde ziemlich am Ende der Reihe positioniert.

Die ersten beiden Frauen wurden von den SS-Männern um das Gebäude herumgeführt. Kurz darauf peitschten Schüsse, beinahe rhythmisch.

Und mir wurde plötzlich klar, dass ich mich in einem Erschießungskommando befand.

In kurzen Abständen wurden die nächsten Opfer abgeführt. Ich weiß noch, wie unglaublich schnell, wie grausam effizient gemordet wurde. Wir sollten die Frauen mit der Waffe in der Hand an einer möglichen Flucht hindern. Doch die Frauen dachten nicht an ein Davonlaufen. In ihnen war kein Gedanke mehr an Rettung. Sie hatten mit ihrem Leben abgeschlossen. Eine Frau wandte sich an mich – ob sie zwei Reihen vorrücken dürfe? Sie wolle mit ihrer Tochter gemeinsam erschossen werden. Sie hielt mir etwas hin, mir Jungen. Einen Ring oder ein Amulett. Ich musste schlucken. »Ich darf von Ihnen nichts annehmen, aber gehen Sie nur!«, sagte ich. Als sie aus der Reihe ausscherte, schlug ein Schulkamerad von mir auf sie ein. Ich war fassungslos von so viel Bosheit. Ich schlug ihm meinen Gewehrkolben in die Seite. »Du Dreckskerl«, fauchte ich, »ich habe es der Frau doch erlaubt.« Wütend standen wir uns mit entsicherten Gewehren gegenüber. Ich begleitete die Jüdin zu ihrer Tochter. Gleich darauf – es ging ja so schnell! – wurden die beiden abgeführt. Die Schüsse, die kurz darauf hallten, trafen mich in meiner Seele.

Als meine Bewachungsaufgabe erfüllt war, ging ich um das Zechengebäude herum.

Eine Grube war randvoll gefüllt mit Leichen. Sie war etwa zwei Meter breit und zehn Meter lang. Sicherlich lag hier auch ein Teil der ermordeten Frauen von der Straße.

Vor der Grube mussten die Frauen niederknien. Die beiden SSler zielten auf ihr Genick. Die Frauen fielen in die Grube. Es durchzuckte mich, in mir tobte es.

Schulfreunde von mir schossen in die Grube, wenn sich ein Körper noch röchelnd bewegte. Und es bewegten sich noch viele.

Ich begab mich völlig verzweifelt auf den Heimweg. Zuhause angelangt, erzählte ich meinen Eltern nichts.

In den nächsten Tagen setzte Tauwetter ein. Das Schmelzwasser stand blutgefärbt in den Straßenrändern unseres Dorfes.

Viele Palmnicker entschlossen sich jetzt erst zur Flucht. Ihnen war bewusst, dass dieses Verbrechen niemals ungesühnt würde bleiben können.

Unterdessen war das Schicksal, das die in der Halle der Werksschlosserei zusammengetriebenen Jüdinnen erwartete, unvorhergesehen aufgehalten worden:

SS-Obersturmführer Fritz Weber hatte zwar die Unterstützung für den Massenmord vom Palmnicker Bürgermeister und NSDAP-Ortsgruppenleiter Kurt Friedrichs – jedoch hatten sich die SS-Männer in der Haltung der Bergwerksleitung getäuscht. Der aus dem Schlaf geweckte Bergwerksdirektor Landmann gab keinen der Stollen frei – sie dienten der Wasserversorgung

Palmnickens, gab er an. Stattdessen brachte er die Opfer in der Werksschlosserei unter.

Am nächsten Morgen nahm Güterdirektor Hans Feyerabend das Heft in die Hand. Er ließ Stroh in die Halle schütten, Rinder schlachten und die Werkskantine für die entkräfteten Frauen kochen. Solange er lebe, sagte Feyerabend, werde im Werk kein Jude umgebracht. »Palmnicken darf kein zweites Katyn werden!«, hat er gesagt.

Im Werk konnte Feyerabend mit seinen Helfern die Jüdinnen schützen. Im Dorf hatte Bürgermeister Friedrichs das Kommando. Er befahl einigen Hitlerjungen, den Wald und die Häuser nach entflohenen Jüdinnen zu durchsuchen. Er verführte Kinder zum Morden, indem er ihnen freistellte, die Aufgespürten an Ort und Stelle zu erschießen oder sie zu ihm zu bringen. Von einem Fall weiß ich: Zwei Hitlerjungen kamen mit zwei aufgegriffenen Mädchen ins Dorf. Ein Dorfbewohner, ein berüchtigter Nazi, an dessen Haus ich immer noch vorbeikomme, wenn ich in Palmnicken bin, trat aus seinem Haus.

»Warum erschießt ihr diese Schweine nicht?«, fragt er die Jungen.

»Wir bringen sie zum Blaupungel, zum Bürgermeister.«

Da nahm er einem Jungen den Karabiner ab und erschoss die beiden Jüdinnen vor den Augen der bestürzten Jungen. Mit seiner Tochter bin ich 1992 zu seinem Haus gegangen. Ich erzählte ihr von seiner Tat. Sie wisse davon nichts, sagte sie, das sei nicht wahr. Der Vorfall ist aber in den Vernehmungsprotokollen verbürgt.

Eine andere Dorfbewohnerin hingegen, Bertha Pulver, nahm einigen Kindern eine Jüdin, Dora Hauptmann, ab. Sie würde sie zu Bürgermeister Friedrichs bringen, sagte sie ihnen. Tatsächlich versteckte sie Dora Hauptmann bei sich zu Hause, bis die

Russen eintrafen. Auch andere Palmnicker haben den Mut aufgebracht, flüchtige Frauen heimlich bei sich aufzunehmen.

Die Russen rückten unterdessen immer näher, Bürgermeister Friedrichs und der Führer des SS-Mordkommandos, Fritz Weber, wurde immer panischer, was die Jüdinnen im Werk anging: Die 3000 Frauen wären schließlich Zeuginnen für ihre Taten.

Feyerabend blieb standhaft, die Palmnicker machten sich Sorgen: »Wenn das man gut geht – sich mit der SS anzulegen.« Von der Gestapo erhielt Feyerabend drei Tage darauf einen Drohbrief – er solle Konsequenzen ziehen. Er habe die Pläne der SS durchkreuzt.

Feyerabend genoss in der Gegend hohes Ansehen. Der Major, wie er von den Palmnickern respektvoll genannt wurde, war auch Kommandant des Volkssturms.

Da Friedrichs und Weber an Feyerabend nicht vorbeikamen, spannen sie eine Intrige: Sie fingierten einen Einsatzbefehl.

Feyerabend musste mit hundert seiner Volkssturmmänner an die vorderste Front ausrücken. Dort trafen sie auf eine Einheit, die überhaupt keine Verstärkung angefordert hatte.

Feyerabend wurde von seinen Kameraden gefunden, mit dem eigenen Gewehr durch den Mund geschossen. Sein Kopf soll schrecklich zugerichtet gewesen sein, ein einziger Blutklumpen.

Feyerabends Frau wurde gesagt, ihr Mann sei gefallen. Edith Feyerabend erfuhr erst 1952 davon, dass ihr Mann sich selbst getötet hatte. Ob es denn wirklich ein Selbstmord war, ist nie untersucht worden. Es wird aber angenommen. Denn von vielen Menschen ist die Reaktion Feyerabends auf den erhaltenen Drohbrief bezeugt. Von der SS lasse er sich keinen Genickschuss verpassen. Dann mache er das lieber selbst.

Mit Feyerabends Tod waren die Jüdinnen schutzlos.

Unaufhaltsam rückte die russische Front näher. Friedrichs drängte Weber jetzt immer stärker, die Gefangenen abzutransportieren. Was das hieß, war klar: ihre endgültige Vernichtung.

Am 31. Januar machte sich das Bewachungskommando zum Abmarsch bereit. Zwischen 18 und 19 Uhr haben die 3000 Menschen die Schlosserei verlassen.

All das wussten nur wenige im Dorf. Erst im Nachhinein konnte rekonstruiert werden, wie sich alles zugetragen hatte.

In der Werkshalle sagte man den Opfern, sie würden per Schiff in Sicherheit gebracht werden. Vom Werk zog der Zug bei Dunkelheit den Seeberg hinunter zur Küste. Am vereisten Ostseestrand entlang bewegte sich die Kolonne nach Süden.

Was dann geschah, wurde nur von wenigen Palmnickern beobachtet. Es war dunkel, und zwischen dem Ort und der 30 Meter tiefer liegenden See ist ein Wald, der die Sicht auf den Strand versperrt.

Auf einmal begann die SS, systematisch auf die Frauen zu schießen, die Kolonne von hinten her aufzurollen, die jeweils letzte Truppe zu isolieren und unter Maschinengewehrsalven auf das Meer zu treiben, das in Strandnähe vereist war.

Manche Frauen wurden ohnmächtig und erfroren, manche gerieten unter Eisschollen und ertranken, andere starben an Schusswunden, oft nach tagelangen Qualen, auf dem Eis, am Strand.

Eine winzige Zahl von Frauen konnte sich den Berg hinauf, in die Häuser einiger mutiger Bürger retten. Von diesen wenigen verstarben einige an ihren Verletzungen und wurden heimlich beigesetzt. Von diesen 3000 Frauen überlebten 15.

Diese konnten den Russen Zeugnis ablegen.

Am Tag nach dem Massaker ritt ich südlich des Fischerdorfes Sorgenau den Strand hinunter. Ich trieb das Pferd zu scharfer Gangart, denn es dunkelte bereits. Plötzlich stutzte das Pferd, schnaubte und war nicht mehr vorwärts zu bewegen. Ich blickte auf das Meer und traute meinen Augen nicht. Zwischen den Eisschollen im Uferbereich trieben zahllose, zumeist nackte Leichen. So weit ich sehen konnte – Leichen. Die Brandung bewegte die leblosen Körper, sodass sie aussahen wie Schwimmer.

»Du wirst hier nie wieder schwimmen können«, war der erste Gedanke, der mich durchfuhr. Langsam begriff ich. Mich packte kaltes Entsetzen. Auch das Pferd schien das Grauen zu spüren. Es folgte dem Zügel willig und preschte in die enge Wolfsschlucht. Zu Hause angekommen, brachte ich es nicht fertig, meinen Eltern zu erzählen, was ich gesehen habe.

Doch bald wusste das Dorf vom Massaker. Das Eis hatte die Leichen freigegeben, immer neue Körper wurden an Land gespült, wochenlang.

Dann waren die Russen schließlich da.

Palmnicker, die nicht geflohen waren, wurden zur Verantwortung gezogen. Der Mann, der die beiden Judenmädchen erschossen hatte, kam ins Lager, ebenso die Hitlerjungen, die am Aufspüren der Entflohenen beteiligt waren. Palmnicker Frauen mussten mit bloßen Händen ein Massengrab ausgraben und die verwesenden Leichen richtig bestatten. Viele dieser Frauen sind in der Folge an Seuchen umgekommen.

Von 1500 Palmnickern, die am 15. April 1945 in russischen Gewahrsam gerieten, haben 270 Personen überlebt.

Von den 5000 Jüdinnen überlebten 15. Mit dreien von ihnen bin ich heute noch in Kontakt.

SS-Obersturmbannführer Weber hat sich später in Untersuchungshaft das Leben genommen.

Ich geriet 16-jährig in russische Gefangenschaft, als ich frei kam, gab es meine Heimat nicht mehr. Palmnicken heißt heute Jantarnij, Bernstein.

Als ich meine Erinnerungen der Jahre 1938 bis 1948 aufschrieb, sagte eine alte Schulkameradin: »Du hast ein wunderbares Buch geschrieben – aber musste die Juden-Geschichte da auch noch hinein?«

Das Ostpreußenblatt verweigerte die Kenntnisnahme.

Der Vertriebenenbund hat kein Interesse, an der Geschichte zu rühren

Seit 1991 fahre ich jedes Jahr in die alte Heimat.

Ich will die Opfer davor bewahren, vergessen zu werden. Steige in Reisebusse und kläre die Menschen auf, was an diesem Strand geschah.

Will von der Brandung erzählen, die einst Eisschollen trug, die wochenlang blutrot gefärbt blieben. Von den Leichen in der eisigen See.

Ich denke ständig daran, mein ganzes Leben.

Protokoll von Verena Lugert

6

Auf dem Weg in die Freiheit

Gefangenentransport durch Deutschland – *Rudolf Kriss*

Rudolf Kriss (1903–1973), Professor für Volkskunde in Salzburg sowie München, sammelte zeitlebens in Europa und im Orient Zeichen und Bilder der Volksfrömmigkeit. Der gebürtige Berchtesgadener vermachte seine Sammlung, die weltweit als die umfangreichste und bedeutendste auf ihrem Gebiet gilt, dem bayerischen Staat. Während der NS-Zeit war er ein erklärter Gegner von Hitler, seinem Nachbarn auf dem Obersalzberg. Aufgrund einer Denunziation wurde er im September 1944 durch den Volksgerichtshof unter Vorsitz von Roland Freisler zum Tode verurteilt. Kriss wartete monatelang auf seine Hinrichtung, bis vielstimmige Fürsprache sein Todesurteil in lebenslanges Zuchthaus umwandelte und er als Gefangener von Berlin nach Straubing transportiert wurde. Seine Aufzeichnungen über diese Erlebnisse schloss er noch im Jahre 1945 ab. Der folgende Ausschnitt daraus erschien erstmals 1948 unter dem Titel: »Im Zeichen des Ungeistes«.

Auf einem Gefangenentransport wird man erst einmal kreuz und quer durch ganz Deutschland geschleppt, ehe man endlich sein Ziel erreicht. Der Weg ist abhängig von der Route des Kurswagens. Schon vor dem Krieg waren diese Transporte gefürchtet, jetzt, im sechsten Kriegsjahr, stellten sie eine geradezu sadistische Quälerei dar. In Brandenburg wurden wir zunächst in den die Route Berlin–Magdeburg–Halle–Leipzig zweimal wöchentlich befahrenden Kurswagen gesteckt. Da das Milchglasfenster oben einen schmalen Streifen aus durchsichtigem Glas enthielt, konnte man beim Stehen sogar hinausschauen. Obwohl die Landschaft eintönig ist, bereitete es mir nach den zweieinhalb Monaten, während welcher meinen Augen nur der Anblick von Dächern und Höfen des Zuchthauses beschieden war, doch einen großen Genuß, wieder einmal die freie Landschaft an mir vorübergleiten zu lassen.

Um zwei Uhr nachts erreichten wir Leipzig, wo wir zuerst schlotternd vor Kälte und schwach vor Hunger, endlos in der offenen Bahnhofshalle stehen mußten, bis wir in eine Baracke inmitten der Stadt eingeliefert wurden. Natürlich bekamen wir nichts mehr zu essen, sondern mußten auf das mehr als karge Frühstück warten, das aus einer dünnen Scheibe Brot und dem berüchtigten, Negerschweiß genannten Kaffee bestand.

Die Baracke besaß einen Mittelgang, von dem links und rechts kleine Räume abzweigten, die nichts enthielten als je eine Sitzbank an den Längsseiten. In jedes dieser Löcher wurden etwa fünfundzwanzig Leute hineingesteckt, die auf den Bänken gerade Platz hatten, wenn sie saßen. Die Nacht mußten wir ohne Decken oder Matratzen, am blanken Fußboden liegend, verbringen. Da jedoch der Raum so schmal war, daß immer nur zwölf Leute nebeneinander schlafen konnten, mußten wir uns so ineinanderschachteln, daß die eine Hälfte mit den Köpfen an der einen, die andere Hälfte an der anderen Längsseite sich ausstreckte, während wir die Füße übereinander legten. Ursprünglich sollten wir nur einen Tag bleiben, doch wurde zuletzt eine ganze Woche daraus. Die Wachtmeister waren so brutal und roh wie sonst nirgends und traktierten die Gefangenen bei kleinsten Verstößen. Die Verpflegungsrationen waren wie

in allen Durchgangsgefängnissen minimal; da dort eine Kontrolle wegen der täglich sich ändernden Belegzahl nicht möglich war, fraßen die Wachtmeister das alles selbst und sahen dementsprechend auch dick und wohlgenährt aus.

Meine einzige Stütze in jenen Wochen war ein alter Pfarrer aus Zell in Kärnten namens Alois Vauti, der wegen angeblicher Begünstigung eines Deserteurs vom Volksgerichtshof zu sieben Jahren Zuchthaus verurteilt worden war, und sich wie ich auf dem Weg nach Straubing befand. Er kam aus Berlin, durfte seine Zivilkleider tragen und, da er zwei Unterjacken und zwei Mäntel bei sich hatte, lieh er mir von beiden ein Stück aus, so daß ich in der großen Kälte weniger stark zu frieren brauchte. Wir hielten uns ständig zusammen und deckten uns abends mit diesen Kleidungsstücken gemeinsam zu. Die ruhige, freundliche Ergebenheit, mit der er sein Los als eine ihm auferlegte Läuterung trug, erleichterte mir mein eigenes Schicksal.

Wer weiß, ob ich den Transport ohne seine Anwesenheit überhaupt so gut überstanden hätte, schon allein der Kälte wegen, die ich im dünnen Zuchthausgewand ohne Strümpfe sonst vielleicht gar nicht ausgehalten hätte. So wird einem in der äußersten Not doch meistens eine Hilfe zuteil!

Die beiden letzten Tage befanden wir uns als die einzigen Deutschen unter lauter russischen Soldaten; ein Offizier war dabei, der gute Ordnung bewahrte, am Abend Lieder anstimmte oder lange Vorträge hielt, von denen wir allerdings nichts verstanden. Beim Schlafengehen sorgte er dafür, daß sich jeder ohne Streit an die richtige Stelle legte, so daß wir uns eigentlich in ihrer Gesellschaft wohler befanden als unter unseren Landsleuten, die dauernd Krach anfingen, weil jeder den bequemsten Platz haben wollte.

Am Dienstag, dem 19. Dezember, wurden wir endlich wieder zum Bahnhof geführt. Um sieben Uhr früh verließ der Zug die Halle. Wieder einmal fuhren wir tüchtig im Kreis herum, von Leipzig über Meißen nach Dresden und von da über Chemnitz nach Plauen; es war ein milder, sonniger Tag, und ich versuchte, durch den Fensterschlitz soviel von der vorübergleitenden Landschaft zu erhaschen, als irgend möglich war. Morgens zehn Uhr fuhren wir mit einem gewöhnlichen Postzug nach Hof weiter. Da wir diesmal einen normalen Personenwagen benutzten, konnten wir die Aussicht in vollen Zügen genießen. Die eineinhalb Stunden, die wir brauchten, um quer durch den verschneiten Thüringer Wald nach Hof zu gelangen, stellten den ersten Lichtblick auf diesem Transport dar. Der Schnee glitzerte auf den Ästen der Tannen und die Sonne warf helle Strahlen ins Abteil.

Es war aber nur ein kurzes Vergnügen. In Hof nahm uns die SS in Empfang, die es besonders gut meinte, und uns an beiden Händen fesselte, mit jeder Hand an den danebengehenden Kameraden. Abermals kamen wir in eine Baracke, ähnlich derjenigen von Leipzig, nur, daß in den einzelnen Räumen hölzerne, schräg nach aufwärts gerichtete Gestelle angebracht waren, auf denen man immerhin etwas besser und weniger der Zugluft ausgesetzt liegen konnte, als am flachen Fußboden. Unsere Hoffnung, am nächsten Tag weiterbefördert zu werden, erwies sich indessen als trügerisch. Eine volle Woche wurden wir zurückgehalten. Wir hatten alle erwartet, zu Weihnachten in Straubing zu sein, schon um an den erhöhten Festtagsrationen, die an jenen Tagen in den Zuchthäusern gereicht werden, teilzunehmen. Aber zu unserer größten Enttäuschung mußten wir den Heiligen Abend in dieser jämmerlichen Baracke verbringen und die SS-Leute ließen uns ihre Verachtung für das christliche Fest deutlich spüren, indem sie uns an den Feiertagen noch weniger zu essen gaben als sonst.

Unsere sichere Erwartung, nun doch auf dem kürzesten Weg nach Straubing zu kommen, wurde wiederum nicht erfüllt. In Schwandorf verließen wir den direkten Zug, mußten alle umsteigen und fuhren in entgegengesetzter Richtung nach Nürnberg. Wenigstens die Fahrt als solche war diesmal angenehm. Wir saßen im reservierten Personenwagen, hatten genügend Platz und die Landschaft im Lichte der klaren Wintersonne zeigte sich von ihrer schönsten Seite. Die Strecke ist reich an romantischen Partien, alten burggekrönten Städtchen, gewundenen Felstälern und anderen erfreulichen Augenweiden, die man doppelt genießt, wenn man über ein Jahr lang nichts Derartiges sehen konnte.

Schon am folgenden Morgen wurden wir zu unserem Glück – wie sich später herausstellte – ins Hauptgebäude umquartiert, wo am Dachboden zwei Noträume für Gefangene eingerichtet waren, die durch eine Längswand, die dem Dachfirst entlanglief, voneinander getrennt wurden. Der eine davon wurde uns, deren Zahl sich inzwischen auf zirka sechzig Mann erhöht hatte, zugewiesen. Es wurde den ganzen Tag über nicht richtig hell, da das Licht nur durch einige Dachluken hereindrang. Die Kälte war besonders des Nachts empfindlich und in unserem ausgehungerten Zustand litten wir noch mehr darunter. Der Abtransport verzögerte sich von einem Tag zum andern. Es blieb uns vorbehalten, auch noch die Neujahrsnacht auf dem Dachboden des Nürnberger Polizeigebäudes zu verbringen.

Als Entschädigung machte ich einige interessante Bekanntschaften. Wir waren mit einer Gruppe von Luxemburgern zusammengesperrt worden, die als politisch verdächtig nach Dachau transportiert werden sollten. Unter ihnen befand sich ein Rechtsanwalt, der sich mir als der Bruder des ehemaligen luxemburgischen Ministerpräsidenten vorstellte. Ein lebhafter, feingebildeter Mann, der über vielseitige Beziehungen verfügte. Er schloß sich etwas enger an mich an und wußte mir interessante Dinge zu erzählen, vom luxemburgischen Herrscherhaus, von seiner Freundschaft mit der österreichischen Exkaiserin Zita und deren Sohn Otto.

Am 3. Januar sollten wir endlich nach Straubing abgehen. Es kam indessen ganz anders. Am Abend des 2. Januar wurde Nürnberg das Opfer eines entsetzlichen Fliegerangriffes. Um sieben Uhr heulten die Sirenen und wenige Minuten danach brausten die schweren Flugzeuge unmittelbar über unsere Häupter hinweg. Noch ehe wir uns aus unserer schlafenden Stellung aufrichten konnten, fielen klirrend die Glasscherben in den Raum. Mit ohrenbetäubendem Krach explodierte eine Sprengbombe unmittelbar neben uns im Hof des Polizeigebäudes, und die dort stehende Baracke ging in wenigen Minuten in Flammen auf. Was wir zuerst bedauert hatten, unsere Versetzung ins Hauptgebäude, erwies sich nun als ein Glück, denn sicher wären nur wenige lebend den Flammen entkommen. Doch blieb uns keine Zeit, darüber nachzudenken, denn schon fielen die Brandbomben auch auf das Hauptgebäude herab. Den im Keller versammelten Beamten fiel es natürlich nicht ein, sich um uns zu kümmern. Mit dem Mute der Verzweiflung rissen wir einige Eisenstangen irgendwo los und der angstbefeuerten Kraft der Stärksten unter uns gelang es, die schwere eiserne Tür aufzubrechen, worauf wir, während das Haus in allen Fugen zitterte, schleunigst in den Keller hinuntereilten. Die Polizisten schnitten dumme Gesichter, als wir mit einem Mal vor ihren erstaunten Augen erschienen.

Nach dem Angriff gingen die Beamten daran, den Brand zu löschen, soweit es noch möglich war. Gegen Morgen, als alles vorüber war, wurden wir auf die restlichen noch benutzbaren Zellen des ersten Stockwerkes verteilt. Es waren dies kleinere, für etwa fünf Leute gedachte Räume, in die wir nun zu zwanzig bis fünfundzwanzig hineingestopft wurden. Die Fenster waren zerbrochen und die eiskalte Winterluft blies ungehindert herein. Da wir so viele waren, hatten wir kaum Möglichkeit, uns zu bewegen, auch das Schlafen in der Nacht war eine problematische Angelegenheit, da nicht alle liegen konnten und stets einige sitzend mit angezogenen Beinen an der Wand lehnen mußten. Auch die Küche war getroffen worden.

Die Verpflegung, die von der Stadt herausgebracht wurde, traf unregelmäßig ein und war äußerst gering. Wir bildeten uns nachgerade zu Hungerkünstlern aus. Der Abtransport verzögerte sich von einem Tag zum andern, da der Bahnverkehr infolge des verheerenden Angriffs lahmgelegt war. Am Dienstag, dem 9., gingen von der Station Dutzendteich endlich wieder Züge in Richtung Passau ab. Wir wurden eineinhalb Stunden lang quer durch die ganze Stadt geschleppt. Der Eindruck der Verwüstung war niederdrückend, fast kein Haus war unversehrt. Dazu fror es uns an den gefesselten Händen und mich noch obendrein an den bloßen Beinen, da ich ja keine Strümpfe besaß und der Wind durch die weiten langen Hosen heraufblies. An der bewußten Vorortsstation stand ein Zug aus lauter uralten Eisenbahnwaggons bereit, der sich nach einer Wartezeit von weiteren zwei Stunden endlich in Bewegung setzte.

Abends neun Uhr trafen wir hungrig, durchfroren und ziemlich erschöpft in Straubing ein, das uns, den hoch gespannten Erwartungen zum Trotz, einen recht enttäuschenden Empfang bereitete. Für mich persönlich allerdings wandten sich die Dinge nach einigen Tagen zum Besseren, so daß ich rückblickend sagen kann: Die vier Wochen, während welcher ich am Transport war, blieben recht eigentlich das Schlimmste, was mir während meiner gesamten Haftzeit zu ertragen aufgesetzt war.

Trotz der vorgerückten Stunde bestand Polizeiinspektor Dott, ein berüchtigter Nazispitzel und wie ich später erfuhr, die bei Beamten und Gefangenen gefürchtetste Persönlichkeit des Zuchthauses, auf einer sofortigen Durchführung der Ankunftsformalitäten. Das erste, was uns nun widerfuhr, war, daß wir alle kahl geschoren wurden. Ich empfand dies nicht nur wegen der darin zum Ausdruck kommenden Entwürdigung und des schauderhaften Aussehens, das man dadurch erhielt, sondern auch wegen des Frierens am Schädel als äußerst unangenehm. Dann kamen wir ins Bad. Daß ich bei dieser Prozedur nicht schwer erkrankte, ist wirklich ein Wunder. Zuletzt wurden wir auf die zu ebener Erde befindlichen Transportzellen aufgeteilt, wo wir uns in der Finsternis so gut es ging zurechtzufinden versuchten.

Zum ersten Mal nach vier Wochen hatten wir wieder Decken und ein Bett. Wenigstens das empfanden wir als eine Verbesserung unserer Situation. Der folgende Tag verstrich nochmals zur Gänze mit der Abwicklung der Aufnahmeformalitäten. Unter anderem kamen wir zum Arzt, hauptsächlich um gewogen zu werden. Dabei stellte sich heraus, daß ich während des Transports achtzehn Kilo verloren hatte. Später wurden wir dem Leiter der Anstalt, Regierungsrat Badum, vorgestellt, der den Neuankömmlingen ihren Arbeitsplatz zuwies. Ich merkte aus der Art seiner Fragestellung sofort, daß er mir wohlgesinnt war und mir mit innerer Achtung entgegenkam. Das gab mir den

Mut, ihn unter Hinweis darauf, daß ich schon in Neudeck das Amt eines Bibliothekars innegehabt hatte, darum zu bitten, daß er mich auch in Straubing der Bücherei zuteilen möge. Er erwiderte, dieser Posten sei schon vergeben, doch habe er mir einen passenden Platz in der Zeichenabteilung zugedacht.

Nach dem Mittagessen holte mich der Wachtmeister, um mich auf den neuen Arbeitsplatz zu führen. Wie erstaunte ich aber, als er nicht den Zeichensaal, sondern die Tür zur Bücherei öffnete und mir in kurzen Worten mitteilte, hier sei nun mein künftiger Posten und die beiden anderen Bibliothekare würden mich schon in allem unterweisen. Der Direktor hatte sich, wie ich hinterher erfuhr, im letzten Moment anders entschlossen und einen weniger beliebten Herrn eigens herausgeworfen, um mich an dessen Stelle zu setzen. Ich war sehr zufrieden, mich so unerwartet am Ziel meiner Wünsche zu sehen, und betrachtete die erfreuliche Wendung als ein glückliches Omen für die Zukunft.

Die Bibliothek war ein großer Raum, der aus vier, durch die Bücherschränke getrennten Abteilungen bestand. In den letzten davon arbeitete der Buchbinder, der ein von uns Bibliothekaren ziemlich getrenntes Dasein führte. Die vier großen Fenster gingen, wie ich sofort mit Vergnügen feststellte, nach Süden. Ich würde also auch die Sonne sehen und für den Fall, daß sich meine Anwesenheit noch bis ins Frühjahr erstrecken sollte, auch spüren können! Meine zukünftigen Kameraden empfingen mich sehr freundlich und entgegenkommend, konnten sich nur nicht genug wundern über mein Glück, gleich auf Anhieb einen so bevorzugten Posten erhalten zu haben. Sie waren gleichfalls aus politischen Gründen inhaftiert und gehörten den sogenannten gehobenen Ständen an. Willy Klaes, mit dem ich mich ob seines unerschütterlichen Gleichmutes und nicht umzubringenden Humors besonders gut verstand, stammte aus der Hotelbranche und war gebürtiger Rheinländer. Herr Lipp, der wegen seiner Gewalttätigkeit schwieriger zu behandeln war, zog schon deshalb, weil er mit meinem Vorgänger dauernd Streit gehabt hatte, mir gegenüber gleichfalls versöhnliche Saiten auf. Sie verbanden mir meine Abszesse, sorgten, daß ich gute Kleider und Wäsche bekam, kurzum, das Glück war mir wieder einmal hold gewesen.

Der Betrieb war viel genauer wie seinerzeit in Neudeck. Es gab für jedes Buch und jeden Gefangenen eine Karte, auf die die Bücheraus- und -rückgabe genau eingetragen werden mußte. Es wurde dies im wesentlichen mein Amt, während die beiden anderen in erster Linie die Auswahl der Bücher selbst, deren Einordnung und Kontrolle besorgten. Jeden Tag kam eine andere Abteilung daran und da die Gefangenen auch Wunschzettel schreiben durften, hatten wir ziemlich Arbeit mit der richtigen Zusammenstellung. Am Freitag war Beamten- und am Samstag Reinigungstag. Am Wochenende hatten wir es also ziemlich bequem, aber auch an den vier ersten Wochentagen nahm die Arbeit nicht viel mehr als etwa sechs Stunden in Anspruch, in der übrigen Zeit konnten wir lesen oder uns sonstwie unterhalten, ohne uns allerdings dabei erwischen lassen zu dürfen. Da wir jedoch nur zeitweise unter Aufsicht standen und die Beamten bestimmte Stunden einhielten, waren wir stets längere Zeit, vor allem zwischen ein und drei Uhr und nach fünf Uhr ziemlich ungestört. Wir hatten überhaupt nur mit zwei Herren zu tun, die stets die gleichen blieben, dem aufsichtsführenden Wachtmeister und dem Leiter der Bücherei, Amtmann Ö. Beide schlugen einen mehr kameradschaftlichen Ton an, besonders der Herr Amtmann, der zwar schon stark senil war, jedoch aus seiner antinazistischen Einstellung kein Hehl machte und uns stets über die politischen Ereignisse auf dem laufenden hielt. Aber sogar er war trotz seines offenkundigen Phlegmas durch seine langjährige Zuchthaustätigkeit schon so abgestumpft, daß ihm jedes Einfühlungsvermögen mangelte. Er brachte es fertig, uns zu erzählen, wie gut er täglich zu Hause speise; obwohl er wußte, daß uns vor Hunger der Magen krachte, fand er es durchaus am Platz, uns von gebratenen Gänsen vorzuschwärmen oder von den zusätzlichen Pfannkuchen, die er sich neben seinen häuslichen Mahlzeiten in der Zuchthausküche auf unsere Kosten zubereiten ließ. Als besonderes Zeichen seiner Mildtätigkeit brachte er uns, nachdem wir einmal zwei Stunden lang sein privates Mobiliar von seiner Wohnung in den Amtsraum hatten schleppen müssen, eine einzige Scheibe Brot, die er in drei Teile teilte und dann jedem von uns einen Bissen in den Mund schob. Dabei stand das Brot am Beamtentisch zur freien Entnahme bereit! Dennoch hielt er sich für einen idealen Beamten und versicherte uns immer wieder, er habe alle Gefangenen stets so gut behandelt, daß er beim kommenden Umsturz nichts zu fürchten habe!

Immerhin waren die Verhältnisse in Straubing noch golden im Vergleich zu denjenigen in Preußen, wenigstens in der ersten Zeit! Schlimm wurde es erst, als am 7. Februar die Heizung gänzlich eingestellt und die Rationen von Woche zu Woche noch mehr gekürzt wurden. In der Bücherei sank die Temperatur auf drei Grad, es war fast nicht mehr auszuhalten und manchmal war ich vor Kälte nahe am Weinen. Wir mußten ja täglich um fünf Uhr aufstehen, um sechs Uhr zur Arbeit antreten, die mit einer Stunde Mittagspause bis abends halb sieben Uhr währte. Mit steifen Fingern saßen wir an unseren Schreibtischen und konnten kaum die Zahlen auf die Karteikarten schreiben. Zwischendurch mußte man immer wieder aufspringen, um sich durch Hin-und-her-Laufen oder Übereinanderschlagen der Arme einigermaßen zu erwärmen. Dies hatte aber auf der anderen Seite den Nachteil, daß die erhöhte Bewegung vermehrten Hunger verursachte und man sich stets wieder überlegte, ob es nicht doch besser sei, zusammengekauert auf seinem Stuhl hocken zu bleiben. Auch in der Zelle war es kaum besser.

Mitte März brach endlich die Kälte. Das einsetzende Föhnwetter bescherte uns Sonnenschein und warme trockene Luft. Der Vorteil der Bibliothek wurde nun deutlich offenbar; wir öffneten tagsüber die Fenster und das Thermometer kletterte gegen Mittag bis auf zehn Grad hinauf. In den beaufsichtigungsfreien Stunden setzten wir uns nahe ans Fenster und ließen uns von der heißen Sonne anscheinen; allmählich tauten Körper und Geist wieder auf! In jener Zeit bekam ich, genau wie im Vorjahr, abermals eine Drüsenschwellung, und da sie am Anfang mit hohem Fieber verbunden war, setzte ich meine Aufnahme in die Krankenabteilung durch. Ich kam in einen kleinen Raum, der mit fünf Patienten und einem Hausarbeiter belegt war. Letzterer war ein älterer fränkischer Lehrer, der auch aus politischen Gründen saß und sehr gute Beziehungen zur höheren Geistlichkeit hatte. Er war ein warmherziger, hilfsbereiter Mann, der uns, wenn es irgend anging, kleine Sonderrationen zuschanzte. Auch der Arzt zog etwas menschlichere Saiten auf. Merkwürdigerweise ging meine Halsgeschwulst diesmal von selbst zurück, ohne daß sie geöffnet werden mußte. Zu Beginn der Karwoche ging es mir schon ziemlich gut, aber der Arzt ließ mich trotzdem über die Osterfeiertage im Spital liegen. Das bequeme Bett und die drei Wochen der Ruhe, verbunden mit einer zwar geringen, aber doch etwas besser zubereiteten Kost, habe ich sehr genossen.

Unter den anderen Kranken befand sich ein Wiener Oberlehrer, ein sympathischer, verhältnismäßig gut gebildeter Herr und leidenschaftlicher Bergsteiger. Wir vertrugen uns gut und die Zeit flog schnell dahin. Weniger angenehm war die Tatsache, daß man zuweilen Schwerkranke aus anderen Zellen in eines der noch freien Betten legte. Zwei sind bei uns gestorben, und obwohl man in dieser Umgebung ziemlich abstumpft, so waren die Stunden, bis es endlich soweit war, doch eine starke Belastung. Der dritte, der aus demselben Grund hereinkam, hat sich wider Erwarten erholt, vielleicht auch deswegen, weil wir uns seiner annahmen und ihn, der schon allen Lebensmut verloren hatte, zum Essen anhielten. Seine Gemütsverfassung hob sich erstaunlich rasch, und als ich wegkam, war er völlig außer Gefahr.

In jenen Tagen überstürzten sich die Ereignisse. Auch in die Abgeschlossenheit unseres Spitals drangen alarmierende Nachrichten. Das bezeichnendste Symptom war, daß täglich neue Gefangenentransporte in Straubing anlangten, die sämtlich aus den evakuierten Zuchthäusern des Westens stammten, wo man sie vor dem rapiden amerikanischen Vormarsch in Sicherheit brachte, obwohl dies eigentlich das genaue Gegenteil von Sicherheit war, denn gerade ihre vorzeitige Befreiung wollte man ja verhindern! Innerhalb von vierzehn Tagen erhöhte sich die für Straubing vorgeschriebene Belegzahl von zwölfhundert Insassen auf ca. dreitausend. Die Wachtmeister verloren völlig den Kopf und wußten weder aus noch ein. Zunächst ließ man die Leute in den Gängen liegen, und da sie zum Teil völlig erschöpft und ausgehungert eintrafen, stieg die Zahl der Todesfälle beträchtlich. Viele kamen überhaupt nicht mehr in die Krankenabteilung, sondern starben in den Gängen.

In der Ruhe des Spitals konnte ich mir von diesen Zuständen kein richtiges Bild machen. Erst nach meiner Gesundung und der am 4. April erfolgten Entlassung gewahrte ich das Ausmaß der Veränderung.

Meine Zelle war belegt worden und man hatte uns drei Bibliothekare zusammen mit dem Buchbinder in einer anderen Einzelzelle zusammengelegt. Wenigstens waren wir vier vom alten Stamm vereinigt, was mancherlei Vorteile hatte. Erstens kannten wir uns schon, zweitens durften wir unsere Bettwäsche und Kissen mitnehmen, so daß wir uns doch richtige Betten bauen konnten und drittens, was die Hauptsache war: Die beiden Bibliothekare waren Hilfskostträger geworden, was eine erhebliche Aufbesserung unserer Verpflegung bedeutete. Anstelle der nicht mehr ausreichenden Schüsseln hatte man uns Feldgeschirre gegeben, die an sich nur zur Hälfte gefüllt werden sollten. Bei dem allgemeinen Durcheinander jedoch konnten die Wachtmeister die Kostträger nicht mehr so gut überwachen und da wir nunmehr nicht nur morgens, sondern auch mittags und abends der Einfachheit halber aus Kübeln verpflegt wurden, konnten wir die Geschirre nicht nur voll, sondern mit den übrig bleibenden Resten häufig auch noch doppelt füllen. Die Kost selbst allerdings war inzwischen noch viel schlechter geworden; die Küchenhauseln hatten keine Zeit mehr, die Kartoffeln zu schälen und zu sortieren und wir bekamen eine undefinierbare Suppe aus halbzerstampften Erdäpfeln, die noch obendrein zum Teil verdorben waren. Das Futter war schlechter als ein Sautrog. Festere Kost, Kraut oder Quark, wie wir sie früher zuweilen erhielten, war ganz abgeschafft worden. Allein was machte das uns! In unserem ausgehungerten Zustand sahen wir nur mehr auf die Quantität und waren glücklich, daß wir uns wenigstens für den Augenblick sattessen konnten. Eine weitere Verbesserung schufen wir uns selber. In der Buchbinderei befanden sich Stärkemehl und ein elektrischer Kocher zum Binden der Bücher. Da wir bei der allgemeinen Unordnung auf dem Weg von der Zelle zur Bücherei nicht mehr kontrolliert wurden, nahmen wir unsere vollen Eßgeschirre zu Mittag mit uns hinüber in den Arbeitsraum, dickten die dünne Brühe mit Stärke ein, kochten das Ganze nochmals auf und erhielten so ein für unsere Begriffe vorzügliches Mahl.

Die Russen kamen von Osten und die Amerikaner vom Westen immer näher und es begann ein allgemeines Rätselraten, wer wohl unser Befreier sein würde. Nach der Einnahme von Wien auf der einen und der von Frankfurt auf der anderen Seite, rechneten wir nur mehr mit Wochen, ja Tagen. Kein Mensch arbeitete mehr etwas und auch die Wachtmeister führten mit uns nur noch politische Gespräche. Wir von der Bibliothek waren gut daran! Besaßen wir doch den großen Andree-Handatlas, auf dem wir den Vormarsch genau verfolgen konnten. Stundenlang saßen wir über die Karten gebeugt. Die Spannung wurde mit der Zeit unerträglich.

Endlich nach drei Wochen atemloser Erwartung schien es soweit zu sein! Am Montag, dem 23. April, teilte uns der Amtmann mit, Regensburg sei gefallen und Straubing werde, nachdem die Nazi-Beamten geflüchtet und der alte Bürgermeister aus der Zeit vor 1933 wieder sein Amt übernommen habe, kampflos übergeben. Wir sollten sofort die Führerbilder abhängen und die nationalsozialistische Literatur zum Verbrennen in den Keller tragen. Noch nie haben wir einem Befehl so gern Folge geleistet! Die Vernichtung des großen Führerbildes gestaltete sich zur einer richtigen Zeremonie. Ich, der ich am kürzesten gesessen, durfte es von der Wand nehmen. Klaes entfernte den Rahmen, und Lipp, der am längsten von uns im Zuchthaus gelebt, hatte das Vorrecht erhalten, es zu zerreißen. Zum ersten Mal legten wir uns an jenem Abend freudig ins Bett! Rechneten wir doch bestimmt für den nächsten Morgen mit unserer endlichen Befreiung!

Noch einmal kam alles anders! Früh vier Uhr, als es noch völlig finster war, läutete gellend die Alarmglocke durch das ganze Haus. Es war Dienstag, der 24. April, als die Nachricht durchsickerte, daß während der Nacht eine Weisung aus München eingetroffen sei, wonach das ganze Zuchthaus geräumt und die Häftlinge nach Dachau transportiert werden müßten. Gegen sechs Uhr wurden wir aus den Zellen geholt und in einem endlos langen Zug in Viererreihen im Hof aufgestellt. Außer unseren Feldgeschirren durften wir nur mitnehmen, was wir auf dem Leibe trugen. Wir mußten in Zuchthausgewand und Holzschuhen den auf vier Tage berechneten Marsch nach Dachau antreten. Eine Fesselung unterblieb, da für 2800 Mann nicht genügend Handschellen vorhanden waren. Auf einem von zwei Pferden gezogenen Wagen wurde der Proviant, bestehend aus Brot und geräuchertem Pferdefleisch, nachgefahren. Um sieben Uhr dreißig verließ der etwa zwei Kilometer lange Zug das Haus auf der in Richtung Landshut führenden Straße.

Es war ein herrlicher Frühlingstag, die Sonne schien, milde Wärme spendend, auf uns herab; die Bäume begannen gerade die ersten grünen Knospen zu entfalten. Die Konturen des Bayrischen Waldes säumten im Osten den seidig-blauen Morgenhimmel. In den Dörfern blühte da und dort ein Fliederbusch oder ein Obstbaum am Spalier einer windgeschützten Wand. Das Wandern hätte ein Genuß sein können, wenn die Verhältnisse einigermaßen angenehmer gewesen wären. Ich ließ mir im Anfang auch die Freude an diesem herrlichen Morgen in der freien Natur nach einem so langen Eingesperrtsein nicht rauben, aber allmählich wurde sie von den Beschwerden des Marsches immer stärker überschattet. Wir alle waren des Gehens völlig entwöhnt, durch die Unterernährung geschwächt und am schmerzhaftesten waren die harten, für einen langen Marsch völlig ungeeigneten Holzschuhe. Wir konnten es nach einigen Stunden fast nicht mehr aushalten und schleiften die Füße mühsam am Boden her, ohne sie zu heben.

Etwa um zehn Uhr erschienen feindliche Flieger am Horizont; die Bauern am Feld verließen ihre Gespanne, suchten im Straßengraben Deckung und die Dorfbewohner flüchteten in ihre Häuser. Nur wir wanderten unbekümmert weiter, als ginge uns die ganze Sache nichts an, in der Tat hatten wir auch nichts zu fürchten. Einer der Flieger flog bis auf wenige Meter zu uns herab, um sich Klarheit über unseren Zug zu verschaffen. Nachdem wir erkannt worden waren, blieben wir vollkommen unbehelligt.

Ich begann darüber nachzudenken, was aus uns werden sollte, wenn wir, wie vorauszusehen, Dachau nicht innerhalb der vorgesehenen Frist erreichen sollten. Der Proviant war so spärlich bemessen, daß ich eine Hungerkatastrophe befürchtete und zu überlegen begann, wie ich von dem Zug der Dreitausend wegkommen könnte. Eine direkte Flucht war wegen der guten Bewachung schwer möglich, es mußte ein anderes Mittel gefunden werden. Am späten Nachmittag bot sich mir eine solche Gelegenheit. Wir waren in Mengkofen angelangt, wo sich etwa fünfzig Häftlinge für außerstande erklärten, noch weiter zu marschieren. Ich gesellte mich zu ihnen, blieb einfach am Straßenrand sitzen und wartete, bis der Zug des Leidens an uns vorüber war. Da wir die ersten waren, die zurückblieben, hatten die Beamten Mitleid und organisierten bei den Bauern zwei Leiterwagen, die später jeweils in größeren Dörfern abgelöst wurden. So sollten wir in Etappen dem Hauptzug nachgefahren werden.

Es war dies ein guter Gedanke und seine segensreiche Wirkung zeigte sich noch am selben Abend. Denn fünfzig Leute sind leichter unterzubringen und zu versorgen als dreitausend. Während die anderen im Freien auf dem feuchten Boden nächtigen mußten, fanden wir in Weng einen geräumigen Stadel, wo wir am Boden auf etwas Heu recht gut schliefen und am Morgen ein lang entbehrtes, reichliches Frühstück erhielten. Es war ein größerer Bauernhof und der Besitzer hatte mit uns offensichtlich Mitleid. Ein jeder bekam erst einen Liter heiße Vollmilch und dann noch einen Liter Magermilch zu trinken, und dazu noch eine reichliche Menge von gekochten Kartoffeln als Proviant mit auf den Weg. Die Tränen traten uns in die Augen aus Freude über soviel Menschlichkeit. Das Gesinde im Hof erzählte uns, tags zuvor sei gleichfalls ein Gefangenentransport hier durchgezogen, doch seien die Leute von SS-Mannschaften bewacht worden, die alle Personen mit Erschießen bedroht hätten, die es wagten, den Häftlingen etwas zuzustecken. Auch seien viele Gefangene während des Transportes erschossen worden und der Volkssturm habe den Auftrag erhalten, die Leichen am Straßenrand zu beerdigen. Das waren trübe Aussichten, aber sie konnten mir trotzdem meine innere Sicherheit nicht nehmen. Langsam trotteten wir zu Fuß weiter; wer aus unseren Reihen es nicht wirklich war, täuschte Müdigkeit vor, da wir alles taten, um den Abstand zur Hauptgruppe möglichst zu vergrößern. Denn das Einholen derselben, an das die Beamten immer noch glaubten, wollten wir auf alle Fälle vermeiden. Die Brutaleren unter ihnen, die auch jetzt noch nicht begriffen, was die Zeit geschlagen hatte, trieben uns sogar mit Stockhieben zur Eile an. Von einem solchen Büttel erhielt auch ich einmal einen so kräftigen Schlag auf den Rücken, daß ich zu Boden stürzte und mir die Hose zerriß. Aber es nutzte alles nichts, wir kamen trotzdem nicht schneller vorwärts!

Das Erfreulichste an diesem traurigen Marsch war die offenkundige Sympathie der Bevölkerung mit uns. In jedem Dorf fanden sich mitleidige Seelen, die uns heimlich eine Scheibe Brot zusteckten oder ganze Laibe den Wachtmeistern zur Verteilung an uns übergaben. Nur in Essenbach gab es einen Zwischenfall. Eine gutherzige Bäuerin war uns mit einem ganzen Korb voll Brot eigens nachgeradelt und als sie den Inhalt austeilen wollte, stürzte ein ganz unbeteiligter Mann aus einer Villa heraus, entriß ihr mit groben Beschimpfungen, wie sie sich unterstehen könne, derartige verworfene Menschen auch noch zu unterstützen, den Korb und nahm den Inhalt kurzerhand an sich.

Gegen elf Uhr vormittags wurden wir vor dem Tor des Landshuter Polizeigefängnisses abgeladen; es war am Freitag, dem 27. April. Am frühen Nachmittag kam ein Auto, das uns Nachzügler dem großen Transport nachbringen sollte. Inzwischen waren schon allerhand Gerüchte im Umlauf, daß die SS in den Isarauen oberhalb Landshut Hunderte von Gefangenen erschossen hätte, so daß es uns weniger denn je verlockend erschien, wieder zum großen Haufen zu kommen. Gott sei Dank war das Auto viel zu klein, um alle Mann aufzunehmen. Wir hielten uns daher im Hintergrund und abermals blieben unser dreißig zurück. Nach der Verteilung des Abendessens um fünf Uhr sollten wir in die Zellen gesperrt werden. Doch der Gefängnisinspektor hielt fünf von uns nochmals zurück, mit dem Bemerken, er habe noch eine Arbeit für uns.

Wie erstaunten wir aber, als er uns statt dessen in sein Büro kommen ließ, nach unseren Namen fragte und uns dann einen Zettel ausfolgte, auf dem vermerkt stand, daß wir ohne Begleitung einer Wache berechtigt seien, nach München zu wandern und uns dort bei der Polizei zu melden. Das hieß nicht mehr und nicht weniger als: Ich geb euch eine Chance, schaut, daß ihr weiter kommt! Das völlig Unerwartete traf ein: Kurz nach sechs Uhr öffnete sich das Gefängnistor, und wir standen frei auf der Straße. Noch konnten wir das nicht fassen! Es erging uns wie einem Vogel, der lange im Käfig gesessen hatte. Zaghaft und etwas ängstlich, stets voller Sorge, unser Zuchthausgewand könnte irgendwelchen Leuten Anlaß geben, uns neuerdings zu verhaften, zogen wir auf der Münchener Straße unseres Weges dahin. Unsere Zweifel wurden jedoch auf eine unerwartete Weise behoben.

Ein Radler, ein junger Mann, überholte uns und als er von einem aus unserer Schar um Feuer angegangen wurde, ließ er sich mit uns in eine Unterhaltung ein, fragte nach dem Woher und Wohin, nach den Gründen unserer Verhaftung und ob auch ein »Besserer« unter uns sei. Ich erwiderte, »jawohl, der Bessere war' i!« und erzählte ihm das Wichtigste über unsere Schicksale. Er meinte: »Solchane wia ös seid's, gfall'n ma, i kann nämlich die Nazi a net schmecka!« Dann lud er uns als Gäste auf seinen Hof, der einige Kilometer von hier in einem Seitental, in Unterbachham bei Ast, gelegen sei, und bot uns Nachtmahl und Quartier an; er heiße Erhard Neumaier und sei nach dem frühen Tod seines Vaters der Bauer. Wir ließen uns das nicht zweimal sagen und dankten dem jungen Mann für seine Freundlichkeit. Er radelte dann voraus und sagte, wir möchten nur langsam nachkommen, bis wir einträfen, sei alles für unseren Empfang vorbereitet.

Mit Einbruch der Dämmerung, gegen neun Uhr abends, trafen wir auf dem stattlichen Einödhof ein. Die Mutter des Bauern und seine Schwester hatten uns ein vorzügliches Mahl bereitet, geröstete Kartoffeln, herrliches Bauernbrot und Kaffee mit viel guter Milch. Eineinhalb Jahre hatte ich nicht mehr so üppig gespeist; es gingen mir förmlich die Augen über, als ich all die

Genüsse vor uns sah. Nachher ging es ans Erzählen, jeder von uns mußte den Anwesenden seine Schicksale berichten. Die Tafelrunde war recht stattlich, außer den Angehörigen des Bauern waren noch der Landshuter Tierarzt, Regierungsrat Salinger und seine Frau, ein prächtiges altes Ehepaar, die wegen der unsicheren Zeiten aufs Land geflüchtet waren, und ein älterer Kunstmaler anwesend. Es ging auf Mitternacht, als uns der junge Bauer im Pferdestall unsere Schlafplätze anwies. Er brachte uns warme Decken und jedem von uns noch einen herrlichen Apfel als Gutnachtgruß. Dann streckten wir wohlig unsere Glieder und sanken mit einem unsagbaren Glücksgefühl in Schlaf. Die erste Nacht in der Freiheit! Erst langsam wurde es uns klar, was das bedeutete. Noch konnten wir es nicht fassen, ein nicht völlig überwundener Rest von Furcht blieb im Unterbewußtsein zurück. Theoretisch waren wir ja immer noch Gefangene.

Als wir am nächsten Morgen erwachten, regnete es in Strömen. Unser Freund und Gönner riet uns, noch ein oder zwei Tage bei ihm zu bleiben, überall in der Umgebung treibe sich die SS herum und man könne nicht wissen, was alles passiere. In längstens einer Woche seien ja doch die Amerikaner hier, und wir sollten uns nicht unnötig einer Gefahr aussetzen, auf alle Fälle uns vor der Weiterwanderung Zivilkleider verschaffen.

Wir fühlten uns in dem abgelegenen Hof gut aufgehoben, nur einen Augenblick wurden wir stutzig, als während des Vormittags der Bauer erschien und uns bat, für eine Weile zu verschwinden, ein evakuiertes Naziweib sei im Anzug, die sich bei ihm die Milch hole. Nach einiger Zeit verschwand sie indessen wieder und schien von unserer Anwesenheit nichts bemerkt zu haben. Dafür kam gegen Mittag die Tochter des Tierarztes Salinger, Fräulein Irene, und brachte aus Landshut die Nachricht mit, daß die Nazi-Diktatur gestürzt sei und sich in München eine neue demokratische Regierung gebildet habe. In Landshut sei alles weißblau beflaggt und überall sehe man strahlende Gesichter. Nach Tisch zog ich als erster Zivilkleider aus dem Besitz des Tierarztes Salinger an, für zwei weitere Kameraden stellten der Bauer und der Kunstmaler Anzüge zur Verfügung.

Ich freute mich indessen nicht lange an meiner neuen Pracht, als plötzlich, während wir in aller Gemütsruhe in der Küche saßen, draußen am Hof eine Reihe von Gewehrschüssen krachte. Ein panischer Schrecken ergriff uns! Alles stürzte aufgeregt durcheinander, niemand getraute sich hinaus! Nach einigen Minuten erschien der Bauer, noch blaß vor Schrecken. Wir seien verraten worden, eine SS-Gruppe von drei Mann habe den Stadel umstellt und blindlings auf die darin befindlichen Gefangenen geschossen. Diese hätten sich jedoch hinter die Dreschmaschine geworfen und Gott sei Dank sei niemand getroffen. Kurz darauf ertönte eine barsche Kommandostimme; als ich hinaussah, standen bereits meine vier Kameraden in Reih und Glied im Hof, um abgeführt zu werden. Natürlich stellte auch ich mich, nachdem ich noch mit ein paar Worten den Bauern und den Tierarzt gebeten hatte, sich, wenn irgend möglich, für uns zu verwenden. Ich wies, draußen angelangt, den Anführer der Gruppe auf unseren gültigen Entlassungsschein hin, er nahm das Dokument zur Kenntnis, erwiderte nur kurz, er habe von der SS-Kommandantur Ast den Auftrag erhalten, uns sofort zu verhaften. Wir möchten unsere Sachen holen und mitkommen. Unterdessen war der Tierarzt hinaus auf den Hof getreten, erklärte in mannhaften mutigen Worten, wir seien anständige Menschen, er trete unbedingt für uns ein und wenn uns ein Leid widerfahre, dann würde er sich bei der Regierung in Landshut beschweren. Dem SS-Häuptling war diese Intervention sichtlich unangenehm und als sich auch noch der Bauer selbst einschaltete und schneidig erklärte, er sei der Volkssturmführer des Bezirks und würde uns auf alle Fälle nach Ast begleiten, um den Sachverhalt aufzuklären, da schnitt er ein noch viel längeres Gesicht. Die Dinge gingen durchaus nicht nach seinem Wunsch; seitdem die Exekution auf kaltem Weg mißglückt war, trat von seinem Standpunkt aus eine Schwierigkeit nach der anderen auf.

Immer noch goß es in Strömen, als wir auf lehmigen Feldwegen nach Schloß Ast geführt wurden. Erhard Neumayer, der sich so tapfer und selbstlos für uns eingesetzt, flüsterte uns zu, er ginge zunächst zum Bürgermeister und käme uns dann sofort aufs Schloß nach. Als ich ihn nicht mehr sah, wurde mir doch recht bänglich zu Mut. Mit gutem Grund: denn wir wurden ohne weitere Umstände in einen Gang des Schlosses gebracht, wo uns ein höherer SS-Offizier entgegentrat und sofort den Befehl gab, »alle fünf mit dem Kopf an die Wand!« Ich dachte, na, jetzt hat unser letztes Stündlein geschlagen. Doch wieder einmal sollte sich alles zum Besseren wenden. Nach wenigen Minuten erschien unser tapferer Freund, schlug einen erheblichen Krach und ließ sich auch durch die Drohung des Offiziers, er lasse ihn, wenn er frech werde, einsperren, keineswegs erschüttern. Es setzte eine lebhafte Debatte ein, in deren Verlauf Erhard Neumayer verlangte, die Gefangenen müßten, wenn schon nicht befreit, so zum mindesten, falls der Herr Hauptmann die Gültigkeit des Entlassungsscheines anzweifele, nach Landshut zurückgebracht werden. Endlich ließ sich der Hauptmann, der nun doch peinliche Konsequenzen befürchtete, zu einem Telefongespräch nach Landshut herbei, in welchem er dem Gefängnisinspektor grobe Vorwürfe machte und ihm mit der Anzeige bei einer höheren Stelle drohte, da er uns angeblich niemals hätte entlassen dürfen. Er erklärte sich aber endlich doch bereit, uns nach Landshut zurückzubringen. Erst nachdem unser braver Lebensretter – er war es im vollsten Sinn – diese tröstliche Versicherung erhalten hatte, machte er sich auf den Heimweg, während wir von der nämlichen Kolonne nach Landshut zurückgebracht wurden.

Abends um halb acht Uhr wurden wir im Polizeigefängnis wohlbehalten eingeliefert und der gutmütige Inspektor gewährte uns als Ersatz für die kaum gewonnene und schon wieder zerronnene Freiheit eine doppelte Verpflegungsration. Es kam uns alles vor wie ein wüster Traum!

Auch diesmal dünkte es mir, als wolle uns das Zuchthaus um jeden Preis mit Polypenarmen festhalten. Sogar der Tod, dem ich im letzten Jahr einige Male bedenklich nahe war, versuchte im letzten Augenblick nochmals nach mir zu greifen, ehe er seine Beute endgültig fahren ließ. Noch immer war unsere Situation als bedenklich zu bezeichnen. Wir erfuhren am Sonntag morgen von unseren Aufsehern, daß sich die alten Machthaber entschlossen hatten, Landshut zu verteidigen und die amerikanische Truppen sich der Stadt von Norden und Westen her langsam näherten. Erst in der Nacht vom Montag auf Dienstag ging es richtig los. Etwa um elf Uhr begann ein heftiges Artilleriefeuer, das ohne Pause bis gegen zwei Uhr dauerte; überall um uns herum schlugen die Granaten ein; auch das Gefängnis selbst bekam einen Treffer, zerbrochene Glasscheiben fielen klirrend in die Zelle. Wir verkrochen uns unter unsere Decken und steckten die Köpfe dicht an die Fensterwand. Es war recht ungemütlich, aber noch lange nicht so schlimm wie ein Fliegerangriff, denn die Granateneinschläge sind in ihrer Wirkung doch viel weniger verheerend. Mit Zittern und Zagen erwarteten wir jede Minute den Einsatz der Luftwaffe. Doch ganz gegen unser Erwarten trat gegen Morgen völlige Ruhe ein. Wir konnten uns das alles nicht erklären, und abgespannt wie wir waren, sanken wir in festen Schlaf, aus dem wir erst erwachten, als wir gegen sieben Uhr morgens in den Gängen des Gefängnisses lebhafte Bewegung und ein aufgeregtes Hin-und-her-Gelaufe vernahmen.

Ehe wir uns über den Sinn dieser rätselhaften Unruhe klar geworden waren, öffnete sich plötzlich die Zellentür und ein amerikanischer Offizier trat leibhaftig herein. Auch draußen im Gang war alles voll mit amerikanischem Militär. Viele der politischen Häftlinge warfen sich den Soldaten in die Arme, weinten und lachten im selben Augenblick; mit einem Wort, es bot sich mir eine Szene, wie sie mir aus Romanen und Schauspielen genügend bekannt war. Vielleicht war dieser allzu programmgemäße Ablauf mit daran Schuld, daß ich selbst nicht sonderlich davon ergriffen war. Aber vielleicht hatte ich auch nur zuviel Hunger!

7 Bombeninferno und Russeneinmarsch

Aus einem Dresdener Tagebuch – *Karl Ludwig Hoch*

Karl Ludwig Hoch, Doktor der Theologie, verbrachte sein Leben als Pfarrer in Dresden. Er zählt zu den Initiatoren bei dem Wiederaufbau der berühmten Frauenkirche, deren Zerstörung im Krieg er miterlebt hatte. Dr. Hoch wurde Ehrenkurator der Stiftung Frauenkirche und erhielt den Sächsischen Verdienstorden. Auf Anraten seiner Mutter, die der »Bekennenden Kirche« angehörte, führte die Halbwaise schon früh Tagebuch. Der folgende Text verbindet Auszüge aus diesem Tagebuch des 15-jährigen mit den Erinnerungen (kenntlich gemacht durch kursive Schrift) des 75-jährigen Karl Ludwig Hoch.

30. Januar 1945
Nachts um 12 Uhr recht unerfreuliche Führerrede.

1. Februar 1945
Trauerfeier in der Kreuzkirche. Gräuliche Rede des Deutschen Christen Coch. Leider Abbruch der Trauerfeier wegen Voralarm. Große Erregung wegen FLIEHN! WANN? WOHIN? WIE? WAS? Immer wieder zu Beratungen bei Conerts und Neufferts.

Abends will man unbedingt fliehn, früh bestimmt bleiben!

Man ist ganz durchgedreht! Diese Woche haben wir tonnenweise Koffer eingegraben in der ehemaligen Burg. Bei Graßmanns sind geflohene Verwandte mit Kindern da. Ich veranstaltete für alle Kinder der Umgebung eine Vorführung der Laterna Magica. Es war romantisch, die Bilder weckten liebe Erinnerungen in uns allen.

4. Februar 1945
Am Montag spielten sie die Meistersinger im Radio.

6. Februar 1945
Canaletto-Vortrag des Dr. Voß. Dresdens Schönheit kam uns noch einmal recht zum Ausdruck. Was für schöne Lichtbilder!

12. Februar 1945
Der Luftkrieg steigert sich täglich. Große Aufregung »von wegen« fliehn. Am Montag haben wir in der Dämmerung wieder Tonnenkoffer mit Silber, Tagebüchern und Porzellan in ein Gartenloch versenkt. Die Sorge vor den Russen wird immer aktueller, gestern sind sie an der Oder tief in Richtung Liegnitz – Dresden durchgebrochen; in den Brücken werden jetzt schon Sprengladungen angebracht. Nun gilt's – sie kommen.

Seit über acht Jahrzehnten lebte meine Familie hier, in Dresden am Loschwitzhang, über den Ufern der Elbe, in dieser altehrwürdigen Villa, die mir auch als Kind schon immer etwas groß erschien. Mein Großvater, der aus einer alten sächsischen Adelsfamilie stammte, wählte damals diesen wunderschönen Ort als Altersruhesitz, ein großer Weinberg, Südlage, der damals zum Verkauf stand, weil die Reblaus alles vernichtet hatte. Als Großvater starb, erbte Mutter dieses feine Anwesen.

Dresden, Heimat. Vater, der ein begnadeter Pianist war und ein Geheimer Regierungsrat, musste nicht mehr Nazi werden; als die Katastrophe ihren Anfang nahm, erlag er einer Embolie, 1933, ich war damals zwei, Hans-Bernhard, mein Bruder war drei Jahre alt, und Mutter nahm uns an die Hand, war für uns da, Mutter war eine Persönlichkeit, so stark und klug, so fromm, gesegnet mit dem christlichen Sinn der alten adligen Familien, mit all ihrem politischen Instinkt. Für sie bestanden niemals Zweifel, wer die Irren waren. Ich erinnere mich an einen Abend, '42 oder '43, sie saß in diesem schweren Ledersessel oben im Herrenzimmer und las die Tagesandacht vor, wir Jungen ihr zu Füßen, einer rechts, der andre links, als plötzlich der Wehrmachtspfarrer Scriba kam und aufgelöst berichtete, er habe Schreckliches gehört, es gehe um Verbrechen, die die Wehrmacht hinter der Ostfront angerichtet habe, wahre Grausamkeiten, aber nicht bestimmt für Kinderohren, wir Jungen sollten deshalb aus dem Zimmer. Mutter protestierte, sie drängte, dass wir bleiben durften, dass wir alles hörten, sie wollte immer, dass wir uns ein eigenes Bild von diesen Sachen machen, und so erfuhren wir schon früh, was in dem Nazireich so vor sich ging.

Mutter war es auch, die uns Brüdern zum Geburtstag diese Tagebücher schenkte. Ich wurde damals zehn und sollte nach dem Sommer aufs ehemals königliche Gymnasium wechseln, das Königliche, Mutter meinte, ich müsste nun bald Aufsätze schreiben, da sei dies Schreiben eine gute Übung, und abgesehen davon helfe es, die Dinge klarer zu betrachten. Weil ich nun aber keinen Schimmer hatte, was in einem Tagebuch zu stehen hatte, sagte sie, »Dann schreib halt irgendwas, schreib: Heute gab es Nudeln, und später war ich Rodeln.« Der erste Satz in meinem Tagebuch hieß dann tatsächlich so: »Heute gab es Nudeln.«

14. Februar 1945, notiert Ende Februar, Anfang März

DRESDEN, Deutschlands wundervolle Kunststadt, unsere geliebte Heimat. Nachdem sie durch sechs Kriegsjahre hindurch als einzige deutsche Großstadt vom Bombenterror verschont geblieben war, wurde sie in der Nacht auf Aschermittwoch zum Opfer der frevelhaftesten Kulturbarbarei. Dieses verbrecherische Mordgesindel beraubt die Welt mit einem Schlage einer ihrer schönsten Kunststädte; eine Großkatastrophe von nicht zu übertreibendem Ausmaße.

Gleich tausend englische und amerikanische Großkampfflugzeuge bewirkten in vier Anflügen, dass die Stadt nun aus der Liste der Großstädte gestrichen werden kann. Die innere Stadt, das eigentliche Dresden, wurde ohne auch nur eine Ausnahme völlig ausgelöscht. Zehntausende Menschen, Dresdner Bürger und Flüchtlinge aus Schlesien, wurden erschlagen oder zerquetscht, erstickten, verbluteten oder verbrannten elendig bei lebendigem Leibe. Zwei Drittel der Bevölkerung verloren ihr Heim und alles Hab und Gut.

Ich frage: WAR DAS NÖTIG?

Wohl, da ich wie stets befürchtete, meine geliebte Heimat bald verlassen zu müssen, stieg ich gestern Nachmittag noch einmal auf den Dachfirst, um sie von dort in Augenschein zu nehmen. Ein wolkenloser, erster Frühlingstag neigte sich dem Ende, und ich fotografierte noch ein letztes Mal das schöne Loschwitz mit seiner Kirche. Später saß ich mit Freudenberg, einem Schulkameraden, noch lange im Eckzimmer, und während wir die schmale Mondsichel betrachteten, schweiften die Gedanken ab. Was würde werden?

Wir ahnten ja, dass in diesen Tagen Entscheidendes passieren würde, doch es kam anders, als wir alle dachten. »Sie kommen«, hatte ich zuletzt geschrieben, aber wer konnte schon wissen, dass nicht die Russen kommen würden. Die meisten fühlten sich ja jetzt, so »kurz vor Schluss«, vor Luftangriffen sicher.

Gegen zehn Uhr am Abend begann der Alarm. Ich hörte den Flaksender, und da die Flugzeuge nur für den Magdeburger Raum gemeldet wurden, waren wir beruhigt. Plötzlich aber kam die Meldung, der Spitzenverband sei schon über Meißen. Immerhin hatten wir noch Zeit genug, uns bereitzumachen, aber kaum waren wir unten im Keller, verstärkte sich das Brummen. Die ersten Bomben rauschten herunter; etwa eine halbe Stunde krachte es ohne Unterlass, das Pfeifen und Rauschen der Sprengbomben wollte einfach nicht aufhören. Automatisch legten wir uns lang ausgestreckt auf den Boden. Wir wussten, dass jede Minute die letzte unseres Lebens sein konnte, und um uns zu beruhigen, beteten wir zum Vater im Himmel. Mutti und ich hielten uns ganz fest verkrampft bei den Händen. Wir redeten nicht viel, nur eines stießen wir immerzu hervor: »Unser schönes Dresden!!«

Nachdem dieser erste Angriff vorüber war, verließen wir den Keller, und oben sahen wir, dass uns bereits 30 Fensterscheiben zersprungen waren, die Türrahmen waren aufgerissen und die Wohnung mit Mörteldreck und Splittern übersät. Überall sauste der Sturm mit unglaublicher Wucht durch die kaputten Fenster – es war Feuersturm! Mehrere Villen an der Hochuferstraße standen in Flammen, alles war angeleuchtet durch die tobenden Brände und über dem gesamten Gebiet stand eine dicke Rauchwolke. Graßmanns boten uns Schlafgelegenheiten und Stärkungen an, aber wir fanden dazu keine Ruhe, erst gegen ein Uhr gingen wir zu ihnen rüber. Einem inneren Drange folgend, stellte ich wieder den Flaksender an, und wie versteinert hörte ich, dass die Spitze der Bomber inzwischen Dresden erreicht habe. Ohne uns von Graßmanns zu verabschieden, rannten wir zurück und erlangten gerade noch den Keller, als gegen halb zwei der zweite Angriff begann. Die Bomben krachten nun noch schlimmer. Es war nervzerreißend. Bei den schlimmsten Einschlägen dachte man, nun ist das Nachbarhaus ein Trümmerhaufen.

Als wir wieder aus dem Keller traten, hatten die Brände ungeahnte Formen angenommen. Hinter Conerts Haus am Körnerplatz trieben die Funken durch die Straßen, der Feuersturm fraß alles auf, Johns Häuschen an der Schevenstraße und auch Tante Grete von Koppenfels brannte ab. Pfarrer Siedels erhielten Luftminenvolltreffer, die alte Dame und die Tochter wurden zerquetscht, sie starben mitsamt den übrigen Hausbewohnern.

Ein unvergesslicher Moment war der Anblick unserer geliebten Loschwitzer Kirche, die in hellen Flammen stand und dann zusammenbrach. Es war schrecklich, während all des Rettens und Löschens konnte ich nicht einen Gedanken fassen.

Nicht ein Gedanke im Chaos der nächsten Tage, der nächsten Wochen, der annähernd so klar gewesen wäre, dass ich ihn hätte formulieren können. Wie sollte es für einen solchen Irrsinn Worte geben? Es war ja unbeschreiblich, was da über uns gekommen war, so über Nacht, so unerwartet, niemand bei uns hatte mehr damit gerechnet, in diesen Monaten des Frühjahrs '45, als Deutschland längst am Boden lag, als offenkundig war, dass seine Kapitulation nurmehr eine Frage weniger Wochen war. Warum also die Angriffe? Warum ein solcher Terror, der nicht

auf Bahnhöfe und nicht auf Industrieanlagen zielte, der eine Bevölkerung zermürben sollte, die des Krieges doch schon lange überdrüssig war. Wir hatten keine Antwort, wir waren sprachlos. Wir alle warteten darauf, dass es nur bald vorbei ging.
Wir warteten und hofften auf die Amerikaner, wir flehten sie herbei und flehten immer mehr, als wir im englischen Radioprogramm hörten, dass sie schon nahe Chemnitz standen. Nichts fürchteten wir damals mehr, als dass die Russen kämen; wir fürchteten die Rache für Tausende zerstörte Dörfer, mit denen Goebbels, dieser Hund, dem nicht über den Weg zu trauen war, in seinen Sonntagsreden prahlte; wir fürchteten die Rache für all jene Verbrechen, von denen uns der Wehrmachtspfarrer Scriba im Herrenzimmer Kunde tat. Vielleicht war es naiv, aber wir glaubten, wenn die Amerikaner kämen, dann könnten wir bleiben, hier, in unserem schönen Dresden, wir nahmen an, sie wären uns doch freundlicher gesonnen.
Bei uns saß nach der ersten Angriffswelle nicht ein einziges Glas mehr in der Fassung. Ich lief mit einem Rollwagen zu unserer Volksschule, um dort Glasdraht zu besorgen, den wir dann daheim ins offne Fenster nagelten, so gab es wenigstens ein Zimmer, wo wir heizen konnten. Die Tage vergingen wie im Fluge. Das Gymnasium lag in Schutt und Asche, und ich war mit allerlei Hilfspflichten rund um die Uhr beschäftigt. Jede Angriffswelle spülte neue Menschen in das Haus, Menschen auf der Flucht, Obdachlose, 32 Fremde an der Zahl, die uns von der Behörde zugewiesen wurden. Sie bekamen alle ihre Zimmer, und ich schaute auf dem Dachboden, was es an Möbelvorrat für sie gab, über die Jahre hatte sich dort recht was angesammelt.
Mutter tippte damals auf der Schreibmaschine ein Tagebuch ab, das Tante Aenni gehörte und von jemandem geschrieben war,

der während der Französischen Revolution gelebt hatte. Weil Tante Aenni nun aber beschloss zu fliehen, brachte ich das Tagebuch zu ihr zurück, sie wollte nicht darauf verzichten. Am selben Abend flogen sie die nächste Welle. Als es vorüber war, spät in der Nacht, klopfte es an unserer Tür, ich öffnete, ich erinnere mich noch heute ganz genau, da stand ein Mensch ganz ohne Haare, selbst die Brauen waren weg, er sagte: »Karl-Ludwig, ich bin Tante Aenni, du warst gestern noch bei mir.« Ich hatte Tante Aenni nicht erkannt, das Feuer hatte sie komplett verwandelt.

Wir nahmen Tante Aenni bei uns auf, sie lag oben in dem Zimmer, das wir heizen konnten, sie lag einfach da und blieb in ihrem Bett, wenn wieder die Sirenen gingen und alle andren runter in den Keller sind. Der Keller, ein Gewölbe, die Gemäuer waren stark und tief, angelegt, um Weine für die Ewigkeit zu konservieren; alles war mit Teppich ausgelegt, es war finster, aber nicht ungemütlich, und alle dachten wir, wenn es einen sichren Ort in Dresden geben würde, dann diesen unsern Keller. Also blieben wir, hoffend, bangend, flehend, dass die Amerikaner bald den Landweg nehmen würden.

23. April 1945

Endlich komme ich wieder einmal zum Schreiben. Die letzten Tage und Wochen kann man nur mit den Worten: »dem Chaos entgegen« überschreiben. Es ist eingetreten, was wir alle befürchtet hatten: Die Amerikaner sind bei Chemnitz stehen geblieben, und stattdessen liegen nun die Bolschewistenpanzer vor der Stadt in Lauerstellung. Die Front, so es überhaupt noch eine gibt, donnert. Die Situation hat ihren Gipfelpunkt erreicht, und alles, aber wirklich alles scheint sich gegen uns zu wenden. Der Strom ist weg, das Wasser geht zur Neige und die

Brücke ist bereits gesperrt, nur die Fähren fahren noch. Jetzt ist die letzte Möglichkeit zu fliehen. Auch wenn hier noch alles ruhig ist – man ist fast am Verzweifeln, man ist durchgedreht im höchsten Grade. Man hat ernstlich Angst, verrückt zu werden! Wir haben keinen Handwagen mehr und könnten also nur mit Handgepäck losziehen. Aber wie? Aber wohin? Wir müssen bedenken, dass wir mit unserem Fliehen alles verlieren, Haus, Garten, Wohnung, Hausrat, Essensvorräte, Erinnerungen, Bilder, Bett, Klavier. Alles! Noch kann ich mir gar nicht vorstellen, wie alles werden soll. Ist denn nicht doch noch etwas Hoffnung, dass man lebend davon kommt?

Trotzdem ging das private Leben weiter. Der Frühling ist erwacht, die Tulpen blühen, alles grünt. Alles ist wie sonst!

Ich musste täglich zur Erfassung ins Wehrmeldeamt, und gestern Vormittag kamen die vier Fräulein Weises, Wally, Hanni, Suse und Frieda, deren Eltern ein Friseurgeschäft besaßen, das jetzt ausgebombt ist. Sie haben keine Kochstelle und so bot Mutti ihnen an, bei uns zu kochen.

Am Montag, dem 15. April war ich in der Früh beim Gottesdienst im Kirchgemeindehaus. Dreimal wurde Voralarm geschlagen, es ging den ganzen Tag so weiter, erst gegen halb acht Uhr am Abend kam die letzte Tagesentwarnung. Wir waren bei Neuffers zum Bibelabend, um uns zu stärken, aber wieder traf uns ein Schlag. Neuffers wollten fliehen, und zwar noch in derselben Nacht. Auch uns versuchten sie, wieder »fliehweich« zu machen. Neuffer ist überzeugt, dass die Russen noch viel grausamer sind, als wir vermuteten. Zig Panzer ständen bereits vor der Stadt, und morgen kämen sie bestimmt nach Dresden. Wir sollten fliehen, auf der Stelle, unbedingt. Mutti bekam von dieser »Stärkung« erst mal eine Herzschwäche.

Wir verbrachten die Nacht in gräulicher Unruhe im Erdgeschoss. Gottlob geschah nichts. Nur Loreys wurden gegen Mitternacht im Auto abgeholt. Onkel Lorey sagte: »Wir werden uns wohl nicht mehr wieder sehen. In einer Viertelstunde kann der Russe bereits da sein.« Das hob natürlich unsere Stimmung nicht im Geringsten.

24. April 1945

Ich hatte nicht gedacht, dass dies noch geschehen konnte, aber über Nacht ist es dann doch passiert! Die Russen sind abgestoppt und sogar zurückgeworfen worden.

Gestern früh ging ich im strömenden Regen durch knöcheltiefen Schlamm an der Elbe entlang zur Schützenkaserne: Musterung für den Wehrdienst. Die Musterung war sehr eingehend, der Stabsarzt sehr vernünftig. Jetzt, da es vielleicht schon nicht mehr fünf vor zwölf ist, sondern viel später, schrieb er ziemlich wenige »kv« (kriegsverwendungsfähig). Die angeblich wehrfähigen Jungens waren zum Teil von erbärmlicher, spirliger Größe. Bei manchen war kaum etwas von »körperlicher Reife« oder besser: von »körperlicher Mannwerdung« zu bemerken. Ich wurde mit der Bemerkung »Du musst viel breiter werden« als auf ein Jahr untauglich entlassen.

26. April 1945

Mein Geburtstag wurde – wie symbolisch – sehr stürmisch eingeleitet. Punkt sechs Uhr wurden wir mit einem höllischen Donnerschlag aus dem Schlaf gerissen. Wie sich später herausstellte, hatten sie Dresdens älteste Brücke, die Augustusbrücke, gesprengt.

Unsere, besonders aber meine Stimmung war an diesem Morgen sehr bedrückt. Am Abend zuvor hatten wir ein Gespräch mit Bankdirektor Schemel, der meinte, ich sollte das Rad nehmen und mich irgendwie zu den Amerikanern durchschlagen. Er riet unbedingt: »Den Jungen weg!«

Das lässt sich ganz schön raten und klingt auch recht verlockend, aber was hieße das denn, wenn ich meinen Besitz auf einen Koffer und einen Rucksack herabschränkte, meine Mutter zurückließe und aufs Geratewohl ins Blaue führe? Das hieße, dass ich ganz allein in der Welt stände, gerade ich, der doch so unselbstständig ist. Das bedeutete, dass ich ganz und gar auf das Erbarmen fremder Leute angewiesen wäre. Dass ich mir jedes Stück Brot erbetteln oder verdienen müsste. Dass ich unaufhörlich furchtbarem Heimweh und gräulichen Sorgen um Mutti ausgesetzt wäre. Wäre ich stark genug, das zu bestehen? Und wie sollte ich mich denn zur Front durchschlagen? Gräuliche Gedanken schießen einem durch den Kopf, und in solcher Stimmung brach mein 16. Geburtstag an.

Am Nachmittag kamen Tante Lix, Tante Mimmi und Evi und Christa Conert. Wir spielten Gesellschaftsspiele und verlebten den Nachmittag so dann doch noch in besserer Stimmung. Das Wetter ist herrlich, die Blumen blühen, der Flieder beginnt. Ach, wie könnte das alles schön sein!

Anfang Mai, 1945

Am 27.4. erfuhr man von Himmlers Kapitulationsangebot an die Westmächte. Es wurde erneut schroff abgewiesen.

Einmal kommen sie doch, die Bolschewisten! Sie haben sich mit den Engländern an der Elbe zwischen Wittenberge und Riesa vereint. Auch vor Meißen stehen sie bereits. Dresden ist jetzt »Festung« und soll bis zum letzten Mann verteidigt werden. Jedermann »schanzt«. Die Brücken sind geladen und an allen Ecken wurden Panzersperren aufgebaut. Man hört, in Berlin sei die Hölle los. Eine Straßenschlacht ohne Beispiel tobe. Tausende fielen täglich. Wie soll es hier werden? Man ist auf die Folter gespannt.

Am 1. Mai kommt die Nachricht, dass Hitler tot ist. Hier soll alles halbmast flaggen, aber kaum einer tut es, weil die meisten Flaggen schon verbrannt sind. Dönitz tut so, als ob er es weiterführen wolle. Hohn! Obwohl Berlin bereits gefallen ist, befiehlt man, die Verbrecherei, den Krieg, noch weiter fortzusetzen! Soll auch das restliche Dresden noch zerstört werden? Tausende werden in den Tod gejagt. Es wird chaotisch werden.

Pausenlos strömen Flüchtlinge nach Westen und Süden, ohne Habe, ohne Ziel. Viele kommen wieder zurück. Sie sagen: »Wir wollen lieber zu Hause sterben, als auf der Straße verhungern!« Ob es so richtig ist? Wir wissen keinen Ausweg mehr.

7. Mai 1945

Große Aufregung in ganz Dresden! Alles steht Kopf! Ohne Ende ziehen Flüchtlingskolonnen gen Westen, dumpf donnert die Front. Der Körnerplatz und die Brücke sind hoffnungslos verstopft. Riesige Militärautos und Panzerwagen fahren vorüber, dazwischen kleine Handwagen, von ängstlichen armen Menschen gezogen – ein unbeschreibliches Durcheinander. Schweißtriefende Männer, schreiende Kinder, schnaufende Pferde, alles von dem einen Gedanken getrieben: »weg!«, »weg!«, »weg!«, »mit Mann und Ross und Wagen«. Irgendwo bricht die Achse eines voll geladenen Handwägelchens. Eine junge Mutter liegt mit ihren kleinen Kindern erschöpft am Straßenrand. Niemand hilft! Unentwegt ziehen der Treck und das geschlagene Heer vorüber. Furchtbares, erschütterndes Flüchtlingselend! Die Einheimischen stehen am Rand und wissen nicht, was tun. An den Lebensmittelgeschäften stehen unendliche Schlangen, alle sind gereizt und verstört, alle sprechen alle an und fragen: »Was ist mit uns? Sollen wir auch fliehen?«

Ein Lautsprecherwagen fährt auf und verkündet, dass alle Frauen und Kinder Dresden verlassen sollen. Sofort rennt alles hin und bildet einen dichten Auflauf. Aufforderung der Partei: Loschwitz soll nach Marienberg bei Chemnitz evakuiert werden. Drei Trecks sollen abgeschickt werden, der dritte Morgen früh. »Mit Mann und Ross und Wagen …« Der Verkehr stockt, Menschen jammern, und während ich bei Nacke nach Butter anstehe, sagt jemand: »Mach heeme, der Iwan ist uns auf den Fersen.«

Am Horizont im Norden stehen Rauchsäulen. Die Russen sind bereits am Albertplatz in der Neustadt. Männer reißen die Tarnnetze von den Geschützen und ziehen »Privatkleidung« an. In Windeseile saust ein Radler zur Elbe hinunter und wirft in hohem Bogen Aktenstöße der Partei in den Fluss, so lange, bis das ganze Ufer weiß umsäumt ist – Ende des ewigen Dritten Reiches! Überall sind Feuer in den Gärten, »Mein Kampf« und andere politische Schriften gehen den Weg des Vergänglichen. Wir vergraben noch schnell ein paar Flaschen bei Graßmanns. Um fünf Uhr kommt die erlösende Nachricht:

DEUTSCHLAND HAT KAPITULIERT!

Am Abend spielt sich das tragischste Feuerwerk ab, das ich je erlebt habe. Vom Balkon aus sehen wir alle Pracht und Macht des Dritten Reiches in nichts verpuffen. Überall werden Munitionsstapel in die Luft gesprengt, an allen Ecken und Enden blitzt es auf, mit gewaltigen Donnerschlägen werden Panzerfäuste in die Luft gejagt. Leuchtspurmunition fliegt in bunten Kaskaden in die dunkle Nacht, und alle Illusion des verblendeten Volkes verpufft mit. Das ganze Dritte Reich verpufft in nichts und wieder nichts. Es war alles Lüge! Das war das Ende! Beginnt jetzt das Chaos?

8. Mai 1945
Früh um sechs donnerte die letzte Munition mit gewaltigem Krach über Blasewitz in den beginnenden Tag. Zwei Fensterscheiben gingen »flöten« – dann war es still. Wir schliefen noch zwei Stunden angezogen, dann klingelte es und Mutti stürmte hinaus. Frau von Loeben hatte die ersten Russen gesehen! Jetzt sind sie also da. Endgültig! Beginn der Bolschewisten-Herrschaft in Dresden. Die Amerikaner werden nicht mehr kommen!

Die Sonne ging am wolkenlosen Himmel auf. Singend zogen die ersten russischen Kolonnen über die Loschwitzer Elbbrücke. Dann Panzer und Lastautos. Wieder war die Brücke verstopft, aber diesmal war sie es von Feinden, denen wir sechs Jahre hindurch standgehalten haben; von denen Hitler im Herbst 1941 behauptet hatte, dass sie endgültig geschlagen seien und sich nie wieder erheben würden. Als wir zu Conerts gingen, kamen uns drei Russen zu Rad entgegen. Sie taten nichts! Bei Conerts waren sie bereits am frühen Morgen, sie hatten Uhren und Ringe mitgenommen und waren dann ins Schlafzimmer der beiden Töchter gegangen, die noch kaum angezogen waren. Aber sie taten ihnen nichts!

Mittags fuhren schwere Kettenfahrzeuge auf den Blasewitzer Wiesen auf und biwakierten dort. Die Mannschaften wurden zusammengerufen, ein Offizier verkündete auf Russisch etwas, das mit lautem Hurra aufgenommen wurde. Einzelne Soldaten wurden ausgezeichnet und dann von Kameraden hochgeworfen. Siegestaumel! Kriegsende! Sie spielten auf Schifferklavieren Tanzweisen, und einige vollführten dazu einen originellen Volkstanz in Kauerstellung.

Wir holten bei Graßmanns noch Eingewecktes heraus. Das Haus war unbesetzt, alle waren geflohen. Kaum waren wir fertig, kamen schon die Russen, stiegen ein und plünderten alles. Sie durchwühlten alle Schubfächer von oben bis unten und die übrigen Weckgläser zerschellten sie auf dem Fußboden. Überall wird geplündert. Allein bei Conerts waren sie schon zehnmal, teils sehr unsympathische Elemente.

Wenn es je Menschen gegeben hat, die ihre Fahne nach dem Winde hingen, dann sind dies – bedauerlicherweise – unsere Deutschen. Am Freitag noch sah man an vielen Fenstern Hakenkreuzflaggen, besonders in der Nähe der Parteidienststellen. So verblendet und verdummt war das Volk, dass es so spät noch Angst hatte vor der Partei. Mutti traf am selben Tage einen führenden, gebildeten Mann aus Loschwitz, und als sie im Laufe des Gesprächs Andeutungen über die Zukunft machte, sagte er nach langer Überlegung: »Ich weiß gar nicht, was Sie meinen, Sie glauben wohl nicht, dass wir siegen?« Vier Tage später hatten unsere tapferen Volksgenossen erneut geflaggt, diesmal jedoch weiß. Und am Dienstag wechselten unsere größten Helden bereits zum dritten Mal in einer Woche ihre Farbe: jetzt hissten sie Rot und trugen dazu rote Armbinden.

23. Mai 1945

Man kann sich gar nicht auf die Straße wagen. Man wird angepöbelt, nach Ringen und Uhren abgetastet oder zu Aufräumarbeiten gezwungen. Leider kommen viele Vergewaltigungen vor. In den ersten Tagen, hört man, vergriffen sich die besoffenen Russen und Polen sogar an den ganz alten Frauen. Überall in den Gärten sind Zaundurchgänge angelegt worden, damit die weiblichen Personen bei »Feindannäherung« sofort fliehen können.

Erschütternd wirkt der Topfdeckelalarm, den die Leute ersannen, um die Nachbarschaft zu warnen. Einer beginnt damit, den Topf zu schlagen, der Nächste fängt diesen Alarm dann auf und gibt ihn weiter. Oft sitzen wir abends friedlich auf dem Balkon, wenn drüben in Blasewitz plötzlich ein wüstes, erregtes »Topfdeckeln« beginnt. Topfdeckel aller Tonarten und Abstimmungen fallen ein, dazwischen Rufe und Gekreische. Dann peitschen Schüsse durch die Straßen und der Spuk ist aus, ehe er nach einer Weile von Neuem anhebt.

25. Mai 1945

Marschall Konjew, Befehlshaber der Roten Armee von Berlin bis Mährisch-Ostrau, hat jetzt im Schloss des Markgrafen von Meißen Quartier bezogen. Seine Stabsflugzeuge landen auf den Blasewitzer Elbwiesen. Bei ihrem Einzug in Neustadt setzten die Russen noch das über den Terrorangriff nur mit leichten Schäden gekommene Staatsgymnasium in Brand. Ein Wahnsinn!

Ein ebensolcher Wahnsinn – wie wohl so ziemlich alles Geschehen auf dieser untergangsreifen Erde – wurde von der Hitlerjugend begangen. Ein sinnloses Verbrechen, eine irrsinnige Bluttat. Kurz vor dem Untergang des Dritten Reiches brachten jene Spießgesellen es noch fertig, die 15- und 16-jährigen Jungen einzusetzen. Nach vier Tagen Kurzausbildung an Panzerfaust und Gewehr wurden sie als HJ-Regiment Dresden beim Straßenkampf in Pulsnitz und anderen Orten der Umgebung eingesetzt. Obwohl Deutschland beim Einmarsch der Russen bereits kapituliert hatte, wurden diese Jungen völlig sinnlos noch verheizt. Günter Burckhard, ein guter Kamerad vom Jungvolk, ist dabei gefallen. Beim letzten Geländespiel pinkelten wir zufällig am selben Baum.

Das große Aufräumen begann. Bereits ein halbes Jahr nach Kriegsende begann die Schule wieder. Wir lernten, mit den Russen, die wir so sehr gefürchtet hatten, auszukommen. Ich erinnere mich an einen Nachmittag, als einer ihrer Offiziere den langen Privatweg zu unserer Villa heraufgelaufen kam. Ich war in Aufregung, ich dachte, jetzt ist's so weit, jetzt muss ich büßen für all die Verbrechen unserer Deutschen, aber dann nahm er mich beiseite und murmelte sehr unverständlich etwas, das wie »wodocalos« klang; ich verstand nicht richtig, fragte nach und irgendwann war klar, er meinte Schiller, »Wo Don Carlos?«, dann begriff ich, dass er einer dieser Offiziere war, die die ganze Gegend nach Kulturgütern durchkämmten, er war auf der Suche nach Papieren, nach Schiller-Dokumenten, die er vor den eignen Leuten retten wollte, das Haus, in dem der Schiller am Don Carlos schrieb, lag ja gleich neben uns. Ich überlebte diesen Nachmittag und begann, im Russen auch den Menschen zu erkennen.

Protokoll von Marian Blasberg

8
Ein Versteck auf dem Lande

Wie ein jüdisches Mädchen in fremder Familie überlebt – *Charlotte Knobloch*

Charlotte Knobloch (geboren 1932 in München) nahm sich ihren Vater auch beruflich zum Vorbild, der sich maßgeblich an dem Wiederaufbau der Israelitischen Kultusgemeinde in München beteiligt hatte. Fritz Neuland war der erste Präsident der IKG nach dem Kriege, und seine Tochter wurde 1985 als deren Präsidentin gewählt, nachdem sie schon jahrelang im Vorstand mitgearbeitet hatte. 1995 erlangte sie zusätzlich das Amt der Vizepräsidentin des Zentralrats der Juden in Deutschland, das sie, wie auch die Münchener Präsidentschaft, noch immer ausübt. 2005 wurde Charlotte Knobloch zudem zur Stellvertretenden Präsidentin des jüdischen Weltkongresses gewählt. Von ihren zahlreichen Engagements verdient vor allem das für den Bau einer neuen Synagoge sowie eines jüdischen Gemeinde- und Kulturzentrums in Münchens Stadtmitte besondere Erwähnung. Im November 2003 legte sie dazu vor versammelter Politik- und Kulturprominenz den Grundstein, für sie persönlich vielleicht auch ein Zeichen der Versöhnung mit den Deutschen. Im Folgenden erzählt Charlotte Knobloch, wie sie als kleines Mädchen, bei fremden Bauern versteckt, das Dritte Reich überlebte.

Ein SS-Trupp hatte sich an einem Hang oberhalb des Dorfes verschanzt. Schüsse knallten über unsere Köpfe hinweg. Zum ersten

Mal in den ganzen Kriegsjahren. Wir hatten die Tiefflieger – auf ihrem Weg nach Nürnberg – am Himmel entlang donnern gehört, aber unter Beschuss waren wir nie geraten. Im Mai 1945 war ich 12 Jahre alt. Auf der anderen Seite des Dorfes lagen amerikanische Soldaten. Zusammen mit den polnischen Zwangsarbeitern musste ich mich in einer Höhle verstecken, damit uns niemand findet. Wir wussten ja nicht, was passiert. Klar war nur, dass weder die Polen, noch ich – als jüdisches Kind – irgendwelche Schutzrechte hatten. Vier Tage kauerten wir im Versteck, dann war Ruhe. Es war vorbei. Als wir aus der Höhle krochen, rollten schon die amerikanischen Panzer durch das Dorf. Es war, als wären diese schwarzen Riesen überall. Sie warfen Schokolade zu uns Kindern hinunter. Wie im Märchen.

»Wenn die Ledermäntel einsteigen, dann musst du sofort raus aus dem Zug. Warte auf dem Gleis auf mich«, hatte mein Vater mir eingeschärft, bevor wir losfuhren. Wir saßen in verschiedenen Abteilen, die Judensterne hatten wir abgenommen. Es war eine gefährliche Reise. Lebensgefährlich. Wir Juden durften damals, 1942, ja keine öffentlichen Verkehrsmittel mehr benutzen. Ich war gerade zehn Jahre alt, als mein Vater keinen anderen Ausweg mehr sah.

Er wusste, dass er mich dringend aus München wegbringen musste. Zu oft schon war die Gestapo in unserem Haus gewesen. Die kamen nachts hereingestürmt, um uns in Angst und Schrecken zu versetzen. Sie haben das Silber beschlagnahmt oder das Radio mitgenommen. Nur wenn sie meinen Vater abholen wollten, dann kamen sie bei Tag. Ihre eiligen Schritte knallten auf den Treppenabsätzen. Wo ist er, wollten diese Männer wissen. Ich habe dann immer gesagt: »Ich weiß es nicht.« Dafür haben ich dann eine geknallt bekommen. Ich sehe diese Männer heute noch vor mir. Das sind Bilder in meinem Kopf, die ich nie vergessen werde.

Es ist heute noch so: Wenn bei mir nachts die Hausglocke geht, weil irgendwer sie aus Spaß drückt, bekomme ich einen Moment lang Panik. Obwohl ich weiß, dass nichts passiert. Diese Angst, die bekommt man nicht mehr raus. Die gräbt sich tief in eine Menschenseele.

Mein Vater ist damals immer durch den Hinterausgang rausgeschlichen. In der Stadt war es schon so gefährlich geworden, die Nachbarschaft war voll von Nazis. Alle paar Häuser weit saß da einer von der Ortsgruppe.

Bis die Nazis kamen, lebten wir mit Bediensteten und allen Bequemlichkeiten mitten in der Münchener Innenstadt. Mein Vater, Fritz Neuland, war ein angesehener Rechtsanwalt mit einer Kanzlei, in der es viel zu tun gab. Meine Eltern haben sich früh scheiden lassen. 1936 schon. Die Mutter meines Vaters hat mich aufgezogen. Meine leibliche Mutter habe ich nie vermisst. Meine Großmutter hat mir alle Liebe der Welt gegeben. Ich hatte eigentlich eine sehr schöne Kindheit, bis der Krieg immer näher rückte.

Ich habe damals jeden Tag mit den Nachbarskindern unten im Hof gespielt. Eines Tages dann war das Tor zu, ich sah meine Freunde drinnen spielen, habe wie wild an diesem Tor gerüttelt und wusste nicht, was los war. Bis die Hausmeisterin kam, mich ansah und ganz knapp sagte: »Judenkinder dürfen hier nicht mehr rein.«

Dass Schlimmstes im Gange war, das hatte ich längst mitbekommen. Ich habe viel mehr gewusst, als die Erwachsenen mir überhaupt zugetraut haben. Ich hörte doch ihre Gespräche. Ihre leisen, gedämpften Stimmen, wenn sie bei uns zu Hause zusammensaßen. Alle redeten darüber, ob es vielleicht noch eine Möglichkeit gibt, Deutschland zu verlassen. Ich sehe diese verzweifelten jüdischen Gesichter noch vor mir. Wie sie alle wegwollten. Weg aus diesem Land. Weg von ihren Verfolgern. Natürlich wusste ich von den Deportationen und Erschießungen. Das hatte sich herumgesprochen. Die Reichskristallnacht, 1938, hatte ich doch miterlebt, und diese verzerrten jüdischen Fratzen auf den Titelblättern des »Stürmers« – dem Hetzblatt der Nazis – hatte ich auch überall hängen sehen. Immer wieder habe ich mich als Kind gefragt, ob wir denn wirklich so schrecklich aussehen.

Ich weiß nicht von wem, aber mein Vater hatte einen Tipp bekommen, eine Warnung. Dass bald ein Kindertransport gehen würde und einer für die Alten. Meinem Vater war klar, dass sie einen von uns holen würden. Meine Großmutter oder mich. Gemeinsam mit meiner Großmutter hat mein Vater beschlossen, dass ich sofort weg muss, fort aus der Stadt. Nur wohin? Wir Juden konnten uns ja eigentlich überhaupt nicht mehr frei bewegen. 1942 ging fast gar nichts mehr.

Mein Vater hat dann in seiner ganzen Verzweiflung mit der ehemaligen Haushälterin seines Bruders Kontakt aufgenommen. Zenzi, eine Deutsche. Die kannte mich von meinen Besuchen bei meinem Onkel, einem Kinderarzt aus Nürnberg. Ich kannte sie und mochte sie immer schon sehr gern, und da war noch ein Grund: Sie lebte draußen auf einem Bauernhof in Mittelfranken. Telefonieren war damals ja sehr schwierig und natürlich konnte mein Vater der Zenzi ja auch nicht einfach sagen: »Hör zu, kannst du bitte meine jüdische Tochter bei dir verstecken. Keine Ahnung wie lange es dauern wird, bitte pass gut auf sie auf, auch wenn es dich selbst in größte Gefahr bringt.«

Über das Postamt hat mein Vater es damals mit viel Glück geschafft, mit Zenzi in Kontakt zu kommen. Bloß: Fernmündlich konnte er ihr ja nicht die Wahrheit sagen, deshalb hat er sie einfach nur gefragt, ob ich ein paar Wochen bei ihr auf dem Hof leben könnte. Dass ich schließlich bis Kriegsende bleiben würde und noch länger, hat er ihr nicht gesagt. Niemand wusste, was noch alles passieren würde. Dass sie ein jüdisches Kind verstecken sollte, hat Zenzie erst erfahren, als wir vor ihrer Haustüre standen. Und auch, dass mein Vater nicht weiß, ob er mich überhaupt je wieder abholen kann.

Es musste alles sehr schnell gehen. Ich erinnere mich noch genau an den Abschied von meiner Großmutter. Wie wir uns umarmt haben und ich ganz genau wusste, dass ich sie nie wieder sehen würde, auch wenn alle gesagt haben, dass sie bloß verreisen würde. Sie würde im Konzentrationslager umkommen – ich fühlte es, auch wenn es mir niemand gesagt hat. Meine Großmutter hat den Krieg auch nicht überlebt. Sie ist in Auschwitz ermordet worden. Diese Frau, an der ich so sehr hing.

Es war wirklich der allerletzte Moment, in dem mein Vater mich gepackt, unsere Judensterne von den Jacken entfernt und sich mit mir in den Zug aufs Land zu Zenzi geschlichen hat. Die ganze Reise war lebensgefährlich. Die Nazis lauerten ja überall, überall kontrollierten sie. Wie durch ein Wunder haben sie meinen

Vater und mich nicht aufgegriffen. Unentdeckt konnten wir bis zur Endstation fahren.

Dann sind wir zu Fuß weitergelaufen, an Landstraßen entlang, über Feldwege. Zweieinhalb Stunden mussten wir marschieren, bis wir A. erreichten, ein Dorf in Mittelfranken. Diese entsetzlich lange Strecke, wir haben nicht viel geredet. Worüber denn auch? Mein Vater hat versucht, möglichst ruhig zu wirken, er wollte mir keine Angst machen. Und doch: Ich wusste alles. Ahnte, dass ich ihn nie mehr sehen würde, bei jedem Schritt, den ich voranging, war mir bewusst, dass ich den langen Weg zurück nach München sicher nicht so schnell gehen würde. Das alles habe ich meinem Vater aber nicht gesagt. Ich wollte nicht, dass er weiß, wie viel ich schon verstanden hatte, dass ich viel erwachsener war, als er dachte.

Wie schlimm der Weg für meinen Vater damals war. Er wusste ja nicht, ob Zenzi tatsächlich bereit wäre, mich zu verstecken. Was wäre dann gewesen, wenn sie uns wieder heimgeschickt hätte? Wo hätte er mich sonst hinbringen können?

Als wir auf dem Hof ankamen, mitten auf dem Land, war alles so neu für mich. Fassungslos stand ich Stadtkind in dieser völlig fremden Welt. Es klingt so banal, aber ich konnte nicht glauben, dass die Toilette nicht im Haus war, sondern draußen im Garten, ziemlich weit nach hinten gelegen, ein kleines Holzhäuschen. Die Fliegen sind da in schwarzen Schwärmen nur so hoch geflogen, wenn man hinein ging. Ich war so geschockt und habe mir im ganzen Leben nicht vorstellen können, dass so etwas überhaupt existiert.

Zenzi hat uns sehr herzlich empfangen. Eine herzensgute, eine einfache Frau, Ende dreißig ist sie damals vielleicht gewesen. Mein Vater hat sie gleich beiseite genommen, hat gesagt, weshalb er mich gebracht hat, dass er nicht wisse, ob er mich je wieder holen könnte und dass niemand von meiner wirklichen Identität wissen dürfe. Für Zenzi war das erst mal ein großer Schock. Sie lebte ja nicht allein, sondern wohnte zusammen mit ihrer Schwester und ihrem Vater auf dem Hof. Die beiden Brüder waren im Krieg.

Ich war nicht dabei, als die Familie darüber beraten hat, ob ich bleiben darf. Ich weiß nur – ich habe es im Laufe der Zeit mitbekommen – dass sie alle es als ihr Schicksal begriffen haben, mich zu verstecken. Als den Willen Gottes, als eine Prüfung. Es waren sehr religiöse Menschen. Und ganz vielleicht, so hofften sie, ganz vielleicht würden Zenzis Brüder an der Front im Gegenzug den Krieg überleben. Dieser tiefe Glaube der Bauersfamilie. So unbeirrbar, so unerschütterlich und ohne Zweifel. Unbeschreiblich mutig.

Ich durfte also bleiben. Mein Vater kam zu mir und erklärte, dass er nicht wisse, wann er wiederkommen kann. Er hätte es mir nicht sagen müssen. Ich hatte ja schon längst verstanden. Mein Vater hat sich noch einmal kurz hingelegt, um sich ein wenig auszuruhen. Dann ging er fort. Das Kissen, auf dem er damals geschlafen hat, hatte ich immer in meinem Bett liegen, im Sommer und auch im Winter, wenn das Eis auch innen zentimeterdick an den Wänden hing. Das waren harte Winter früher, in dem Bauernhaus gab es natürlich keine Heizung, von uns allen waren die Zehen taub vor Kälte.

Für die Leute im Dorf, für die ganze Nachbarschaft, war klar, dass ich wohl Zenzis uneheliches Kind sein muss. Dass ich auf die Welt gekommen sein musste, als sie noch in der Stadt als Haushälterin gearbeitet hat. Niemand, niemand hat jemals nachgefragt, wer ich wirklich bin. Nie hat jemand auch nur den geringsten Verdacht geschöpft, dass ich vielleicht ein jüdisches Kind bin. Im Dorf war ich für alle Lotte Hummel. Die kleine Lotte. Für Zenzi war es natürlich schrecklich. Ein uneheliches Kind, was für eine schlimme Schande! In der Kirche sind die Leute von Zenzi abgerückt, aber sie hat nie darüber geklagt, weil sie immer wieder daran dachte, dass sie eine Prüfung Gottes meistern muss. Es ist so paradox, aber die Boshaftigkeit, die Tuschelei der Dorfbewohner hat mir gewissermaßen das Leben gerettet.

Zenzi, ihre Schwester, der Vater – alle waren natürlich trotzdem die ganze Zeit hochnervös. Sie hatten panische Angst, dachten, ich würde mich verplappern, meine wahre Identität verraten. Immer, wenn ich mich alleine mit jemand Fremden unterhielt, musste ich später genau erklären, was gesprochen wurde, welche Fragen mir gestellt, was ich für Antworten gegeben hatte. Zenzi konnte ja nicht ahnen, dass mir mein Schicksal völlig bewusst war, dass ich nie etwas preisgegeben hätte. Nicht auszudenken, was passiert wäre, wenn ich aufgeflogen wäre, im Dorf gab es ja auch ganz eingefleischte Nazis, die Ortsbauernführer. Einer davon war sogar mit Zenzi verwandt und zuständig für die Verteilung der Lebensmittelkarten. Als Zenzi mich bei ihm angemeldet hat, hat der nicht mal irgendwelche Unterlagen sehen wollen, er hat einfach hingenommen, dass ich da war und sich diebisch gefreut, dass die Zenzi sich einen solchen Fehltritt geleistet hatte. Nur dem Pfarrer im Dorf hatte sich Zenzi anvertraut. Er wusste, wer ich wirklich bin und er hat es mitgetragen. Das habe ich aber erst später erfahren.

Ich habe die Menschen damals so gut es ging gemieden. Mir hat es völlig gereicht, mit den Tieren auf dem Hof zusammen zu sein. Mit den Kühen, den Hühnern, Enten und Gänsen. Da waren der riesengroße Obstgarten und der Misthaufen vor der Türe. Ich habe das Landleben komplett mitgelebt. Von morgens früh um sechs bis spät am Abend. Bis das letzte Vieh versorgt war. Überall turnten Katzen herum. Im Nachhinein glaube ich, dass mir die Tiere das Leben sehr erleichtert haben. Tiere können viel Liebe geben. Überall im Dorf mussten die Kinder auf den Höfen mit anpacken und die Ernten einholen. Mit zerstochenen Armen standen wir auf den Feldern, zu trinken gab es kaum. So kalt es im Winter war, so heiß brannte der Sommer. Damals gab es keine Traktoren und die Männer waren ja an der Front. Mir hat die Arbeit sogar Spaß gemacht. Teilweise war ich tagelang draußen auf den Feldern unterwegs. Zur Schule bin ich nur im Winter gegangen, musste ich ja, damit alles so gewöhnlich wie möglich schien. Fast jeden Tag bin ich in die Kirche gegangen. Meine Knie waren ganz wundgescheuert, weil wir immer so viel beten mussten. Aber ich wusste ganz genau, dass das hier meine einzige Überlebenschance ist, dass es das Wichtigste ist, alles mitzumachen, ganz normal zu tun, auch wenn ich mich innerlich immer als Außenseiter gefühlt habe.

So vergingen die Monate, die Jahreszeiten. Es passierte wenig Besonderes im Dorf, nichts, woran ich mich jetzt noch im Detail erinnere. Von meinem Vater habe ich nichts mehr gehört, kein Brief, kein Lebenszeichen, nichts. Ich hatte mich an den inneren Schmerz gewöhnen müssen, an den Gedanken, dass er nicht mehr lebt. Wie hätte er auch?

Von den Bombenangriffen auf die Städte haben wir draußen auf dem Land nichts mitbekommen, aber wir haben die Kampfgeschwader gehört, die am Himmel über uns hinweg dröhnten, wenn sie auf dem Weg nach Nürnberg waren. Trotzdem wussten wir ganz genau, was da draußen vor sich ging. Stalingrad, all das war mir ein Begriff. Wir hatten einen kleinen Volksempfänger. Ich hab nachts heimlich an der Türe gelauscht, wenn Zenzi mit ihrem Vater und der Schwester in der Küche saß und diesen Sender aus England hörte. Auf das Schwarzhören stand damals die Todesstrafe. Aber es gab ja keine andere Möglichkeit, wenn man über die Kriegssituation Genaueres erfahren wollte. In Deutschland wurde ja nur Propaganda gesendet. Wenn die mitbekommen hätten, dass ich gelauscht hätte, keine Ahnung, was dann passiert wäre.

Das Kriegsende im Mai 1945 habe ich zusammen mit polnischen Zwangsarbeitern, die bei uns im Dorf auf den Höfen arbeiteten, in einer Höhle erlebt. Ein Versteck im Versteck. Zum ersten Mal während der ganzen Kriegsjahre waren wir unter Beschuss geraten. Auf der einen Seite des Dorfes lag ein SS-Trupp am Hang, auf der anderen Seite hatten sich amerikanische Soldaten in Stellung gebracht. Als wir nach vier Tagen aus der Höhle krochen, rollten schon die amerikanischen Panzer durch das Dorf.

Zenzi wusste natürlich, dass es unmöglich wäre, mich nach Kriegsende weiter auf dem Land zu behalten. Die ganze Verantwortung für mich konnte und wollte sie nicht übernehmen. Ich brauchte doch eine Ausbildung. Sobald der Postweg wieder funktioniert – das hatten wir beschlossen – würde Zenzi mit meinem Onkel Kontakt aufnehmen. Er hatte es noch rechtzeitig in die USA geschafft und seine Adresse hinterlassen.

Die Wochen vergingen. Es war August geworden, und an diesen einen Tag erinnere ich mich noch genau. Ich war draußen bei den Kühen, als ein grauer Wagen die Straße entlangrollte. Ich schaute auf, das Auto bremste. Es war mein Vater, der ausstieg. Mein Vater! Es war ein seltsames Wiedersehen. Weinen vor Freude, ihm in die Arme fliegen, ihn drücken, küssen, ihn nicht loslassen – so stellt man sich das vor. Unser Wiedersehen war ganz anders. Ich stand da, starr vor Schreck und war ganz leer innen drinnen. Ich konnte einfach nicht begreifen, dass er wieder da war. Ohne jemals von seinem Tod erfahren zu haben, waren wir alle so sicher, dass er niemals mehr wiederkommen würde. Aus dem Radio wussten wir doch von den Konzentrationslagern, den Erschießungen und den Vergasungen. Monatelang hatte ich mich damit ja schon auseinander gesetzt und mir immer wieder gesagt, das es mein Schicksal ist, ohne Mutter aufzuwachsen, Vater und Großmutter verloren zu haben. Da war aber auch noch etwas anderes, das es mir so schwer machte. Als mein Vater kam, wusste ich, das Leben, in das ich mich neu eingefunden hatte, würde wieder anders werden. Das hat mir Angst gemacht, und mein Vater hat ja auch gesehen, dass ich völlig überfordert war. Um mir ein wenig Zeit zu lassen, hat er mich noch ein paar Wochen bei Zenzi gelassen. Mein Vater hat den Krieg als Zwangsarbeiter in einer Munitionsfabrik überlebt.

Von 12 000 Juden, die vor dem Krieg in München gelebt hatten, kamen nur 60 lebend zurück. Wir dachten fast alle ans Auswandern, in die USA, nach Australien oder Palästina, wir wollten weg aus dem Land unserer Mörder. Zumindest wir Jungen, den Alten, meinem Vater, war klar, dass er woanders nicht wieder arbeiten können würde. Die erste Zeit in München war schlimm. Mein Vater konnte zwar wieder als Anwalt praktizieren, aber für mich war die Eingewöhnung wahnsinnig schwer. Wieder war ich eine Außenseiterin, ein Motiv, das sich durch mein ganzes Leben zieht. Meinen fränkischen Dialekt verstand kein Mensch, die anderen Kinder in meinem Alter waren in der Schule schon viel weiter. Immer am Rand zu stehen, als verstecktes jüdisches Kind, und später dann in München wieder alleine zu sein – das hat mich in meinem Leben sehr geprägt.

Dass ich auf ein Gymnasium gehen würde, war völlig undenkbar, also kam ich auf die Handelsschule. Mein Vater hat noch einmal geheiratet und ich habe dann auch bald eine Familie gegründet. Nach meinem sechzehnten Geburtstag verliebte ich mich in Samuel Knobloch, einen jüdischen Kaufmann. Kurz vor meinem neunzehnten Geburtstag habe ich unser erstes Kind auf die Welt gebracht. Eigentlich wollten wir – mein Mann und ich – so schnell es ging in die USA auswandern. Auf gar keinen Fall wollte ich länger als nötig in Deutschland bleiben. Ich besuchte noch eine Spezialschule für Auswanderer, lernte Damenschneiderei. Alles war vorbereitet, alle beide hatten wir schon Arbeitskontrakte in St. Louis, Missouri. Aber dann wurde ich zum zweiten Mal schwanger und noch ein drittes Mal. Mit der Auswanderung nach Amerika ist es dann nichts geworden.

Protokoll von Eva Lehnen

9

Trecken mit Kind und Kegel

Briefe von der Flucht – *Heino und Eva Weiße*

Heino und Eva Weiße machten sich mit fünf Kindern im Alter von ein bis neun Jahren, von denen die beiden Jüngsten noch nicht laufen konnten, aus Angst vor den Russen auf die Flucht. Unmittelbar danach, noch völlig unter dem Eindruck des eben Erlebten, verfasste der Vater am 18.3.1945 den hier wiedergegebenen Brief an seinen ältesten Sohn, Walt. Dieser war in einem Internat bei Halle zurückgeblieben. Aus Sorge um ihren Ältesten treckte die Familie wieder vom relativ sicheren Westen in den Osten, wo ihr Weg in Halle bei den Russen, vor denen sie ursprünglich geflohen waren, endete. Jahrzehnte später, Anfang 1982, schrieb die Mutter auf Bitten der Kinder ihre Erinnerungen an den zweiten Teil ihrer Flucht in einem Brief nieder, der im Anschluss an den väterlichen Brief zu lesen ist. 1951 folgte die dritte Flucht von der DDR in die Bundesrepublik.

Sonntag Judika
18.3.1945

Lieber Walt – endlich soll der im Telegramm versprochene Brief an Dich geschrieben werden. Unser Leben ist nun völlig anders, schwerer und härter geworden als es bisher war. Wir leben in zwei kleinen Zimmern, schlafen in drei

Betten alle zusammen und helfen unsren sehr lieben Quartierwirten, Verwandten von Frau Beißenhirz, so gut es eben geht. Gott hat seine gnädige Hand über uns gebreitet während dieser furchtbaren Flucht vom 3.3.–13.3. Er hat es zugelassen, daß wir versuchten, unser und Deiner Geschwister Leben zu retten, und wir müssen trotz aller neu auftauchenden und bevorstehenden Nöte Ihm dafür dankbar sein und abwarten, was Er weiter mit uns vorhat. Wir sind ohne jegliche Habe, ja, selbst ohne die notwendigste Kleidung hier angekommen. Aber auch das muß getragen werden. Ich hoffe, daß Du verständig genug sein wirst, Dir klar zu machen, daß auch Du an Deinem Teil dazu beitragen wirst, unsere Not zu lindern. Damit meine ich, uns die Freude zu bereiten, zu arbeiten, zu streben und fleißig zu sein, damit diese Sorge um Dich fortfällt.
Ich will Dir nun erzählen, wie unser Schicksal Heimat und Besitz zu verlassen, sich abspielte. Die Tage vom 26.2.–2.3. waren schon sehr beunruhigend. Am 28.2. verabschiedete sich Tante Annenu von uns. Sie fuhr mit einem Militärauto nach Vorpommern. Damals faßten wir den Plan, ebenfalls die Stadt zu verlassen, wenn es angeordnet würde und zwar gemeinsam mit Tante Hopff und Runges mit all ihren Kindern. Herr Dr. Wimmer wollte sich bemühen, ein Fahrzeug zu ergattern, das uns alle aus der Stadt brächte. Aber es gelang *leider* nicht. Am 3.3. kam dann nachmittags ein Anruf von ihm, daß er für uns sieben noch Platz habe, aber nicht für die anderen. Du kannst Dir denken, wie schwer es uns wurde, dies Angebot anzunehmen und gleichzeitig die Gewißheit zu haben, den Freunden nicht helfen zu können. Am 3.3. abends 11 Uhr kamen wir also alle in der Parkettfabrik an mit drei großen Säcken

und Betten, Kleidung usw. und zwei großen Koffern. Herr Dr. Wimmer wollte gegen 1 Uhr nachts aufbrechen mit einem Trecker und zwei angehängten Lastwagen, in denen ein Teil der Arbei-

terfamilien, wir und alles Gepäck untergebracht werden sollten.

Es ging auch alles los. 2 km hinter Belgard kippte der Gepäckwagen um. Er wurde abgehängt, blieb mit allem Gepäck – auch unserem – im Graben liegen, da es eilig wurde, loszufahren. Um die Mittagszeit landeten wir in Fritzow und frühstückten dort in einem Gasthof, der schon verlassen war von den Bewohnern. Hinter Fritzow, etwa 6 km vor Kolberg, kamen wir in die erste Schießerei hinein. Die Chaussee vollgestopft von Militärautos, Trecks und flüchtenden Menschen. Grauenhaft. Dazu Schneetreiben, Regen und alle zehn Minuten Panzerschießerei und Artillerie der Russen, die auf Kolberg zudrückten und eben auch unsere Chaussee aufs Korn nahmen. Wir sind mit den Kindern mindestens 6 mal im Chausseegraben gewesen. So ging alles entsetzlich langsam vorwärts und sehr gefahrvoll. Um die Dämmerung gegen halb 6 Uhr langten wir endlich vor Kolberg an. Als unser LKW vor der Panzersperre stand, die in der Kolberger Vorstadt errichtet war, wurde diese Sperre gerade heruntergelassen. Kein Fahrzeug durfte mehr in die Stadt, wir mußten also herun-

ter und nur mit ganz wenig Handgepäck durch die Fußgängerschleuse. Als wir in die ersten Straßen kamen, fing eine wüste Artillerieschießerei an. Kolberg war zur Festung erklärt worden und die Russen schossen von drei Seiten (aus Richtung Treptow, Körlin und aus der Kösliner Gegend) in die Stadt. Wir flüchteten in den nächsten Hausflur, die Kleinen weinend und völlig durcheinander. Dann ließ der Beschuß nach, und wir schleppten uns mit letzten Kräften zum Kaiserplatz zur Wohnung von Pastor Hinz, dem Domprediger, den wir ja kennen. Er nahm uns auf, obwohl sein Haus schon von 40 Flüchtlingen besetzt war. Die Nacht verbrachten wir alle in seinem Kohlenkeller. Gegen 1 Uhr hörten wir die Stalinorgel vor den Toren der Stadt heulen. Entsetzlich! Wir rechneten damit, daß wir aus der Stadt nicht mehr herauskämen.
Am Mittag des 5.3. kam plötzlich Herr Dr. Wimmer wieder mit seinem LKW vorgefahren. Wir sollten ganz schnell einsteigen, er wollte versuchen, uns über Treptower Deep in Richtung Kammin noch fortzuschaffen. Also alle wieder in größter Hast auf das Auto. Wir kamen zur Stadt in westlicher Richtung heraus über die große Eisenbahnbrücke, über die Persante in der Hafengegend in Richtung Maikuhle. In der Nähe des Krematoriums Maikuhle mußten wir halten, weil die Waldwege in Richtung Deep durch einen gestürzten Trecker verstopft waren. Nach 1 1/2-stündigem Aufenthalt ging es wieder 1 km vorwärts, dann plötzlich wieder großes Geschieße im Walde und der Ruf: Alles herunter von dem Wagen, Rettung in die nächsten Siedlungshäuser, vier russische Panzer im Vordringen aus Richtung Deep im Waldgebiet! Jetzt mit den Kindern auf dem Arm, den Rucksack und völlig aufgelöst in das

nächste Siedlerhaus, ein Weg immerhin noch von 20 Minuten und dabei Schuß und Abschuß im Wechsel. Es war Abend geworden, wir krochen in einen Holzkeller und schliefen nicht, weil dauernd Panzerschüsse, Artillerie und auch Infanteriekugeln sausten. Herr W. sagte uns, daß er versuchen wolle, ein Flüchtlingsschiff am Hafen zu kriegen, er verabschiedete sich von uns.
Am Morgen des 6.3. war es etwas stiller geworden. Wir beschlossen nun doch wieder zur Stadt hineinzugehen, weil uns dies Vorgelände mit seinem regelrechten Kampffeld zu unsicher schien. Wir schleppten uns nun mit den Kindern in Richtung Westseite des Hafens. Nach mühsamsten Weg von 3/4 Stunden kamen wir an die Pontonbrücke. Sie war bereits zerstört, zur Eisenbahnbrücke war es zu weit. Da entdeckte ich das Fährboot, das angekettet auf unserer Seite der Persante lag. Welch eine Fügung! Wir luden alle Kinder, auch Frau Brandt und Werner ein, und ich zog das Boot, das sehr leck und schnell voll Wasser war, am Drahtseil über das Wasser. Wir waren also wieder in einiger Sicherheit im Stadtkern und in der Hafengegend.
Vier große Schiffe wurden von Flüchtlingen bestürmt. Es waren aber solche Massen von Menschen, daß wir gar nicht erst den Versuch machten, mitzukommen. Wir und die Kinder waren auch so erschöpft, daß wir solche Fahrt in dem Augenblick gar nicht hätten auf uns nehmen können.
Wir gingen zu Frau Raasch in der Hucke. Du kennst sie wohl, Großmutter hatte im Frieden mal bei ihr gewohnt während eines Badeaufenthaltes. Die gute, rührende, gastliche Frau!

Sie sorgte für uns wie eine treue Mutter. Dabei unter so erschwerten Umständen, denn es gab weder Wasser noch Feuerung. Das Kaffeewasser mußte ich aus der Ostsee holen. Es war salzig und alle wurden krank. Aber gewaschen haben wir uns dort, Frau Raasch hat im Ofen ein kleines Mittagessen gezaubert, und die Frauen und Kinder konnten ein Stündchen ruhen.

Gegen Abend ging das Artillerieschießen wieder los, so daß wir in Sorge um die Kinder gerieten, da die Häuschen auf der Hucke winzig, gebrechlich und ohne jegliche Keller sind. Wir verabschiedeten uns schweren Herzens von Frau Raasch und gingen alle in den großen Bunker am Mohlenkopf, dort die Nacht zu verbringen. Es war übervoll dort, heiß und voll abscheulicher Luft. Trotzdem schliefen die Kleinen im Sitzen und Stehen.

Am Morgen des 7.3. stellten wir uns sehr früh am Hafen auf, und endlich, endlich gegen Mittag – wir waren ganz von Schnee bedeckt während des Wartens – nahm uns eine Übersetzpinasse auf zum Ausbooten. (Anmerkung von Mutter: Vater gelang es nur, als Oma verkleidet, d. h. mit Reisedecke als Umschlagtuch, Charitas auf den Armen, aufs Schiff zu gelangen, da alle Männer zurückgehalten wurden zur Verteidigung der zur Festung erklärten Stadt Kolberg.)

Nun begann eine mehrstündige Schaukelei. Das Motorboot war ungefähr mit 300 Menschen besetzt. Wir fuhren bei Schnee hoch auf See hinaus, und es begann ein langes Manövrieren im Schneesturm, bis wir endlich an dem großen Flüchtlingsschiff anlegen und die Brücken festmachen konnten. In einer Kajüte des unteren Schiffes bekamen wir gleich Platz. Wir waren unter den ersten Passagieren.

Zwei bis drei Stunden dauerte es, bis alle etwa 1500 Menschen vom Hafen her eingeholt waren. Es wurde Abend, ehe das Schiff völlig überladen abdampfte in Richtung Swinemünde.
Den ganzen Donnerstag, den 8.3. verbrachten wir auf See. Am Abend des 8.3. lagen wir auf hoher stürmischer See unter Gefahr von Treibminen vor Swinemünde, auf die Nacht vom 8. zum 9. auch noch. Am 9.3. vormittags endlich fuhr das Schiff im Swinemünder Hafen ein. Es war ein Freitag. Als wir an Land waren, hieß es, es würden gleich Züge für Flüchtlinge im Hafengelände eingesetzt werden, die uns in Richtung Vorpommern, Mecklenburg bringen würden. Wir warteten stundenlang – Massen von Menschen –, aber es kam nichts. Plötzlich kam gegen 2 Uhr Fliegeralarm, der Hafen wurde vernebelt, die Kinder jammerten unter dem schrecklichen Durst, der die Atmung so behindert. Nach Beendigung der Vernebelung beschlossen wir, zum Bahnhof zu gehen. Ein Weg von über einer Stunde mit den Kleinen. Sie waren zu Tode erschöpft, als wir anlangten. Nun warteten wir dort, von 6 Uhr abends bis 2 Uhr nachts.
Endlich fuhr ein Güterzug mit Viehwagen, in denen Stroh lag, ein und wir stiegen ein. Es begann nun eine schreckliche Fahrt im Viehwagen, die vom 10.–12.3. dauerte. Wir fuhren: Swinemünde – Anklam – Stralsund – Rostock – Schwerin – Ludwigslust – Dömitz – Lüneburg – bis ins Oldenburgische hinein; dann wieder in entgegengesetzter Richtung bis Neuenkirchen. Dort würde der Zug ausgeladen. Wir blieben aber in unserem Wagen und fuhren bis Bramsche; von dort mit einem planmäßigen Zuge bis Osnabrück, von dort nach Elze und dann bis Alfeld. Von

dort eine halbe Stunde Fußweg bis Limmer. Hier landeten wir nun bei den freundlichen Verwandten von Frau Beißenhirz, die gar nicht vorbereitet waren. Frau B. hatte uns einmal in Belgard gesagt, wir könnten hier hin, wenn es mal sein müßte und ihre Verwandten wüßten darüber Bescheid. Es war aber nicht der Fall. Trotzdem haben uns diese Menschen liebevoll aufgenommen. Allerdings können wir hier nicht allzu lange bleiben und wissen nun bisher noch gar nicht, wohin wir uns wenden sollen. Wüßtest Du in der dortigen Gegend irgendjemanden, der uns aufnehmen könnte? Es ist eine merkwürdige Frage, aber es ist so schwer, für uns viele Menschen, ein Quartier zu finden.
Es wird wahrscheinlich so sein, daß dies der einzige ausführliche Brief ist, den ich über unsere Flucht schreibe. Hebe ihn also gut auf und zeige ihn auch bitte Herrn Faltin, der ihn bitte lesen möchte. Grüße ihn sehr herzlich von uns und lasse Dir eventuell den Brief von ihm vorlesen, denn ich schrieb sehr schnell und vielleicht kannst Du gar nicht alles entziffern.
Das Schwierigste ist im Augenblick, daß wir so gut wie gar keine Anziehsachen, Betten usw. für die Kinder haben.
Sehr liebe Grüße und Gott behüte Euch alle dort.
Vater

Anfang des Jahres 1982

Liebe Kinder – Auf Eure Bitten hin will ich versuchen, Euch über den 2. Teil unserer Flucht aus Limmer nach Mansfeld zu berichten. Da die Ereignisse 37 Jahre zurückliegen, werden mir wohl einige Ungenauigkeiten unter-

laufen, aber im großen und ganzen haben sich die Tatsachen fest eingeprägt.
Zwei Gründe hatten uns bewogen, noch einmal wieder aufzubrechen: 1. Walt zu finden, denn wir machten uns Sorgen, ob er versuchen würde, auf eigene Faust nach Pommern durchzukommen. Dort wäre er den Russen oder Polen in die Hände gefallen. 2. Unsre lieben Quartierwirte waren leider 150% Nazis. In ihrer Schule befand sich ein hitlertreues Wallonenlager, mit dem wir bei der amerikanischen Besatzung auf keinen Fall mit verhaftet werden wollten.
Anfang April '45 machten wir uns per Bahn auf den Weg, ohne die geringste Ahnung zu haben von den bevorstehenden Schwierigkeiten. Aber schon vor Nordhausen konnte der Zug nicht weiterfahren, weil die Gleise durch Bomben zerstört waren; 6 km zu Fuß war mit Charitas auf dem Arm nicht möglich. Wir standen ratlos auf dem kleinen Bahnhof. Da boten uns zwei Damen, die mit dem Gegenzug ins Hannoversche wollten, weil sie lieber unter englische als amerikanische Besatzung geraten wollten, an, ihren Handwagen, den sie sich geliehen hatten, nach Nordhausen zurückzubringen. So war uns erst einmal geholfen. Wir zogen zu Fuß los, Charitas und etwas Gepäck auf dem Handwagen. Kurz vor Nordhausen sahen wir, wie die Stadt bombardiert wurde und in Flammen aufging. Menschenmassen strömten wahllos aus der brennenden Stadt. Hinzu kam Beschuß von Tieffliegern über uns. Wir waren ja völlig unerfahren, und nur der Rat zweier Soldaten, uns in den Straßengräben zu werfen und uns mit dem Ledermantel und einer braunen Reisedecke möglichst unsichtbar zu machen, rettete uns das Leben. Nie wieder

habe ich erlebt, daß mir die Zähne so klapperten, daß ich den Mund nicht schließen konnte.
Als diese Gefahr vorüber war, schlossen wir uns dem endlosen Flüchtlingsstrom an. Niemand wußte, wohin es gehen sollte. Bald hatten wir dicke Lehmklumpen an den Füßen, als wir einen Acker überqueren mußten. Der Handwagen ließ sich kaum vorwärts stoßen. Nach etlichen Kilometern waren wir so erschöpft, daß wir uns kaum noch nach Charitas umsahen, die schlafend auf dem Handwagen schaukelte. Jetzt konnte ich mir vorstellen, daß Kinder auf der Flucht verlorengingen, wie es uns die ostpreußischen Flüchtlinge in Pommern erzählt hatten. 19 km! Und wir landeten in Rottleberorde, wo wir Walt im Sommer '44 besucht hatten.
Seine Schule war von Halle dorthin evakuiert worden. Inzwischen waren die restlichen Schüler – die meisten waren von den Eltern abgeholt worden – nach Heldrungen verlegt worden. Wir gingen zu der netten Quartierwirtin, bei der wir damals gewohnt hatten. Zuerst erkannte sie uns in unserem heruntergekommenen, völlig verdreckten Zustand nicht. Als wir uns zu erkennen gaben, liefen ihr die Tränen herunter. Sie bewirtete uns alle und behielt uns über Nacht.
Mit einem Baedecker ausgerüstet, begaben wir uns am nächsten Morgen nach Heldrungen, eine mühsame Wanderung in unserm Erschöpfungszustand. Am Kyffhäuser fragten wir eine versprengte Gruppe von deutschen Offizieren um Rat, ob wir die unendlich vielen Kurven über den Kyffhäuser oder den weiteren Weg drumherum gehen sollten. Sie rieten uns, dem Amerikaner entgegenzulaufen, dann hätten wenigstens wir den Schlamassel überstan-

den. – Über Hackpuffel, Tilleda gelangten wir schließlich doch nach Heldrungen. Hier erfuhren wir, daß Walt mit einem Lehrer und der restlichen Gruppe von Schülern am Morgen in Richtung Halle aufgebrochen war. Völlig ratlos und erschöpft suchten wir erst einmal eine Übernachtungsmöglichkeit, die wir auf einem Heuboden fanden. Dort spielte sich in der Nacht ein recht unheimliches Treiben ab. Versprengte oder desertierte Soldaten suchten einen Unterschlupf. Es war ein Kommen und Gehen.
Am nächsten Morgen fuhren wir von Artorn mit dem Zug nach Naumburg, immer in der Hoffnung, doch noch Halle zu erreichen. Leider mußten wir uns von dem Handwagen trennen, den wir nicht in den Zug mitnehmen konnten. Naumburg war völlig überfüllt, ein Weiterkommen nach Halle nicht mehr möglich. Vater versuchte noch, bei einem Kollegen etwas Brot zu ergattern; leider vergeblich. Warum wir dann nach Hettstedt fuhren, weiß ich nicht mehr. Wahrscheinlich sollte ein Flüchtlingslager uns dort aufnehmen.
Am Bahnhof in Hettstedt teilte uns irgendjemand mit, daß die NSV (Nationalsozialistische Volkswohlfahrt) warme Suppe an Flüchtlinge ausgäbe. Wir schleppten uns in die Stadt, kamen vor verschlossene Türen; es hieß, die NSV habe sich aufgelöst wegen der herannahenden Amerikaner. Völlig abgestumpft blieben wir sieben am Straßenrand hocken. Das sah ein Kupferschmied, der gegenüber wohnte. Er holte uns alle in seine Küche, und seine Frau machte uns eine herrliche Griessuppe. Nie werden wir die Freundlichkeit dieser Menschen vergessen können.
Das Flüchtlingslager bestand aus einem Raum in einer

alten Schule. Ein Tisch in der Mitte, ringsrum Doppelbetten mit Strohsäcken. Wie wir uns dort verpflegt haben, weiß ich nicht mehr. In Erinnerung sind mir die vielen Tieffliegerangriffe. Wir flüchteten dann unter den großen Tisch oder, wenn es zeitlich noch möglich war, in den Keller eines gegenüberliegenden Hauses. Einmal nachts bemerkten wir erst in dem Keller, daß wir Elisabeth verloren hatten. Schon unter dem Gebrause der Tiefflieger stürzte Vater zurück und fand sie weinend auf dem Bettrand sitzend. Immer wieder hatten wir in all den Gefahren das Glück, daß wir alle gnädig behütet wurden. Hettstedt hatte ein großes Messingwerk, das das Ziel der vielen Bombenangriffe war.

Das deprimierendste Ereignis auf der ganzen Flucht war für mich folgendes: Da die Mädchen und ich Läuse hatten, mußten wir zu einer Entlausungskur in der Messingfabrik. In einer primitiven Duschanlage wurden Frauen, Männer und Kinder, darunter fast nur Ausländer, splitternackt entlaust. Als wir uns nach dieser Prozedur in unser Lager zurückbegeben wollten, gab es Fliegeralarm. Die Ausländer als Arbeiter der Fabrik durften sich in die Luftschutzkeller retten. Nur wir wurden als Fremde nicht eingelassen. Die Tore wurden vor uns verschlossen, und wir standen mutterseelenallein auf dem riesigen Hof, den Tieffliegern preisgegeben. Wie ein Wunder blieben wir verschont.

Unsere Lage wurde, vor allem wegen der Verpflegung, immer unhaltbarer. Auf unsrer Deutschlandkarte suchten wir immer wieder nach einem Ort, wo wir Verwandte oder Freunde hätten, die uns aufnehmen könnten. Aber fast alle hatten ja wie wir im Osten gelebt. Da fiel mir die Baronin von der Recke auf Schloß Mansfeld ein. Ich hatte 20

Jahre zuvor ihre Töchter unterrichtet. Ich telefonierte mit ihr und bat um vorübergehende Aufnahme. Nach anfänglichem Zögern schickte sie uns ein kleines Gefährt. Der Kutscher, ein ostpreußischer Flüchtling, war der einzige, der sich bereit erklärt hatte, uns zu holen trotz der herannahenden Amerikaner. Die Straßen waren menschenleer. Empfangen wurden wir von der Barorin mit den Worten: »Aber im Winter können Sie hier nicht bleiben. Das Zimmer ist nicht beheizbar.« So weit dachten wir nicht vor. Wir waren glücklich, eine vorläufige Bleibe gefunden zu haben.

Das riesige Erkerzimmer hatte den herrlichsten Ausblick über den kleinen Ort Mansfeld tief unter uns und die lieblichen Ausläufer des Südharzes im Hintergrund. Die Kinder schliefen alle fünf in den mächtigen historischen Lutherbetten mit einem Baldachin und Vorhängen, die rings um die Betten abends zugezogen würden. Vater und ich auf Sofas. Die kleine Küche teilten wir uns mit einer Kölner Flüchtlingsfamilie. Und obwohl wir nun zu acht Personen den Herd benutzen mußten und nur einen Kochtopf gemeinsam hatten, gab es nie Unstimmigkeiten zwischen uns. Das war eine große Erleichterung. In einem Lager des Arbeitsdienstes, das fluchtartig verlassen worden war, organisierten wir uns Töpfe, Teller, Bestecke.

Der Amerikaner zog ein. Wir hatten nicht darunter zu leiden. Unsre Sorge war Walt. Erst nach Wochen stieß er zu uns durch Vermittlung einer Dolmetscherin. Welch ein freudiges Wiedersehn! Er fing an, bei dem Gutsverwalter in der Landwirtschaft zu arbeiten. Dadurch erleichterte sich auch unsre Ernährungslage. Vater war täglich unterwegs, in dem kleinen Städtchen oder umliegenden Dörfern Lebensmittel oder notwendige Gebrauchsgegenstände zu ergattern. Die Kinder genossen die freie Umgebung mit den romantischen Ruinen und abenteuerreichen unterirdischen Gängen. Es war ein berauschend schöner Frühling mit einer Fülle von Flieder und Maiglöckchen. Ich hatte einen kleinen Schulzirkel eingerichtet mit drei Enkeln der Baronin, Flüchtlingen aus Schlesien und vier von unsern Kindern. So führten wir ein geradezu bürgerlich friedliches Leben, bis – ich glaube, es war im Juni – unsre Zone vom Amerikaner verlassen wurde, und der Russe einzog.

Wir hatten uns noch einmal auf die Flucht begeben mit einem von Walt organisierten Pferdewagen. Die Grenze zum Westen lag nicht weit entfernt; aber da sie hermetisch abgeriegelt war, kehrten wir wieder zurück. Am nächsten Tag sahen wir oben vom Schloß aus unten im Städtchen die Russen einziehen, meist Mongolen mit ihren kleinen Panjepferdchen und Wagen. Das Leben ging in gewohnter Weise weiter. Heino fand in dem 14 km entfernten Eisleben durch Vermittlung der Baronin Anstellung in einer Buchhandlung. Mit dem Bus, manchmal auch zu Fuß, war es für ihn ein beschwerlicher Weg zur Arbeitsstelle. Die Baronin rechnete jeden Tag mit ihrer Enteignung. Heimlich halfen wir ihr bei Nacht und Nebel noch kostbare Gegenstände und Teppiche herauszuschleppen, die sie bei Bekannten deponierte. Als sie schließlich enteignet wurde, konnte sie noch nach dem Westen zu ihrer Tochter gehen. Nun wurde das Schloß zu einer Art Kaserne umfunktioniert. Acht Russen bewachten im Park die aus dem ganzen Kreis requirierten Autos. Nachts tauchten Deutsche auf, die gegen Schnaps Autoteile eintauschten. Wir blie-

ben als einzige Deutsche auf dem Schloß wohnen. Die Russen waren freundlich und gaben den Kindern etwas zu essen. Nur wenn sie betrunken waren, mußten wir uns vorsehen. Nachts vor allem spielte sich ein wüstes Treiben ab, und wir schliefen bei fest verrammelten Türen. Im Juni '46 gelang es uns, eine Wohnung in Eisleben zu ergattern. Dort lebten wir dann bis Ende 1951.
Zum dritten Mal flüchteten wir, dieses Mal in den Westen. Wir fuhren bis Berlin; Heino bereits im September, von wo er mit dem Flugzeug rausflog. Ich ebenso im Dezember, während die Kinder mit einem Rote-Kreuz-Transport mitgenommen wurden. So landeten wir in Hagen bei Hopffs, die uns alle sieben aufnahmen. Walt war bereits 1948 allein in den Westen gegangen.

10
»Dawai« und »Nix Kultura«

In russischer Gefangenschaft – *Siegfried Rabe*

Siegfried Rabe, Jahrgang 1925, Heimkehrer im Sommer 1949 nach über vierjähriger russischer Kriegsgefangenschaft, wurde Werbetexter bei der Unilever, dann selbstständiger Werbeberater (BDW), Fernsehmann, Programmchef der »Werbung im Rundfunk« beim Hessischen Rundfunk, arbeitete als Autor, Regisseur und Produzent unter anderem für den NDR und das ZDF. Einem größeren Publikum ist er als »deutscher Vater« von ALF und den Simpsons bekannt. Der Bericht über die letzten Kriegstage sind Auszüge aus seinem Manuskript »Loch im Zaun«.

Am 20. April 1945, an »Führers« Geburtstag – ohnehin kein Anlass zur Freude – werde ich unsanft geweckt. Die Tür zu meiner Schlafstube fliegt krachend auf, ein russischer Soldat stapft herein, schreit »Rucki werch!« und richtet eine Kalaschnikow auf mich. Ich werde als Letzter im Halbdunkel des anbrechenden Morgens auf den Sammelplatz geschubst, nachdem ich gerade noch meinen Brotbeutel mit Zahnbürste und Notverpflegung vom Haken reißen kann. Vor der Unterkunft steht die von Gott und allen Offizieren verlassene Marineartillerie, zirka achtzig Mann stark – oder schwach, besser gesagt –, die sorgenvoll in die kalte Morgenluft starrt. Ein großer Haufen kleiner Unglückshäufchen. Ich schaue mich um nach meinem Partner, Funkmaat

Klaus Fuchs, wir beide bilden ein Sonderkommando und sind erst seit vierzehn Tagen hier im Dienst; mit der Aufgabe, von hoher Turmwarte aus die feindliche Seeschifffahrt ins Blickfeld zu nehmen. Mit Hilfe eines Radars, das bei der Wehrmacht Funkmessgerät heißt. Der Marinestandort der Artillerie ist nur unsere Anlaufstelle für Unterkunft und Verpflegung. Jetzt ist alles anders: Nun gehören wir zusammen wie der Wind und das Meer. Ich entdecke Klaus vorn in der ersten Reihe neben dem Stabshauptgefreiten Oskar Balaschwewski, kurz OB genannt, dem Kommandierenden der Truppe, nunmehr ohne Kommando.

Oskar überragt noch die Größten von uns um einen halben Kopf. Er ist ein heller Kopf übrigens. Vor ein paar Tagen erst hat man ihm, als ranghöchstem Mannschaftsdienstgrad, die Befehlsgewalt übertragen und die Offiziere und Unteroffiziere aus ungeklärtem Grund nach Pillau abkommandiert. Sein neues Amt verwaltet Oskar ganz nach eigenem Gutdünken und sehr zu unserem Besten, wenn auch nicht im Sinne seiner Vorgesetzten: Als es an der Zeit ist, lässt er mit weißen Tüchern dem Feind unsere Ergebenheit signalisieren, ganz eindeutig gegen die erlassene Order, den Standort so lange zu verteidigen, bis er von einer bereitstehenden Einheit ersetzt würde. Oskar glaubt nicht an Entsatz und befindet, dass wir mit dem Erscheinen der Roten Armee »entsetzt« genug wären. Sein »feiger« Entschluss ist mutig und lebensrettend: »Wir gehen geschlossen in die Gefangenschaft. Ich übernehme die volle Verantwortung.« Es gibt Beifall und deutlich überwiegende Zustimmung. Nur ganz wenige appellieren eher zaghaft an Soldatenehre, Pflichtgefühl, und Fahneneid. Oskar hört sich das geduldig an, duldet aber keinen Widerspruch: »Meine Entscheidung steht nicht zur Diskussion, sie ist ein Befehl. Wenn ihr den Gehorsam verweigert und kämpfen wollt, dann nehmt eure Waffen und geht. Hier könnt ihr nicht bleiben. Ich will eure Antwort sofort, ihr habt eine Minute Zeit. Also?« Es gibt lange Gesichter und eine schnelle Antwort, knapp und friedlich: »Zu Befehl, wir gehen mit.« Und nun stehen wir rat- und tatenlos vor Ort auf einem schmierigen Gemisch aus feuchtem Sand und rutschigem Kopfsteinpflaster. Der Ort heißt Brüsterort und ist ein einsames Nest an der äußersten Spitze der nordwestlichen Samlandküste. Ostpreußen, »Kalte Heimat«. Vor uns steht das Wahrzeichen von Brüsterort, der mächtige dreißig Meter hohe Leuchtturm, ein imposanter Ziegelbau von 1846. Hoch oben unter dem gewölbten Dach hinter einem kleinen Fenster ist unser Arbeitsplatz, stumm und verlassen, ausgestattet mit dem Radarauge und einem Weitblick, wie man ihn dem Oberkommando der Wehrmacht nur hätte wünschen können.

Unsere Blicke gehen nach oben, aber nicht zur verlassenen Vergangenheit, sondern in die bedrohliche Gegenwart, die sich am Himmel düster zusammenballt. »Kein Wunder, wenn der Himmel weint«, meint Klaus sarkastisch, »heute an Hitlers Geburtstag!« Und da fallen auch schon die ersten dicken Tränen. Sie fallen auf die schwarzen dicken Basaltsteine, aufsprühend zu klitzekleinen Fontänen, und in den Sand, wo sie winzige Kraterchen bilden, in denen sie lautlos versinken. Hübsch. Doch dann, urplötzlich, strömt und pladdert es herab, als wollte uns der Himmel von allen Sünden reinwaschen.

Keine Chance auf ein trockenes Plätzchen, wir dürfen uns nicht von der Stelle rühren, da verstehen unsere Bewacher keinen Spaß. Ein gelegentliches Hinhocken wird geduldet, aber die akkurat aufgestellten Fünferreihen dürfen sich nicht verschieben, sonst erhebt sich wüstes Geschimpfe, Geknuffe und Gestoße, man lässt die Fäuste fliegen, oft schmerzhaft verstärkt durch hartherzige Gewehrkolben. Und der Regen regnet und regnet und will nicht aufhören.

Als der Himmel endlich ein Einsehen hat und den Wasserhahn zudreht, quält sich eine fahle Morgensonne durch die Wolken, zu schwach, um unsere pitschnassen Klamotten zu trocknen, aber sie bringt Bewegung in den Sammelplatz. Mit jeder Minute wird es auf ihm lebendiger und immer enger. Denn immer mehr russische Soldaten kommen und gehen und immer mehr deutsche Soldaten kommen und bleiben. Aus allen Richtungen werden sie herbeigetrieben, abgezählt und aufgestellt. Die frische feuchte Morgenluft füllt sich mit Lachen und Geschrei, mit lautstarken unverständlichen Kommandos, dem Motorenlärm der Jeeps und dem hastigen Hufgetrappel der schnellen kleinen Pferde eiliger Meldereiter.

Wir stehen und staunen: Die Soldaten der Roten Armee in ordentlichen Uniformen? – flink und diszipliniert? So haben wir sie in den »Wochenschauen« der Kinos und auf den Abbildungen der Zeitungen und Illustrierten noch nie zu sehen bekommen. Da gab es immer nur dreckige, elendig zerlumpte Gestalten, »Untermenschen« eben und wilde Horden aus weiten asiatischen Steppen.

Ich würde gerne wissen, wie *wir* bald aussehen werden. Auch wie »Untermenschen«? Werden wir verhungern, wie die Russen bei uns verhungert sind: Hundert, tausend, hunderttausend, zehnmal hunderttausend? Wir haben uns darüber nie groß Gedanken gemacht, wieso auch, wir fühlten uns nicht betroffen. Jetzt sind wir's. Jetzt haben wir auch Zeit zum Nachdenken. Jede

Menge. Wir stehen Stunde um Stunde, wieder eine und noch mal eine, unter den aufmerksamen Blicken unserer Feinde. Sind sie das denn überhaupt noch, Feinde? Nun ja: Es wird noch gekämpft.

Es ist erstaunlich, wie wir uns alle plötzlich daran erinnern, dass Kriegsgefangene auch Rechte haben, die einzufordern sind, dass man uns gut behandeln und verpflegen muss. Ich höre unsere Gedanken: »Die müssen sich an die Genfer Konvention halten, oder?« ... »Oder auch nicht, wer weiß.« ... »Natürlich müssen sie das!« ... »Wir haben doch mit den Gefangenen gemacht, was wir wollten.« ... »Aber wenn der Scheißkrieg vorbei ist, dann müssen sie uns entlassen, klarer Fall.« ... »Was sollen die auch mit uns, die schicken uns eh nach Hause. Oskar, sag du doch mal was!« – Oskar zieht die Schultern hoch und schüttelt den Kopf: »Ich kann euch auch nicht sagen, wo's langgeht. Aber ich glaube, dass Väterchen Stalin Gefallen an uns findet, an einem Heer williger, billiger Arbeiter, die sein Paradies wieder aufbauen, das wir ihm so gründlich zertrampelt haben. Er wird uns schuften lassen, je länger, je lieber, bis uns der Arsch auf Grundeis geht, darauf möchte ich wetten.« – Ich fürchte, er kann die Wette gewinnen, aber jetzt hat Oskar erst mal ein Problem, das ihn beschäftigt: Man sucht nach einem Dolmetscher, der gut Russisch kann. Oskar kann es, er ist zweisprachig aufgewachsen, sein Vater ist Deutsch-Russe. Oskar zögert noch: »Mein Russisch ist gut, aber es könnte mich auch verdächtig machen, und das wäre schlecht.« Schließlich meldet er sich doch und wird von zwei Offizieren befragt. Das zieht sich in die Länge und langsam kriegen wir es mit der Angst zu tun. Jetzt drehen die Offiziere ab und lassen Oskar einfach stehen. Das sieht nicht gut aus. Zwei mit Kalaschnikows bewaffnete Soldaten gehen auf ihn zu. Mist, verdammter, was passiert jetzt? Der eine legt grüßend kurz die Hand an die Mütze, der andere überreicht Oskar eine Armbinde mit kyrillischen Buchstaben, die er sich über den linken Arm streift. Wir atmen tief durch. »Sie haben mich zum Dolmetscher und Hilfspolizisten ernannt«, berichtet Oskar ruhig und gelassen, »wir bleiben zusammen und dürfen an der Spitze marschieren, das ist vorteilhaft.« Oskar lächelt zufrieden und mir fällt der berühmte Stein vom Herzen.

Wir beide sind Freunde geworden, Oskar kümmert sich um mich wie ein besorgter großer Bruder. Mit Rat und Tat. Das erste Mal richtig »tätlich« wird er, als ich in der Kleiderkammer ein paar schnieke Stiefel ergattern kann, weichlederne Offiziersstiefel. Er reißt sie mir fast aus der Hand und schneidet mit einer Drahtschere – ehe ich piep sagen kann – von den schönen Langschäftern die schönen langen Schäfte ab, bis dreißig Zentimeter über der Sohle. Ich bin entsetzt, aber er schaut zufrieden auf das Werk seiner gewalttätigen Hände: »Glaube mir, Räbchen, mit deinen Paradestiefeln kommst du nicht mal am ersten Wachposten vorbei, auf so was warten die doch nur!« Oskar schneidet sich auch solche potthässlichen »Stiefeletten« zurecht, in denen es sich übrigens tadellos laufen lässt, und er wird Recht behalten: Vielen Kameraden werden unterwegs die Stiefel von den Füßen gerissen, meist ersatzlos oder »getauscht« gegen durchlöchertes, oft viel zu kleines oder unbrauchbares Schuhwerk.

Vom Sammelplatz gibt es Neues zu berichten: Erstens ist der kräftige Zustrom deutscher Soldaten versiegt und zweitens hält ein Jeep mit einem hohen Tier vor unserer Kolonne. Wer da aussteigt ist mindestens Oberst, vielleicht gar General. Er wird von zwei Offizieren begleitet und inspiziert uns – ein gutes Stück die lange Front abschreitend – mit aufmerksamen Blicken. Er schaut weder freundlich noch feindlich, nur aufmerksam. Und dann spricht er mit Oskar, dessen Antworten ihm zu gefallen scheinen. Jetzt lacht er sogar und stellt sich breitbeinig vor uns hin, stemmt die Arme in die Hüften und ruft sichtlich gut gelaunt: »Singen nada, Fahne hoch!« Wir glauben nicht richtig gehört zu haben, das kann ja wohl nicht sein Ernst sein, dass wir jetzt Nazilieder singen! O ja, Oskar zerstreut alle Zweifel: »Der Herr Oberst« – aha, jetzt wissen wir's – »befiehlt ein Lied: Die Fahne hoch! Alle singen mit!« Und dann singen tatsächlich alle Mann: »Die Fahne hoch, die Reihen fest geschlossen, SA marschiert ...« Man soll's nicht glauben, aber er will es noch einmal hören! Da capo, bitte sehr. Der Herr Oberst genießt geradezu den klotzigen Marschgesang, wünscht sich aber zum »Abschluss der Singstunde etwas Sanfteres: ›Lili Marleen‹«. Mild und freundlich klingt es auf, das von Freund und Feind geliebte Lied der Soldaten: »Vor der Kaserne vor dem großen Tor ...« Das lärmende Treiben verebbt, die Sowjetsoldaten bleiben stehen und hören fast andächtig zu. Für einen Augenblick verbreitet sich ein Hauch von Frieden und Versöhnung über dem Platz, als wolle der Krieg mal kurz eine Pause machen. Dann, mit einem markigen »Bolschoi Sspassiwa!« bedankt sich der Oberst und entschwindet. Und alles ist so wie gehabt. Die Realität hat für das Sentimentale keine Verwendung.

Es folgt ein letzter Zählappell, denn nun soll es losgehen. Unsere Bewacher sind nervös und lassen es uns spüren, es wird mehr geknufft, geschimpft und gestoßen als zuvor. Wir sind viele geworden, schon über tausend Mann. Dann endlich schrillt eine Trillerpfeife und Oskar Balaschewski donnert mit Stentorstimme: »Ganze Abteilung ohne Tritt Marsch!« Der Zug der Gefangenen setzt sich in Bewegung. Ein langer Marsch beginnt.

Es fällt mir noch immer schwer, einen Weg zu beschreiben, den ich um alles in der Welt nicht noch einmal gehen möchte, schon gar nicht unter ähnlichen Bedingungen. Die Erinnerung ist nicht hilfreich, sie bringt nur alles Scheußliche wieder klar vor Augen: Wir gleichen einer aufgescheuchten Hammelherde, die unter dem ständigen Gebelle der Hütehunde gnadenlos vorangetrieben wird. Stunde um Stunde den ganzen Tag und am nächsten Tag wieder. Dabei dürfen wir, in den vordersten Reihen, uns am wenigsten beklagen. Wir atmen mehr frische Luft, fressen weniger Staub und können das vorgegebene Tempo halbwegs halten, was uns nicht so schnell außer Puste bringt. Aber je weiter der Blick nach hinten geht, desto wirrer und zerrissener zeigt sich der lange Zug derer, die das Tempo nicht mithalten können. Sie schieben sich zu Knäuelen zusammen, bis es nicht mehr weitergeht, dann bleiben sie stehen, froh über eine kurze Atempause, und müssen schon wieder losrennen, um den Anschluss nicht zu verlieren. Wieder, wieder und immer wieder unter dem allgegenwärtigen »Dawai«-Geschrei der dauernd wechselnden und völlig überforderten Wachmannschaften. Es wird täglich schlimmer, bald trauen wir uns kaum noch zurückzuschauen. Kranke und Verwundete werden mitgeschleppt von Kameraden, die selbst kaum noch laufen können. Blutige Füße mit Fußlappen notdürftig umhüllt, todmüde Gestalten, die bald nicht mehr weiterkönnen. Aber wer nicht mitmacht, ist nicht mehr dabei. Wer sich nicht helfen kann, wem nicht geholfen wird, bleibt liegen.

Dann hören wir Angst- und Hilferufe und es fallen Schüsse. Jeder weiß, was sie bedeuten. Die russischen Soldaten haben ihre Befehle. Man kennt das. Jeder »brave« Soldat wird auf Befehl zum Todesschützen, zum Vollstrecker. Das ist »unmenschlich«, heißt es, aber es ist die falsche Vokabel, denn es muss zutiefst menschlich sein, ur-menschlich. Das Urmenschliche steckt in uns drin, in uns allen, und es kann mobilisiert und aktiviert werden zu einer langsamen Verkümmerung des »Menschlichen«, bei vielen bis hin zur so genannten »Unmenschlichkeit«. Wer oder was könnte denn der Unmensch sonst auch sein? Ein Tier? Tierisch? Wo hat man Tiere Kriege führen sehen, Vernichtungsfeldzüge, Brandschatzung und Mord? Das alles können nur wir, die Menschen, die sich leiten und verführen lassen. Nur keine Angst, unser »Urmensch« darf sich nicht frei bewegen, er liegt an der Kette der Wohlanständigkeit, der Erziehung, der Bildung und Kultur. Bis das schwächste Glied der Kette behutsam nachgibt, sich wie von selbst öffnet, wenn es um »höhere Werte« geht, um Treue und Vaterlandsliebe, Ruhm und Ehre, um Kaiser und Reich, Führer und Volk, um Verteidigung des Guten und Vernichtung des Bösen. Da wird der Totmacher zum Edelmann, belobigt und geehrt mit Glanz und Orden. Er kriegt eine Nahkampfspange für den siegreichen Kampf Mann gegen Mann und schmucke Medaillen für den »braven Kriegeshelden, der's treu und redlich meint!« Er steht auch dann seinen Mann, wenn es heißt: »Gefangene werden nicht gemacht!« Wer von seiner »Ur-Menschlichkeit« verschont bleibt, wer im Krieg nicht töten muss, ist deshalb noch kein besserer Mensch, aber er darf sich glücklich schätzen, lebenslang.

Es ist zum Verrücktwerden, wir marschieren in Hundertschaften und können den armen Teufeln nicht helfen. Oskar bittet die Wachmannschaft beim nächsten Ort eine Pause einzulegen, damit wir Tragen oder sonstige Transportmittel organisieren können. Vergeblich, die Befehle lauten anders. Es geht schnell weiter und immer weiter und keiner weiß wohin. Die Tage reihen sich und werden immer unerträglicher. Es gibt nichts zu essen unterwegs, Marschverpflegung ist nicht vorgesehen. Wir dürfen trinken, ja, aber es gibt keine Wasserstellen, es bleibt trocken. Jeden Abend landen wir – mehr tot als lebendig – irgendwo in einem mit Stacheldraht umpflanzten Feld-und-Wiesen-Lager. Jetzt endlich gibt es Wasser in Form einer dünnen Wassersuppe und mit Glück gibt es auch ein Stück matschiges Brot. Nach einer im Freien verbrachten Nacht gibt es wieder Wassersuppe und meistens kein Brot. Auch wer noch halbwegs gut zu Fuß ist, schwächelt und beginnt zu torkeln.

Die Straße nimmt uns auf, als wären wir ein Stück von ihr und sie nimmt kein Ende. Sie schleppt uns kreuz und quer durch halb Ostpreußen, durch Dörfer und Ortschaften; manche haben keinen Namen oder heißen Rauschen, Craam, Germau und Metgethen. Vorbei an Königsberg und Insterburg, vorbei an aufgedunsenen Tierkadavern, zerstörten Gespannen, Blechskeletten, ausgebrannten Autos, vorbei an halb verkohlten Ställen und Häusern. Zivilisten sehen wir kaum, nur ein paar Tote in halb zugeschütteten Gräben und hin und wieder lebendige junge Frauen – Oskar nennt sie »Marjellchens« – die uns lachend zuwinken und sich ganz offenbar der Truppenbetreuung hingeben. Sonst sieht man nur Rotarmisten und immer wieder »haufenweise Neue«, deutsche Soldaten, die uns zugetrieben werden. Kleine und größere Gruppen aller Waffengattungen reihen sich ein in das immer noch wachsende Menschenband. Erstaunlich, dass wir trotz so vieler Soldaten den Krieg nicht gewinnen können; aber auch tröstlich, dass wir es nicht noch länger versuchen müssen.

Und dann – plötzlich und überraschend – sieht die Welt ein ganzes Stück besser aus. Wir landen in einem Zwischenlager, einen Tagesmarsch weit von Insterburg, mit soliden Baracken, einer großen Küche mit Backstube und einer russisch-deutschen Lagerleitung. Hier wollen wir bleiben, alles sieht nach Beständigkeit aus. Es geht los mit der Aufnahme unserer Personalien, mit Duschen, Entlausen und Filzen. »Filzkontrolle« nennt sich die erstaunliche Fähigkeit, uns immer noch was wegzunehmen, wo längst nichts mehr zu holen ist. »Nichts«, heißt hier »Immernochwas« und sei es nur die Zahnbürste. Her damit, »Nix Kultura!« Merke: Die Kurve der Schikanen steigt kontinuierlich mit dem Abstand zur Front. Die echten »Frontschweine« wissen mehr, sie stehen dem Kriegselend verständnisvoller gegenüber als die meist jüngeren »Etappenhengste«, politisch geschulte Burschen, die uns zeigen wollen, wo der Hammer hängt.

Die Verpflegung ist miserabel, wenn auch eine ganze Spur besser als das, womit wir bisher verwöhnt wurden. Es schmeckt uns aber gar nicht, dass die Offiziere besser beköstigt und behandelt werden als das gewöhnliche Fußvolk. Wenn wir mal in Rechnung stellen, wie viel Mist die geschätzten Vorgesetzten noch bis vor Kurzem abgeliefert haben, dann rechtfertigt das Ergebnis keinen Anspruch auf sättigende Extras. Allerdings: Die gegenseitige Wertschätzung hat im Offizierscorps auch schon Risse bekommen. Ich werde zufällig Zeuge eines bedeutsamen Wortwechsels: Die Herren sind beim Speisen. Unten auf einer der doppelstöckigen Pritschen sitzt ein älterer Major. Er löffelt missmutig seine Suppe, sichtlich gestört durch ein Paar über ihm baumelnde lehmverschmierte Stiefel, in denen ein junger Leutnant steckt, zu dem der Major indigniert nach oben schielt: »Ach, ähm, Herr Kamerad, könnten Sie vielleicht Ihr Gehwerkzeug etwas beiseite rücken, mir fällt der ganze Straßendreck ins Essen!« – Antwort von oben: »Na, sein Se doch froh über ne Einlage in Ihrer Wasserplörre!« Darauf der Major leicht verärgert: »Ich muss doch sehr bitten, Herr Leutnant!« – »Nur zu, alter Herr, bitten Se, wenn Se müssen!« Der Major, nun ernstlich aufgebracht: »Herr Leutnant, ich befehle Ihnen …« – Der Herr Leutnant unterbricht: »Sie haben mir gar nichts mehr zu befehlen, Sie altes Arschloch!« Also das, so scheint es mir doch – sind die guten Manieren und die in angemessene Wortwahl gekleideten Umgangsformen völlig im A…, im Achtersteven, wie es bei der Marine heißt. Im Übrigen sind wir mal wieder die Gelackmeierten. Eine große Gruppe darf hier bleiben, aber achthundert Mann, darunter auch Oskars Truppe aus Brüsterort, samt Fuchs und Rabe, müssen weitermarschieren. Wieso auch nicht: »Wir werden weiter marschieren, wenn alles in Scherben fällt, denn heute gehört uns Deutschland und morgen die ganze Welt!« Das hätten wir dem Oberst auch noch vorsingen können. Zum Glück ist alles halb so schlimm und nur einen Tagesmarsch weit. Dann sind wir – und nun danket alle Gott! – endlich gelandet. Am 4. Mai, nach zwei Wochen qualvoller Wanderschaft, kommen wir, von Herzen dankbar, in ein neu aufgebautes Lager. »Der feste Ankerplatz, bis wir ablegen in die Heimat!«, wie es Freund Klaus ein bisschen voreilig formuliert. Wir sind zufrieden, sogar sehr; die Gedanken an das Kriegsende, an Frieden und Heimreise stimmen uns froh. Sogar das zarte Maiengrün an der Latrine, dem öffentlichen »Sitzungsgebäude«, grünt hoffnungsvoll; Erwartungen keimen, Gerüchte schießen ins Kraut und die Träume von baldiger Entlassung stehen in voller Blüte.

Bei so viel botanischem Übermut wächst die Hoffnung auf verlässliche Nachrichten. Wir hören immer nur Siegesmeldungen der Roten Armee und Lobhudeleien für Siegesheld Stalin. Doch eines schönen Tages brechen offenbar alle Dämme: »Gitler kaputt! Gitler kaputt!«, schallt es über das Gelände. Die Wachmannschaft zieht tänzelnd und singend durchs Lager, immer wieder lachend, rufend, schreiend: »Gitler kaputt! Gitler kaputt!« Sie schauen uns freudvoll an, kumpelhaft verschwörerisch, als sollten wir an ihrem Jubel teilnehmen. Freuen wir uns denn gar nicht? Doch ja, das tun wir. Vor allem, weil der Krieg nun wirklich am Ende ist. Die Nachricht von Hitlers Tod kommt überraschend, ist für viele auch bestürzend, aber große Trauer will sich nicht zeigen, hält sich zumindest in engen Grenzen. Geradezu ernüchternd ist die Nachricht, dass der »Führer« mit der Waffe in der Hand nicht den Heldentod gestorben ist, sondern die Waffe mutlos gegen sich selbst gerichtet hat.

Ich empfinde keine Trauer, aber es stimmt doch nachdenklich, wie schnell und glanzlos das einst alles überstrahlende Heiligenbild des Genies, des neuen Heilands und größten Feldherrn aller Zeiten in den Trümmern einer totalen Niederlage versinkt. »Hosianna! – Kreuzigt ihn?« Was für ein sonderbarer Heiliger, der Brandstifter einer in Flammen stehenden Welt mit unendlichem Leid und Millionen Toten, der sich am Ende feige davonstiehlt.

Aber wo bleibt die gute Nachricht vom Kriegsende? Sie kommt schon bald, wenn auch mit einem Tag Verspätung. Der 10. Mai beginnt mit einem Paukenschlag. Aus dem Lautsprecher trompetet Oskars Stimme so hell und fröhlich wie noch nie: »Achtung, Achtung, Kameraden, hier kommt die schönste und wichtigste Meldung der letzten Jahre: Der Krieg ist aus! Alles raus zum Appell!« Wir stürzen mit Jubelgeschrei und Lachen auf den Sammelplatz und schon gleich skandiert eine kleine Gruppe: »Der Krieg ist aus, es geht nach Haus!« Im Nu springt der Funke über und wird zum Flächenbrand, zum ohrenbetäubenden Gebrüll: »Der Krieg ist aus, es geht nach Haus! Es geht nach Haus, der Krieg ist aus!«

Dann tritt Ruhe ein, es erscheinen der Lagerkommandant und der Politoffizier, der spricht zuerst. Nach einer geziemend ausführlichen Würdigung der tapferen Taten aller siegreichen

Armeen der ruhmreichen Sowjetunion unter ihrem genialen Feldherrn, dem Garanten für Freiheit und Frieden, Freund und Beschützer aller Werktätigen, Genosse Generalissimus Jossif Wissarionowitsch Stalin, erfahren wir das Nötige: »Am 9. Mai hat Generalfeldmarschall Keitel im sowjetischen Hauptquartier in Berlin-Karlshorst die bedingungslose deutsche Gesamtkapitulation unterschrieben.«

Beifall brandet auf, gefolgt von erwartungsvoller Stille. Was wird mit uns?

Jetzt spricht der Lagerkommandant. Er begrüßt das totale Ende des verbrecherischen Naziregimes, beklagt die Opfer des Krieges und geißelt die schändliche Verführung vieler guter Deutscher, die all die Untaten gegen die Sowjetunion nicht gewollt haben: »Genosse Stalin sagt«, – hier macht der Redner eine bedeutsame Pause – »die Hitler kommen und gehen, aber das deutsche Volk bleibt!« Er bleibt ruhig. Wir wollen doch nur wissen, was Stalin, der »Stählerne«, mit uns Gefangenen vorhat. Sind wir etwa ein Teil des Volkes, das »bleibt«? Wir wollen keinesfalls bleiben. »Auch ihr Gefangenen seid Leidtragende dieses sinnlosen Krieges«, bringt es der Redner langsam auf den Punkt, »aber eure Leidenszeit wird bald zu Ende sein.« Wieder eine Kunstpause. Dann: »Weihnachten« – wir halten den Atem an – »Weihnachten seid ihr alle zu Hause!« Jetzt ist es heraus. Welche Freude! Wir schreien sie in den Sonnenschein, wir lachen, wir jubeln, Weihnachten! – das soll ein Wort sein, die paar Monate sitzen wir auf einer Backe ab.

Ein russisches Sprichwort sagt: »Der Morgen ist klüger als der gestrige Tag.« Wie wahr. Schon am nächsten Morgen nimmt mich Oskar beiseite. Ich muss ihm versprechen, dass ich alles für mich behalte, was er mir jetzt anvertraut. Etwas verwundert stimme ich zu: »Was gibt es denn so Geheimnisvolles?« Oskar schaut besorgt: »Nichts Gutes, Räbchen, ich hab euren Marschbefehl gesehen. Ihr werdet schon morgen verladen.« – »Ihr?«, frage ich alarmiert, »heißt das, du fährst nicht mit?« Oskar nickt und schaut an mir vorbei: »Ja, ich bleibe hier. Sie wollen mich als Dolmetscher haben. Ich habe mir das nicht ausgesucht. Aber es gibt Schlimmeres: Euer Zug fährt nicht nach Westen in Richtung Heimat, sondern im Gegenteil, ziemlich weit nach Osten, bis Rybinsk an der Wolga, das liegt noch eine ganze Ecke hinter Moskau. Es ist ein Hauptlager. Wenn das nur für ein paar Monate sein soll, fresse ich einen Besen.« Er macht eine Pause und kramt eine zerdrückte Schachtel Papirossy hervor. Wir rauchen. Dann spricht er weiter: »Ich bin morgen beim Verladen dabei, bleibt in meiner Nähe, du und Klaus, ich besorge euch die bestmöglichen Plätze.« Ich versuche vergeblich, Schrecken und Enttäuschung zu verbergen: »Und wir fahren wirklich schon morgen Früh?« Oskar schaut mich an, nachdenklich und wohl auch ein bisschen traurig: »Ja. Ich kann dir nichts anderes sagen, nur noch etwas ganz Persönliches: Bleib wie du bist, Räbchen, sei nie ein anderer als du selbst. Und versuche erst gar nicht, immer nur anständig zu sein, dafür ist diese Welt nicht gemacht, aber sei nie unanständig! Und traue den Russen nicht, heute küssen sie dich und morgen schlagen sie dich tot.« Erstaunliche Ratschläge, aber sie gefallen mir. Oskar drückt die Zigarette aus. »So, dann will ich mal wieder weiter, es gibt noch viel zu tun. Mach's gut, Räbchen, und halte durch.« Er lacht etwas mühsam: »Nicht weich werden, Jung Siegfried!« Dann umarmt er mich ganz fest und dann hat er es plötzlich ganz eilig und stapft davon. Ich merke, wie nahe wir uns eben waren und dass mir Oskar fehlen wird, sehr sogar. Ich bleibe noch sitzen und schaue ihm nach. Ich heule wie ein Schlosshund, was bei der Marine allgemein nicht üblich ist.

Der nächste Morgen – für mich nicht »klüger als der vergangene Tag« – ist laut und hektisch. Alles muss schnell gehen: »Dawai, dawai!« Die Kameraden sind überrascht, irritiert, der plötzliche Aufbruch mit unbekanntem Ziel verbreitet Unruhe. Niemand kann sagen, wohin es geht. Ich könnte, aber darf nicht. Im Eilschritt und den üblichen Fünferreihen geht es zum Bahnhof. Der Zug steht schon da, abfahrbereit, düster schnaufend und endlos lang. Vor jedem Wagen steht ein Soldat unter Gewehr. Bei diesem traurigen Anblick dreht die spürbare Nervosität der Fahrgäste in tiefes Unbehagen: »Das sind Güterwagen!« – »Viehwagen mit Schlafgestellen!« – »Ich denke, wir kommen in ein nahes Entlassungslager?« – »Da stimmt doch was nicht, wohin, zum Teufel, geht die Reise?« Oskar gerät in Bedrängnis und kann sich nur mühsam aus der Klemme ziehen: »Ich weiß das auch nicht genau. Es soll ein gutes Lager sein, heißt es, nicht sehr weit. Und es ist ja sowieso nur bis Weihnachten!« Etwas Beruhigung ist jetzt vielleicht besser als die nackte Wahrheit. Eine Notlüge eben, nicht anständig, auch nicht unanständig? Wer weiß.

Die Ausstattung der Viehwaggons für Kriegsmenschen a. D. ist auch nicht geeignet, die düstere Stimmung zu heben. Da stehen die bekannten kahlen Doppelstockliegen ohne Decken und Matratzen, mal gerade ausreichend für vierzig Mann pro Waggon. Oskar räuspert sich: »Ihr seid wohl eher fünfzig«, gibt er kleinlaut zu verstehen. Aber in Wirklichkeit sind wir sechzig und das liegt nun schon jenseits aller Anständigkeit. Neben einer der beiden Schiebetüren klafft ein kreisrund gesägtes Loch, in der Durchschnittsgröße von Männerärschen, zur allfälligen Entsorgung des Unvermeidlichen. Und das wärs auch schon, gäbe es nicht für Klaus und mich noch einen Lichtblick: zwei Fensterchen, kleine drahtvergitterte Luftschnapplöcher über zwei schmalen Liegeplätzen. Es sind die »bestmöglichen Plätze«, die Oskar versprochen hat und dank seiner Autorität für uns freihalten kann. Er nickt zufrieden wie der Pfadfinder über seine gute Tat des Tages, und wir dürfen uns bedanken, denn es ist wohl das Beste, was an diesem scheußlichen Ort zu haben ist. Oskars Gunstbeweis bleibt den Kameraden nicht verborgen, aber wir halten es da mit Bert Brecht: »Wer Böses tut, muss ein gutes Gewissen haben.« Der Abschied von Oskar ist bitter, ich sehe ihn das letzte Mal. Als die Wagentüre kreischend zurollt und der Riegel fällt, sind wir für immer getrennt.

Es ist beklemmend, schrecklich, wie alles um uns her. Natürlich ist uns klar, dass wir eine harte Wegstrecke vor uns haben, aber wir ahnen nicht, wie lang und qualvoll sie sein wird. Eine Höllenfahrt, höchst unappetitlich und an Widrigkeiten kaum zu überbieten. Eine Reise in Abgründe. Tag für Tag, Nacht für Nacht, zusammengepfercht auf verdreckten Pritschen sitzen und liegen wir in einer total überbelegten rollenden Dunkelkammer, halb verhungert und verdurstet. Der Zug bleibt dauernd stundenlang stehen, uns ist als würden wir täglich nur ein paar Kilometer vorwärts kommen. Jetzt sind wir schon sechs Tage unterwegs und wir riechen nicht gut. Das macht der Schweiß, der Dreck, die Schwüle, die Luft, die sich in Stücke schneiden ließe – »Aber auch«, witzelt Klaus mit bemühtem Galgenhumor, »wegen der eingeschränkten Möglichkeit, des Öfteren ein Bad zu nehmen.« Das Herrenklo mit kreisrundem Arschloch leidet unter der Zielgenauigkeit der Kameraden. Mit den tristen Hinterlassenschaften verbreitet das widerliche Großeganze einen bestialischen Gestank, der nicht einmal zum Himmel stinken darf, weil wir den kaum zu sehen kriegen. Nur zweimal am Tag, minutenlang, morgens wie abends. Da rollt die Türe auf, synchron mit der stupiden Frage eines Wächters: »Skolko Kamerad kaputt?« Solange wir alle am Leben sind und diesbezüglich nichts vorweisen können, wuchten zwei begleitende Gefangene nur noch schnell eine große Milchkanne mit dünner kalter Kapustasuppe in den Wagen – Essen und Trinken in einem – und schon rollt die Türe wieder zu. Am Abend die gleiche Prozedur, nur dass die Kanne nun, leer bis auf den letzten Tropfen, zurückgereicht wird. Ein Landserspruch sagt »Durst ist schlimmer als Heimweh«. Das mag sein, aber schlimmer als Durst ist der Hunger. Tagelang, wochenlang nicht ein einziges Mal satt werden, ja nicht einmal den schlimmsten Hunger stillen können, ist eine Qual von besonderer Qualität. Es ist so, dass die Menschen an nichts anderes mehr denken können, sich nur noch konzentrieren auf die Themen Essen, Kochen und Kochrezepte, ihr einzig nennenswerter Gesprächsstoff, solange sie überhaupt noch miteinander reden wollen. Und Hunger tut weh, auch physisch, er ist wahrhaft schmerzhaft.

Heute haben wir den ersten Toten, ein junger Bursche in meinem Alter. Groß verwundert hat es mich nicht, aber es geht mir an die Nieren. Ich stelle fest, dass Totsein ansteckend ist, ich fühle mich bedroht von dem scheußlichen Gedanken, dass ich hier nur auf Abruf vegetiere. Doch dann packt mich unmittelbar der frohe Schreck des Lebens, die plötzliche Gewissheit, dass der Tod für andere bestimmt ist, nicht für mich. Ich sterbe nicht, ich lebe einfach weiter! Draußen scheint die Sonne, aber sie schafft es nicht, zu uns reinzukommen. Es wird noch mehr Tote geben. Ich werde bestimmt nicht unter ihnen sein, aber fast glaube ich, wir haben unsere fünf Sinne nicht ganz beisammen oder gebrauchen sie nicht der Reihe nach. Wir sind schwach, krank, apathisch. Klaus redet nicht mehr viel und ich habe leichtes Fieber, aber das geht vorbei. Was Gutes zu essen wäre jetzt gut. Heute Morgen haben wir jeder eine Scheibe Trockenbrot bekommen. Steinhart, aber man kann sich immer ein

Stückchen ablutschen, dann wird es süß und weich. Es wäre schön, wenn es morgen wieder so eine Scheibe gäbe, o ja, das wäre sehr schön. Unseren Toten haben sie einfach auf den Bahnsteig gelegt. Die anderen Toten auch. Aber ich weiß ein Rätsel, das kann keiner raten: »Die Toten essen es und wenn es die Lebenden essen, sterben sie!« Na, ist das nichts?

Es ist mitten in der Nacht und stockdunkel. Der Zug verlangsamt seine Fahrt. Er ruckelt und zuckelt und hält schließlich fauchend und quietschend an. Von außen dringt ein schwacher Lichtschein durch die Ritzen. Offenbar halten wir an einer Station. Ich höre Stimmen, russische und deutsche, dann klappt der Riegel hoch und die Türe kreischt beiseite, ein Geräusch, dass ich schon vom ersten Tag an verwünsche.

Jetzt wird mein Name aufgerufen. Wieso denn das? Hab ich mich da verhört? Nein, noch mal: »Siegfried Rabe aus Trogen!« Ich drängle mich hastig durch ein schnarchendes und halbwaches Menschenknäuel zur offenen Türe hin und traue meinen Augen nicht: Draußen steht eine Abordnung vom Schweizer Roten Kreuz. Sie sind mit einem Bus gekommen, so einem großen gelben Postauto mit dem Schriftzug »Saurer« auf der mächtigen Kühlerfront und zwei Fahnen an den Seiten. Links das rote Kreuz auf weißem Grund und rechts die Schweizer Fahne mit weißem Kreuz auf rotem Grund. Blitzartig durchzuckt es mich: Ich habe bei den persönlichen Angaben in den Zwischenlagern immer die Schweizer Adresse meiner Schulzeit angegeben: Trogen im Kanton Appenzell, in der Hoffnung, dadurch schneller entlassen zu werden. Oskar hat mich ausgelacht, er meint, die Russen machen keinen Bückling vor den Eidgenossen, aber nun habe ich Recht behalten! Irgendwie wusste ich immer, dass es klappen wird. Unter den Sanitätern entdecke ich einen alten Bekannten, Pfarrer Egli, meinen Religionslehrer. Der war damals schon ehrenamtlich beim Roten Kreuz. Er mag mich nicht besonders, weil ich mal gesagt habe, dass Wilhelm Tell kein Schweizer ist, sondern ein Schwede und nie eine Kirche von innen gesehen hat. Aber jetzt lacht er mir zu: »Grüetzi, Sigi, wir sind da, um dich abzuholen. Aber schick dich, wir müssen los, es pressiert!« Ich könnte ihn küssen, ich zittre vor Freude und fasse mir mal schnell an die Nase, ob alles wirklich wahr ist. Das ist es, tatsächlich! Jetzt hält mich nichts mehr. Raus in die Freiheit! Mit einem Jauchzer setzte ich zum Sprung an und da – im selben Moment – umklammern mit zwei starke Hände und halten mich fest. Mit aller Kraft versuche ich mich zu befreien, ich stoße, kratze, beiße und schreie wie wild um mein Leben. Gott, im Himmel, warum hilft mir keiner! Der russische Wächter verzieht keine Miene, Pfarrer Egli lacht und winkt: »Komm Sigi, wir müssen pressieren!«

Und er rührt sich nicht vom Fleck. Ich aber komme nicht los. Und jetzt sehe ich – jetzt erst sehe ich, es ist der Schurke Klaus, der mich festhält und auf mich einredet wie auf einen Vollidioten: »Sei ruhig, Sigi, ganz ruhig, es ist alles gut, komm zu dir, keiner will dir was tun.« Und dann bin ich wach. Ich bin wach! Hellwach! Kein gelbes Postauto, kein rotes Kreuz. Kein Pfarrer Egli und der Zug rattert und knattert wie eh und je. Ich falle in ein tiefes hässliches grässliches Loch, in dem ich wie erschlagen liegen bleibe. Klaus lässt mich los und verzieht das Gesicht: »Vor dir kann man ja richtig Angst kriegen. Wo warst du denn, was hast du geträumt?« Ich sehe ihn an wie meinen Todfeind und sage kein Wort. Am liebsten würde ich ihn erdolchen, diesen gefühllosen Funkmaat, der vorgibt ein Freund zu sein und mir hinterrücks mein geliebtes Appenzell und die ganze schöne Schweiz kaputt macht. Ich will ihn nicht mehr sehen, ich will überhaupt niemand mehr sehen, bis an das Ende meiner Tage.

Als es heller wird, sehe ich keine Wolken mehr, den ganzen

Tag über bleibt der Himmel klar und er weint auch nicht, als wir wieder einen Toten haben. Es ist ein älterer Kamerad, der uns ein bisschen auf die Nerven ging, er wollte immer, dass wir mit ihm singen und beten, damit alles gut gehen würde. Er sieht friedlich aus, aber was sagt uns das? Der Tag ist verflucht lang.

Am Abend foppt mich dasselbe Spiel wie gestern, der Zug wird langsam und immer langsamer, er ruckelt und zuckelt und hält schließlich fauchend und quietschend an. Nein, nicht mit mir, diesmal nicht! Darauf falle ich nicht noch einmal rein. Kein Postauto mehr, das wieder weg ist, wenn ich aufwache und kein Pfarrer Egli, ich schlafe einfach weiter. Aber irgendwas stimmt nicht. Ich schlafe doch gar nicht. Ich bin schon den ganzen Tag wach. Das ist kein Traum, es ist die Wirklichkeit! Und es geschieht ein Wunder: Alle Türen gehen auf. Das macht ein Gekreisch als würden sich hundert Geier um ein Stück Aas zanken. Und es klingt diesmal wie Musik in meinen Ohren. Den Zug entlang stehen viele Posten, brave Menschen, liebenswerte Wächter in hübschen Uniformen, schwer bewaffnet zu unserem Schutz. Wir können tief durchatmen in frischer Luft, wir sind da! Und wir leben noch! Von irgendwoher tönt eine Lautsprecherstimme, so sanft und wohltuend, als gehöre sie einem Engel: »Kameraden, wir sind am Ziel. Bitte alles aussteigen und in Fünferreihen aufstellen!« Das »Bitte« klingt wie von einem anderen Stern, aber das Aussteigen ist leichter gesagt als getan: Nur wenige schaffen den Sprung aus dem Salonwagen auf den rissigen russischen Asphalt, ohne dabei in die watteweichen Knie zu gehen. Alles taumelt, strauchelt und stürzt durch- und übereinander, dass es fast zum Lachen ist, aber wir müssen froh sein, dass sich keiner verletzt. Jetzt sind wir in Rybinsk an der Wolga, etwa fünfhundert Kilometer hinter Moskau, unweit vom »Rybinsker Meer«, einem riesigen Stausee, den ich allerdings erst Jahre später bestaunen kann. Wir stehen vor einem Tor mit Nummer und Namen: Lager 7276/3 Rybinsk/Wolga. Das Tor ist groß und hässlich. Aus gewaltigen Balken und dicken Brettern zusammengefügt, starrt es uns kalt und drohend an. Ich glaube, es würde uns gerne rein-, aber nicht wieder rauslassen.

Ich denke an Lili Marleen, an die Kaserne und das große Tor, das Lied, das wir für den Oberst gesungen haben. Wir werden es noch oft singen. Für uns. Und damit das Versprechen unserer Heimkehr wahrhaft bleibt, werden wir den Text immer wieder etwas zurechtrücken, und immer schön weihnachtlich: »Alle Jahre wieder …«

Vor der Kaserne,
vor dem großen Tor
steht keine Laterne
und stehn wir doch davor.
Noch scheucht man uns täglich
raus und rein,
doch das kann nicht von Dauer sein,
denn bald sind wir befreit
zur schönen Weihnachtszeit.

Tiefe dunkle Schatten
ziehen bald herauf,
die Freude, die wir hatten,
die heben wir uns auf.
Denn leider bleibt noch ein
Jährchen Rest,
doch nächstes Jahr – das steht ganz fest –
sind alle wir befreit
zur schönen Weihnachtszeit.

11
Schwerstarbeit, Schikanen, Solidarität

Als politischer Häftling im KZ bis zur Befreiung

Martin Löwenberg

Martin Löwenberg lebt seit 1948 in München und hat dort als Industriekaufmann gearbeitet. Er gehört zu den Gründungsmitgliedern der VVN (Vereinigung der Verfolgten des Naziregimes) und engagiert sich bis heute aktiv gegen das Vergessen und gegen Rechtsradikalismus. Sein sozialistisches Engagement während des Kalten Krieges brachte ihn in den ersten beiden Jahrzehnten der Bundesrepublik zweimal ernsthaft mit der Justiz in Konflikt. Nach seinem Protestaufruf gegen einen genehmigten Aufmarsch von alten und neuen Nazis in München kam er im Jahre 2003 wieder vor Gericht und wurde verurteilt. Martin Löwenberg erhielt von der Internationalen Liga für Menschenrechte 2004 die Carl-von-Ossietzky-Medaille.

Bereits Ende April 1945 hörten wir in der Ferne das Donnern der Artillerie. Ich selber habe es erst gar nicht erkannt, aber die Mitgefangenen, die bereits im Ersten oder im Zweiten Weltkrieg gekämpft hatten, wussten Bescheid. Wir ahnten also, dass die Front keine 20 Kilometer mehr entfernt sein konnte. Natürlich hat sich Unruhe im Lager breit gemacht. Ich erinnere mich noch, dass ich am 1. Mai 1945 einen Oberscharführer angesprochen habe, der eine schwarze Trauerbinde am Arm trug. Ich fragte ihn, ob er einen Trauerfall in der Familie habe. Da sagte er mir, dass der »Führer« Adolf Hitler im Kampf gefallen sei. Am 7. Mai 1945 war so gut wie keine SS mehr im Konzentrationslager Leitmeritz. Auf einmal riefen Hilfs-SS-Leute: »Russische Panzer nähern sich dem Lager.« Ich bin sofort zum Hauptlagereingang gegangen und habe bewusst erlebt, wie die russischen Panzer einfuhren. Ich war von der Befreiung völlig erfasst, es war ein herrliches Gefühl.

Trotzdem war es nicht so, dass alle Häftlinge zum Appellplatz gekommen sind und gefeiert haben. Viele Dahinsiechende haben die Befreiung gar nicht mehr bewusst registriert. Der Kreis der Elenden war zu groß.

Meine ersten Schritte in die Freiheit gingen an das Ufer der Elbe, wo ich geschwommen bin.

Ich bin am 12. Mai 1925 in Breslau geboren worden.

Meine Mutter, Käthe Löwenberg, war evangelisch, mein Vater, Julius Löwenberg, war Jude. Allerdings war er nicht gläubig, sodass mein älterer Bruder Ferdinand und ich nicht im jüdischen Glauben erzogen wurden.

Einige Jahre nach meiner Einschulung in eine städtische Volksschule für evangelische Kinder wurde mir klar, dass ich den anderen Kindern gegenüber nicht gleichberechtigt war. Als »Halbjude« durfte ich beispielsweise nicht an den Flaggenhissungen zum Schuljahresbeginn teilnehmen. Ich musste stattdessen im Klassenzimmer warten, während ein HJ-Führer die Hakenkreuz-Flagge im Schulhof hisste. Als meine Klassenkameraden den Lehrer später fragten, warum ich nicht dabei sein durfte, sagte er: »Ihr werdet in diesem Schuljahr Rassekundeunterricht bekommen. Und da werdet ihr so manches erfahren. Für heute nur so viel: Der Löwenberg gehört einer minderwertigen Rasse an.«

Ich bin nach Hause gegangen und habe geheult.

Eine andere Ungleichbehandlung habe ich in meinem Boxsportverein erfahren. Da ich nicht der Hitlerjugend angehörte, durfte ich nicht an allen Wettkämpfen teilnehmen. Zudem hatte ich nicht die »gesundheitliche Unbedenklichkeitsbescheinigung«, denn die hat man nur bekommen, wenn man bei der HJ war. Dabei wäre es Anfang 1941 nicht unmöglich gewesen, als Halbjude in die HJ zu gehen. Aber meine Mutter hat sich geweigert eine HJ-Uniform in ihrem Haus zu haben. Ich wollte jedoch kein Uniformträger sein, ich wollte boxen! Aber meine Mutter war überzeugte Sozialdemokratin und politisch aktiv. Ich habe ihre Haltung dann einige Monate später verstanden, als im November 1941 meine jüdischen Verwandten abgeholt wurden. Auf einmal waren die Großmutter, der Großvater, Onkels, Tanten, Cousinen und Cousins weg. 15 Personen wurden weggebracht.

Das alles hat dazu geführt, dass ich im Jahr 1942 Menschen helfen wollte, denen es weit dreckiger ging als mir.

Nach der Schulzeit begann ich eine Lehre als Sattler und habe 1942 meine Gesellenprüfung bestanden. Ich bin bis zu meiner Inhaftierung 1944 als Geselle tätig geblieben.

Die Begründung für meine Verhaftung war ein Verstoß gegen das Heimtücke-Gesetz und Begünstigung von Feinden. Konkret hatte ich die Ostarbeiter und Fremdarbeiter, die in Breslau Zwangsarbeit verrichten mussten, mit Brot- und Lebensmittelmarken unterstützt. Später auch mit Informationen, denn jeden hat die bange Frage umgetrieben, wann der Krieg zu Ende ist. Dazu habe ich aus den Tageszeitungen die entsprechenden Nachrichten ausgeschnitten. Besonders interessant war der Bericht über den Front- und Kriegsverlauf, der in dem Artikel

»Das Oberkommando der Wehrmacht gibt bekannt« knapp geschildert wurde.

Diese Informationen aus den Zeitungen waren für die Gefangenen nicht offen zugänglich. Manche hatten wahrscheinlich die Möglichkeit, in den kleinen Betrieben, in denen sie beschäftigt waren, mal in die Zeitung reinzuschauen, aber die meisten hatten so gut wie überhaupt keine Informationen. Die meisten konnten allerdings kein Deutsch.

Diese kurzen Notizen über den Frontverlauf zirkulierten in den Kriegsgefangenenlagern und in den Sammelunterkünften von Zwangsarbeitern. Ich hatte im Sinn, die Menschen hoffnungsvoller zu machen.

Bei meiner Verhaftung ging es aber nicht um Informationen, sondern um den Besitz von Brotmarken im Wert von über 150 Kilo Brot.

Ich bin mit meinen Brotmarken pünktlich zum vereinbarten Termin gekommen, aber mein Kontaktmann war nicht da. In solchen Fällen ist man nach zwei Stunden wieder zum gleichen Treffpunkt gekommen. Allerdings war er auch diesmal nicht da. So wartete ich zehn Minuten, als zwei uniformierte Soldaten auf mich zukamen. Das waren Feldjäger, die junge Männer kontrolliert haben, ob sie flüchtig waren. Jeder Mann musste einen Wehrpass oder ein Soldbuch bei sich haben, wo zum Beispiel Urlaube eingetragen waren. Die beiden haben mich also kontrolliert und ich habe meinen Wehrpass vorgezeigt, wo rot unterstrichen »wehrunwürdig« und nzv, das hieß »nicht zu verwenden« stand. Einer hat sich das angeschaut und gewunken, dann kamen zwei, drei Männer in ziviler Kleidung und sie fragten mich, was diese Eintragung sollte. Ich antwortete nur, dass ich »Halbjude« bin, woraufhin sie sofort eine Leibesvisite vornahmen. Und so haben sie meine Brotmarken gefunden und mich gefragt, wo ich die her habe. Es waren so viele Brotmarken, dass klar war, dass ich die nicht selber angespart haben konnte. Ich machte aber keine Aussage, weswegen sie mich ins Gestapogefängnis mitgenommen haben. Ich habe aber nichts gesagt.

Die Brotmarken habe ich ab 1942 von meinem Bruder bekommen. Nach seiner Verhaftung habe ich die Brotmarken ab 1943 direkt von Herrn Kotyra bekommen, der Werkleiter einer großen Brotfabrik war. 1943/44 war es schon so, dass die kleinen Bäckereien nicht mehr selber gebacken haben, sondern nur noch Verkaufsstellen waren.

Nach meiner Befreiung wollte ich ihn in Breslau besuchen – er war als Werksleiter kriegsunabkömmlich gewesen, weil er in einem kriegswichtigen Betrieb gearbeitet hat. Darum war er nicht Soldat geworden. Er musste auch in Breslau bleiben, als im Januar 1945 die meisten Deutschen auf Befehl der NS-Führung die Stadt verlassen mussten. Ich habe Herrn Kotyra aber nicht mehr getroffen, er wollte Konflikte zwischen sowjetischen Besatzungssoldaten und polnischen Leuten schlichten und ist dabei erschossen worden. Seine Frau war aus Breslau geflüchtet und ich war der Erste, der ihr sagen musste, dass ihr Mann nicht vermisst ist, sondern erschossen wurde.

Ich war im Mai 1944 bei meiner Verhaftung ein junger Mensch und konnte das Gefühl der Angst noch recht gut unterdrücken. Ich bin eher mit dem Kopf durch die Wand gegangen.

Als Erstes bin ich in das Konzentrationslager Flossenbürg in der Oberpfalz gebracht worden. Dort habe ich meinen roten Winkel als politischer Häftling bekommen. Ich war in einer Auffangbaracke und wurde sofort wieder auf Transport geschickt, sobald etwa 100 weitere Männer zusammengepfercht waren.

Mein nächster Zwischenstopp war das Außenlager Villerupt/Longwy in Lothringen. Longwy war ein Erzgrubengebiet, wo es viele stillgelegte Erzgruben gab. Tausende von Häftlingen mussten die Stollen ausbauen, weil große Fabrik- und Fertigungshallen entstehen sollten.

Anfang 1944 hatte die Naziführung nämlich beschlossen, die Rüstungsgüter verstärkt unterirdisch produzieren zu lassen. Die zunehmende Bombardierung von deutschen Rüstungsbetrieben hat vorher zu einer Einschränkung der Rüstungsproduktion geführt.

In dem Außenlager waren Männer aller europäischen Nationen, die in Arbeitskolonnen je nach Alter und Berufe eingeteilt wurden. Es gab zahlreiche deutsche Firmen, denen diese Arbeitskolonnen überstellt worden sind. Ich kam zu einer Baufirma namens Polenzky & Zöllner, die es nach 1945 auch in München gab.

Wir mussten in den Stollen Gestein beseitigen, Sprengungen durchführen, Schienen legen, betonieren, Stützwände einziehen, Zementsäcke schleppen und Luftschächte bauen. Es war eine schreckliche Arbeit.

Ich war in einer festen Arbeitsgruppe von 150 bis 200 Leuten bei Polenzky & Zöllner. An dem Eingang der Gruben waren deutsche Vorarbeiter oder Leute der Organisation Todt, das waren Bausoldaten des »Führers«, die alle aus dem Baubereich kamen. Die haben uns in Empfang genommen und wir wurden eingeteilt. Wir hatten täglich oder stündlich festgelegte Aufgaben. Innerhalb vom Lager hatte ich keine besonderen Aufgaben, im Arbeitseinsatz war ich aber Ansprechpartner für einige Todt-Leute. Das hing damit zusammen, dass die sich ja Deutsche zur Verständigung nehmen mussten. Und es gab nur drei oder vier Prozent Deutschsprachige in dieser Arbeitskolonne.

In einem Stollengebiet sickert überall Wasser durch und die Luft war zum Zerschneiden schlecht. Mit Presslufthämmern, Hacken, Meißeln und Schaufeln sind dauernd Staub und Gase aufgewirbelt worden und es gab oft Dynamitsprengungen. Zu den Sprengungen sind wir alle aus dem Stollen raus.

Nachdem der Bergmann die Sprengung durchgeführt hat, mussten wir wieder in die Stollen und den Schutt und Felsbrocken auf die Loren werfen und herausschaffen. Trotzdem sind etliche Häftlinge von Steinbrocken erschlagen worden, die immer wieder von den rissigen Decken gefallen sind.

Wir Laien mussten in den Stollen auch Luftschächte bauen. Dazu sollten wir von oben und unten Luftschächte graben, die sich aber oft nicht getroffen haben. Darum mussten wir noch Querverbindungen einfügen, was die Luftzufuhr nicht verbesserte.

Täglich sind Waggons mit Zementsäcken gekommen, die wir ausladen und zu den Betonmischern schleppen mussten. Die dünne Sträflingskleidung war aber extrem schnell verschlissen, besonders in der Schultergegend, da wo wir die Zementsäcke getragen haben. Die Zementsäcke wogen 50 Kilo und zwei, drei Leute auf dem Waggon haben einem die Säcke auf die Schulter geworfen. Dabei sind die Zementsäcke zum Teil zerrissen und es hat richtig gebrannt, wenn zwischen Haut und Zementsack kein Stoff mehr war.

Wir haben dann immer die kaputten, leeren Zementsäcke kräftig ausgeschüttelt und sie als Polster dazwischengelegt.

Im Juni 1944 kamen Tausende von ungarischen Juden in das Bergwerk. Die wurden ebenfalls in dem Bergwerk eingesetzt und mussten dort aber im Gegensatz zu uns, die nach jeder Schicht wieder zurück in das Lager marschierten, Tag und Nacht unten in den Stollen bleiben. Wir durften wenigstens nach den zwölf Stunden Schichtarbeit wieder an die frische Luft. Die ungarischen Juden mussten in denselben Gängen, in denen sie tagsüber arbeiteten, nachts auf den nassen, kalten Steinplatten schlafen und haben niemals das Tageslicht gesehen. Das waren bedauerliche Gestalten. Da habe ich das erste Mal bewusst das System »Vernichtung durch Arbeit« erlebt. Die ungarischen Juden mussten bis zur letzten Minute arbeiten. Bis sie gestorben sind. Jeden Morgen, wenn wir um sechs Uhr unsere Schicht begannen, gehörte es dazu, erst mal die Leichen der über Nacht Gestorbenen auf Loren zu legen und aus den Stollen zu schaffen.

Trotz der schlimmen Umstände gab es unter den Häftlingen aber auch ein Stück Solidarität. Wir haben versucht, ihnen das Leben etwas zu erleichtern, indem wir ihnen unsere Fußlappen gaben. Außerdem haben wir versucht, die leeren Säcke, in denen der Zement transportiert wurde, in die Stollen zu schmuggeln und den Ungarn als Decken zu geben. Manchmal haben wir auch die alten, verschlissenen Pferdedecken aus den Baracken um unseren Körper gewickelt und aus dem Lager geschmuggelt, um sie den ungarischen Juden zu geben. Auch wenn es nicht mehr als Fetzen waren, so hatten sie wenigstens etwas zum Zudecken, wenn sie sich abends hingelegt haben.

Unser Alltag im Lager war voller Schikanen. Wir hatten alle Läuse, deswegen sind wir ab und zu entlaust worden. Dabei wurde keine Gelegenheit ausgelassen, uns zu erniedrigen. Wir mussten uns beispielsweise hinter den Entlausungsbaracken nackt zum Appell aufstellen, anstelle gleich zurück in die eigene Baracke zu gehen. Es ist nichts ausgelassen worden, was sich so ein menschliches Hirn ausdenken kann, um Macht zu demonstrieren und andere zu demütigen.

In der Tagschicht fingen wir um sechs Uhr an zu arbeiten, das bedeutete, dass wir um vier Uhr aus dem Bett mussten. Waschen war schwierig, die Hygiene war grausam. Es fehlten Seife, Handtücher, Zahnputzzeug. Zum Teil hatte nicht einmal jeder eine Pritsche für sich und wir mussten oft zu dritt die Pritsche teilen. Die Luft in den Baracken war extrem schlecht, weil wir meistens keine Fenster, sondern nur Oberlichte hatten. Wir mussten uns die Latrinen selber schaffen. Viele im Lager hatten Typhus oder Ruhr und die haben es dann nachts manchmal nicht rechtzeitig zu den Latrinen geschafft.

Morgens gab es Ersatzkaffee oder Tee und ein Stück trockenes Brot. Mittags waren am Arbeitsplatz Gulaschkanonen, die entweder ins Bergwerk geführt wurden oder wenn wir Arbeiten über Tag hatten, dann konnten wir eine kurze Pause machen und die dünne Suppe mit Rüben oder Bohnen und ein Stück Brot draußen an der frischen Luft essen. Allerdings gab es das Problem, dass wir nicht genügend Essnäpfe hatten. Ich war ein langsamer Esser, darum haben mich die anderen Häftlinge gehetzt, damit ich mich beeile und sie den Napf bekommen. Die Näpfe mussten wir wieder abgeben. Die Trinkwasserversorgung in den Stollen war sehr unterschiedlich, aber meistens ziemlich schlecht.

Das Thema Mütze war ein SS-Tick in allen Lagern. Jeder Häftling hatte eine Mütze und was mit der Mütze geschah, konnten die SS-Leute bestimmen. Das war der sichtbarste Ausdruck ihrer Macht. Es gab solche Schweinereien, dass sie die Mützen weggenommen haben – dann war die große Frage: Wie komme ich bis zum nächsten Appell zu einer Mütze? Das hing mit der Selbstorganisation im Lager zusammen. Im Krankenrevier wurden beispielsweise die Mützen der Verstorbenen gesammelt und versteckt und dann den Leuten gegeben, denen sie abhanden gekommen waren.

Denn wehe es klappte nicht und einer hatte seine Mütze nicht dabei. Dann mussten die anderen stehen bleiben, bis derjenige seine Mütze wieder gefunden hat. In einigen Baracken gab es Zeugen Jehovas, die sich geweigert haben, ihre Mützen vor den SS-Wachen abzunehmen. Dann musste die gesamte Baracke so lange stehen bleiben, bis auch die Bibelforscher ihre Mützen abgenommen haben.

Beim morgendlichen Zählappell waren solche Schikanen allerdings eher seltener der Fall, weil es da ja darum ging, dass wir bald aus dem Lagertor hinaus kamen und pünktlich um sechs Uhr mit der Arbeit beginnen konnten.

Schlimm war es am Abend, bevor wir endlich was zu essen bekommen haben. Je nachdem, wie die Laune der SS-Leute war, hat der Zählappell länger oder kürzer gedauert.

Beliebt war auch, uns mitten in der Nacht alle heraustreten und auf dem Appellplatz versammeln zu lassen. Dann hieß es beispielsweise, dass Leute geflohen waren und wir mussten stehen bleiben, bis sie die Geflohenen gefunden haben.

Ansonsten konnten wir abends die Lagerstraße vor der jeweiligen Baracke entlanggehen und je nach Jahreszeit draußen bleiben. Wir konnten innerhalb unseres Blocks auch Gespräche führen oder schlafen gehen. Wir mussten ja auch sehr früh raus.

In den Baracken waren aber Leute mit unterschiedlichen Arbeitszeiten. Einige hatten Tagschicht, andere Nachtschicht, es gab ja viele Aufgaben innerhalb und außerhalb des Lagers. In der Baracke war es daher immer sehr unruhig, weil man nicht nur von schikanösen SS-Leuten gestört wurde, sondern auch vom Arbeitsrhythmus der anderen Häftlinge.

Freundschaften hingen davon ab, wie die Baracken zusammengesetzt waren. In meiner Baracke waren etliche andere politisch Verfolgte und einige Bibelforscher, die in den Gemeinschaftsgeist schwer einzubeziehen waren. Die Bibelforscher hatten viele religiöse, fanatische Grundsätze, die schwer durchzusetzen waren. Sie wollten es aber und nahmen in Kauf, dass es auch auf Kosten der anderen geschah. Wir anderen hingegen haben immer abgewogen, für was wir unsere Energie verbrauchen und wo es besser ist, sich anzupassen.

Das Leben war aber etwas leichter zu ertragen, wenn man einheitlich aufgetreten ist und sich das Leben nicht noch gegenseitig erschwert hat.

Einen Freund habe ich in dem Arbeitslager aber gefunden. Erich Latke war auch Breslauer. Ich habe ihn 1948 durch Zufall in München an der Isar wieder getroffen. Er war älter als ich, war in München verheiratet und hatte zwei Kinder – als ich nach München kam, war ich alleine und habe durch ihn einen tollen Familienanschluss gefunden.

In dem Lager, in dem ich war, durfte ich keine Briefe nach Hause schreiben. Erst hieß es, dass wir einmal im Monat schreiben dürfen, aber diese Briefe sind nicht befördert worden. Dann hieß es, dass wir gar nicht mehr schreiben dürfen, weil man in der Heimat nicht wissen darf, wo wir im Einsatz sind. Von zu Hause erhielten wir weder Post noch Pakete.

Ein wichtiger Punkt war die Selbstverwaltung der Häftlinge. Bei politischen Häftlingen als Funktionsträger war die Organisiertheit viel durchdachter und die Hilfe gegenüber schwächeren Häftlingen weit besser, als wenn kriminelle Häftlinge das Sagen hatten. Das Wichtigste im Lager war, dass jeder noch so weit bei Kräften blieb, um sich bewegen zu können. Wer sich nicht mehr bewegen konnte, ist bei den Untersuchungen ausgesondert worden, weil ja die Firmen ein Interesse an gesunden, arbeitsfähigen Menschen hatten.

Die Firmen haben Planzahlen bekommen, darum haben sie ständig gedrängt, dass schwache Häftlinge ausgesondert werden. Die Häftlinge sind erst mal eine Weile ins Krankenrevier gekommen und wenn sie nicht wieder gesund wurden, sind sie erschossen oder zum Teil in andere Vernichtungslager verbracht worden.

Ich war bis Anfang September 1944 in Villerupt/Longwy.

Als die amerikanische und englische Front immer näher kam, wurden wir abtransportiert. Während des fünfzehntägigen Transports sind immer wieder Waggons abgekoppelt worden, es gab Zählappelle, wir sind relativ wahllos aufgeteilt und aussortiert worden und keiner wusste, wohin es gehen sollte. Das Ziel war Leitmeritz/Tschechoslowakei, zu Hitlers Zeiten »Protektorat Böhmen und Mähren« genannt. Das Konzentrationslager Leitmeritz war direkt an der Elbe und ungefähr sechzig bis siebzig Kilometer von Prag entfernt.

Direkt nach meiner Ankunft im September 1944 wurde ich wieder von der Firma Polenzky & Zöllner übernommen. Bei Leitmeritz gab es einen Berg, der für die unterirdische Rüstungsproduktion auserkoren worden war.

Dieser Berg war früher ein Kalkstein-Abbaugelände, es war ein Riesenberg, mit fünfzig, sechzig Kilometer langen Stollengängen. Dort sollten wir ebenfalls Fabrikhallen bauen. Konkret waren dort zwei Produktionsstätten geplant: Eine für die Firma »Osram«, wo Feindrähte für die Luftfahrtindustrie produziert werden sollten. Es ist dort aber nie zur Produktion gekommen, weil der Krieg vorher zu Ende war.

Die zweite große Fabrikhalle war für die Firma »Auto Union AG«. Die haben dort Panzermotoren produziert und dort habe ich die Produktion noch miterlebt.

Es sind immer mehr Menschen aus anderen Lagern nach Leitmeritz gekommen, weil viele Lager im restlichen Europa und Schlesien aufgelöst wurden und die Häftlinge zu uns transportiert worden sind.

In Leitmeritz waren über 18 000 Häftlinge eingesetzt, dabei war das Lager nur für 4000 Menschen ausgelegt. Namentlich erfasst waren über 16 500 männliche Häftlinge und zirka 650 weibliche Häftlinge. Von den arbeitsfähigen Häftlingen haben 4000 bis 4500 diese Monate nicht überlebt. Beispielsweise sind Auschwitzer Häftlinge noch an der Eisenbahnrampe aussortiert worden – nach arbeitsfähig oder nicht mehr arbeitsfähig. Diejenigen, die nicht mehr arbeitsfähig waren, wurden sofort erschossen.

Im Lager gab es schlimme Krankheiten und es waren chaotische Verhältnisse: Es gab etliche Tuberkulose-Fälle, die entdeckt worden waren, als zum Schutz der Zivilisten bei der Firma »Auto Union AG« alle Häftlinge geröntgt wurden. Etliche Häftlinge hatten vorher Blut gespuckt und die Zivilisten hatten Angst und haben auf eine Untersuchung gedrängt. Es stellte sich heraus, dass 48 Prozent der Untersuchten mit Tuberkulose infiziert waren. Daraufhin hat die Firma »Auto Union AG« neues, gesundes Menschenmaterial angefordert. Ein anderer bemerkenswerter Fall war, dass im Januar 1945 1200 Häftlinge mit Typhus nach Bergen-Belsen transportiert wurden.

Da die Firmen Soll-Bestimmungen erfüllen mussten, drängten sie auf folgende Lösung: Um die Arbeitskräfte unter den Häftlingen so lange wie möglich in einem möglichst arbeitsfähigen Zustand zu erhalten, erreichten sie bei der SS-Lagerleitung, dass unter den Häftlingen eine Zweiteilung erfolgte: Auf der einen Seite Häftlinge, die in der Produktion tätig waren und auf der anderen Seite Häftlinge, die als Hilfsarbeiter in Baukolonnen arbeiteten. Die Leute, die in der Produktion waren, bekamen etwas bessere Verpflegung, kamen in Baracken für Produktionsarbeiter und mussten nicht mehr zu allen Lagerappellen antreten.

Allerdings war die Gruppe der Hilfsarbeiter bedeutend größer und ich war Hilfsarbeiter. So waren wir hier wieder Menschen 2. Klasse, sogar innerhalb des Lagers. Trotzdem war es gut, dass man sich bemüht hat, dass es denen aus der Produktion etwas besser ging.

In den letzten Kriegstagen mussten viele Häftlinge tiefe Gräben bauen, damit die feindlichen Panzer nicht mehr weiterkommen oder man dort eine Front aufbauen konnte. So sind wir mit Zivilbevölkerung zusammengekommen, die auch zu solchen Arbeitseinsätzen der NSDAP eingezogen wurde. Die Zivilbevölkerung wusste in den letzten Kriegswochen sehr wohl, wie der Kriegsverlauf war und hat es uns erzählt. So mancher hat uns auch Brot gegeben oder es liegen gelassen, sodass wir es dann aufheben konnten.

Im Lager war ich in einem ehemaligen Pferdestall untergebracht, wo fünf Kojen übereinander waren und es keine Fenster, sondern nur Lichtschächte gab. Wir waren so viele Häftlinge, dass jeder seine Koje mit anderen teilen musste. Zudem herrschte großer Hunger und etliche, vor Hunger schon völlig wirre

Leute, schlichen auf der Suche nach Essbaren in den Baracken herum.

In Leitmeritz war dieser persönliche, individuelle Lebenskampf sehr groß. Es drehte sich alles um einen selber. Dieses egoistische Denken wurde immer stärker, je besser man die näher kommende Artillerie hörte. Viele hatten wieder einen Hoffnungsschimmer und den Drang »Ich muss überleben«.

Trotzdem gab es bei nicht wenigen Häftlingen Momente der Niedergeschlagenheit, die Propaganda der Nazis lief bis zur letzten Minute auf Hochtouren. Mit einem schalen Nachgeschmack denke ich daran, dass wir in den letzten Kriegstagen stehend eine Rede von Joseph Goebbels, dem Reichspropagandaminister, anhören mussten, in der er sagte: »Die deutsche Wehrmacht ist zur Großoffensive angetreten und wir werden in diese Schlacht hineingehen wie in einen Gottesdienst. Am Ende wird der Sieg des Großdeutschen Reiches stehen.«

Im Lager mussten wir die Rede über Lautsprecher hören, die eigentlich für Befehle gedacht waren. Diese Rede von Goebbels wurde aus der niederschlesischen Kleinstadt Lauban übertragen, die aus der Hand der sowjetischen Armee von einer deutschen Militäreinheit zurückerobert worden war.

Wir haben versucht den propagandistischen Inhalt auch den nicht Deutsch sprechenden Häftlingen zu übersetzen, denn das, was Goebbels gesagt hat, hat viele stark verunsichert. Manche dachten, dass die Nazis eine Wunderwaffe, nämlich die Atombombe haben. Bedrückend war für uns auch, dass wir von dem Befehl von Heinrich Himmler gehört haben, den er am 12. März 1945 an die SS-Lagerkommandanten geben hat: »Kein Häftling darf lebend in die Hände des Feindes fallen.« Wir hatten solche Angst vor den Schweinereien, die die SS mit uns noch vorhaben könnte. Es schälte sich das Gerücht heraus, dass die SS uns alle in Stollen treiben wird, diese zumauert und dann das ganze Stollenrevier sprengt.

Jeder hat natürlich darüber gesprochen, was sich die SS noch einfallen lassen könnte. Mir ist aber bekannt gewesen, dass ab Ende April 1945 im Lager auf einmal bestimmte Waffenbestände waren. Keine Munition oder Gewehre, sondern Handwerkszeug, Eisenzwingen, Hammer, Sägen und anderes Werkzeug, das zeigte, dass die Häftlinge nicht einfach kampflos aufgeben wollten. Die SS hat sich nicht mehr groß um die Dinge im Lager gekümmert, die achteten bloß darauf, dass alle Zäune funktionieren und dass die Leute zum Arbeiten gehen.

Die Arbeitseinsätze in den Stollen wurden jedoch ab dem 5. Mai 1945 abgeschafft, es gab einfach keine Appelle mehr zum Ausrücken. Dafür sind einzelne Leute ins Bergwerk kommandiert worden, die den Auftrag bekommen haben, die Loren kaputt zu machen und die Räder auszubauen, damit sie nicht den sowjetischen Truppen in die Hände fallen. Das war den SS-Leuten wichtig.

Je näher das Artilleriedonnern kam, desto weniger SS-Leute waren zu sehen. Viele haben sich in der Effektenkammer Zivilkleidung geholt und setzten sich ab. Zuvor haben sie aber Funktionshäftlinge, vor allem Kapos, zu Hilfs-SSlern gemacht, indem sie ihnen schwarze, SS-ähnliche Uniformen gegeben haben und Gewehre ohne Patronen. Die hätten sie bekommen, wenn es zum Ernstfall gekommen wäre. Die Kapos, Blockältesten und andere haben sich aus den verschiedensten Gründen dafür gemeldet – einige haben später gesagt, dass sie in einer Position sein wollten, wo sie die Häftlinge unterstützen konnten.

Ebenfalls am 5. Mai 1945 ist ein Befehl durch die Lautsprecher gekommen, dass sich alle Juden auf dem Sammelplatz einfinden sollten. Jeder fragte sich, was mit denen wohl geschehen wird, nachdem kaum mehr SS im Lager war. Auch von unserer Baracke haben sich welche ins Ungewisse verabschiedet. Todesmarsch? Aber wohin? Die Front kam ja immer näher. Andere Konzentrationslager, wie Buchenwald, waren ja schon längst frei. Nur Mauthausen und Leitmeritz waren noch nicht befreit.

Ein Blockältester namens Werner Krüger, der auch zuletzt ein Hilfs-SSler war, hat den Judentransport aus dem Lager mitgeführt.

Aber im Gegensatz zu den vielen flüchtigen SS-Leuten ist Werner Krüger am Abend zurück ins Lager gekommen und hat erzählt, dass er den Transport nach Theresienstadt mitgeführt hat, wo die Juden von Frauen und Kindern begrüßt wurden und mit Essen und Getränken versorgt worden sind. Die Juden, die in unserer Pferdebaracke waren, haben sich dann natürlich geärgert, dass sie nicht mitgegangen sind. Aber in diesen Zeiten wusste man meistens nicht, was man tun sollte. In diesem Fall hat sich dann eben herausgestellt, dass es richtig gewesen wäre. Es ist kurz darauf aber noch ein kleiner Transport von Juden nach Theresienstadt gebracht worden.

Zur gleichen Zeit gab es Entlassungspapiere für tschechische, jugoslawische und slowakische Häftlinge. Das war völlig grotesk, weil die von SS-Leuten aus dem Lager geführt worden sind und nach wenigen Kilometern in die Freiheit geschickt wurden. Und die SS-Leute sind alleine weitergegangen.

Ich gehörte nicht zu dem Personenkreis, der gehen konnte, ich bin vorerst im Lager geblieben. Die meisten, die zu diesem Zeitpunkt noch im Lager waren, waren gebrechliche Leute, die nicht mehr die Kraft hatten etwas zu riskieren. Ich habe mich mit drei anderen in meine Pferdebaracke zurückgezogen und wir haben einfach gewartet. SS war gar nicht mehr zu sehen.

Plötzlich hieß es: »Russische Panzer nähern sich dem Lager.« Dann bin ich zum Lagerhaupteingang gegangen und habe dort bewusst erlebt, dass russische Panzer reinkamen und es sind ein paar sowjetische Soldaten herausgeklettert und haben jede Menge Lebensmittel heruntergeworfen. Die Soldaten sind dann erst mal wieder weitergezogen. Ich habe mich ernährungsmäßig zurückgehalten, aber es gab etliche, die sich in diesen Stunden zu Tode gefressen haben und nach der Befreiung mit aufgeplatzten Bäuchen tot dalagen.

Es dauerte nicht lange, vielleicht ein oder zwei Stunden, da kamen Tschechen in Polizeiuniform, die haben mit unserer Hilfe SS-Leute gesucht. Außerdem haben sie die Hilfs-SSler mitgenommen.

Als Nächstes kamen sowjetische Lastwagen, die Medikamente und Verpflegung abluden. Vor allem viel Verbandsmaterial. Kurz danach begannen sowjetische Sanitäterinnen mit der Betreuung der Gefangenen und ließen die Kranken mit Sanitätsfahrzeugen in Krankenhäuser bringen.

Alles ging irgendwie Hand in Hand.

Dann kamen einige Deutsch sprechende sowjetische Offiziere, wir wurden namentlich erfasst und mussten unsere Aussagen schriftlich niederlegen. Beispielsweise Namen von SS-Leuten und von kriminellen Häftlingen, die sich uns gegenüber schweinisch verhalten haben.

Erst dann wurden die Heimattransporte organisiert. Die tschechischen Häftlinge sind gleich in ihre Heimatorte gebracht worden, uns hat man gesagt, dass wir noch kurz in Quarantäne bleiben sollten. Es gab einige versprengte SS-Einheiten, die das Kriegsende noch nicht anerkannt hatten.

Während der wenigen Tage, die ich noch im Lager blieb und auf einen vom Internationalen Roten Kreuz organisierten

Transport Richtung Breslau wartete, haben wir versucht, die Kranken zu versorgen und die Zeit im Lager sinnvoll zu nutzen. Keiner hat geschlafen, wir haben Gespräche geführt, jeder ist aufgetaut und aus sich herausgegangen.

Ich habe zu drei Leuten, die aus Sachsen kamen, Kontakt geknüpft. Es waren ein Sozialdemokrat und zwei Kommunisten. Einer davon, der aus Weißenfels an der Saale kam, sagte zu mir: »Breslau kannst du dir abschminken, das bleibt nicht deutsch. Komm zu uns nach Weißenfels, wir brauchen solche Leute wie dich.«

Er gab mir seine Adresse, aber ich sagte, dass ich zuerst nach Breslau möchte.

Ein Transport ging nach Polen, so bin ich die erste Strecke mitgefahren und die letzten hundertfünfzig Kilometer nach Breslau per Anhalter gefahren oder gelaufen. Ich habe auf meinem Weg gesehen, wie viel Elend der Krieg mit sich gebracht hat. Ich bin durch Dörfer gegangen, wo kein Haus mehr ganz war. Und ich sah Tausende von Deutschen, die aus den östlichen Gebieten Richtung Westen gingen und mir entgegenkamen.

Von anderen Breslauern, die ebenfalls Häftlinge in Leitmeritz waren, wusste ich, dass Breslau eine Festung war und dass meine Mutter in einem Rüstungsbetrieb gearbeitet hat. So hoffte ich, dass sie immer noch in Breslau war.

Als ich in Breslau die Straße zum Haus meiner Mutter entlanggelaufen bin, habe ich gesehen, dass das Haus noch steht. Das war meine erste Erlösung. Und die Erleichterung war unbeschreiblich, als meine Mutter im Haus war und mir zudem erzählen konnte, dass mein Bruder das KZ Buchenwald und Neuen-Gamme überlebt hat.

Protokoll von Jennifer Bligh

12
Hitlers Ende aus nächster Nähe

Die letzten Tage im Führerbunker – *Rochus Misch*

Rochus Misch, 1917 in Oberschlesien geboren, frühzeitig Vollwaise, meldete sich nach einer abgeschlossenen Malerlehre 1937 zur SS-Verfügungstruppe, aus der die Waffen-SS hervorging. Kurz nach dem militärischen Überfall auf Polen verwundet, wurde er 1940 in das Führerbegleitkommando übernommen. Seitdem bewegte er sich im Zentrum der NS-Macht. Als Telefonist und Leibwächter von Adolf Hitler blieb er bis zuletzt an dessen Seite und ist wohl sein ganzes Leben nie mehr von ihm losgekommen. Er war neun Jahre in sowjetischer Gefangenschaft und musste sich zahlreichen Verhören des Geheimdienstes unterziehen. Heute ist der ehemalige SS-Angehörige mit seinem umfangreichen Detailwissen ein gefragter Zeitzeuge bei Film und Fernsehen, aber auch in der Forschung. Im Folgenden schildert der letzte lebende Augenzeuge aus dem sog. Führerbunker den »Untergang« des NS-Regimes aus seiner persönlichen Sicht.

Es war der Nachmittag des 30. April 1945. Über uns versank Berlin im Chaos, doch im Bunker war es noch stiller als sonst. Hitler und Eva Braun hatten sich verabschiedet. Alle anderen, die sich nicht längst aus dem Staub gemacht hatten, warteten stumm. Wir alle warteten nur noch auf den Schuss. Fünf Jahre hatte ich Hitler praktisch überallhin begleitet. Er war nicht mein Führer, sondern mein Chef und ich sein Telefonist. Einer ganz in seiner Nähe, unbeachtet und doch immer da. Ich war ihm auch in den Bunker gefolgt und wusste, das Ende ist ganz nah.

Die Idee, einen Betonklotz in die Erde zu bauen, hatte Hitler im Jahre 1940 und ich war dabei. Ich meldete gerade, dass sich ein englisches Flugzeug im Raum von Lüneburg Richtung Süden bewegt. Die Teilnehmer, unter anderem Ribbentrop, saßen noch im Rauchzimmer und sprachen miteinander, da habe ich die Luftlagemeldung dem Chef des Protokolls Herrn Dirnberg gegeben. Der sagte zu Botschafter Hewel: »Was machen wir mit Molotow?« Zu diesem Zeitpunkt hielt sich der sowjetische Außenminister Molotow in Berlin auf. Der Mann musste in Sicherheit gebracht werden. Aber wo? Dafür kam nur der Bunker des Hotel Adlon in Frage. Hitler fragte entsetzt: »Was wird, wenn so einer mit einer Bombe mal bis nach Berlin kommt? Es wird Zeit, dass ich meine Gäste auch bombensicher unterbringen kann.« Daran erinnere ich mich genau.

Daraufhin wurde hinter der Reichskanzlei eine riesige Grube ausgehoben. Wir scherzten, ob demnächst ein Schwimmbad hier entstehen sollte. Doch es wurde ein Bunker mit einer Betondecke von 4 Meter 50 und einer Außenstärke von 3 Meter 50 vor die alte Reichskanzlei gebaut. Den Auftrag für einen Vorbunker und den eigentlichen Bunker erhielt die Firma Hochtief.

Als die Rote Armee die Stadtgrenze Berlins erreichte und begann, von den Randgemeinden aus pausenlos das Zentrum zu beschießen, musste ich meinen Arbeitsplatz in den Bunker verlegen. Vom ersten Tag an fand ich das bedrückend, weil man so tief nach unten laufen musste und dann diese schweren Stahltüren mit einem Hebel öffnen. Immer wenn ich in der neuen Reichskanzlei war und zurückkehrte, bin ich mit einem Angstgefühl durch den langen Tunnel gegangen. Ich wusste nie, ob ich je wieder rauskomme.

Mein Arbeitsraum lag quasi genau gegenüber dem Schlafraum von Eva Braun. Vielleicht 6 Meter entfernt. Dazwischen war ein Flur, dann folgte ein Warteraum. Die drei zellenartigen Räume von Adolf Hitler lagen daneben. Das Vorzimmer war vom Gang aus erreichbar und dann kam Hitlers Wohn- und Arbeitsraum mit einem Zugang zum Schlafzimmer. Daneben nur eine Nassecke, eine Toilette, ein Waschbecken und Evas Zimmer. Mehr Platz war da nicht. Gleich dahinter war die Toilette für alle. Alles sehr spartanisch eingerichtet. Zellen zwischen 10 und 12 Quadratmeter groß. Wenn jemand durch Hitlers Arbeitszimmer gehen musste, wurde immer einer der drei Sessel zur Seite gerückt, weil alles so eng war. Es war hier unten ungemütlich, beklemmend und feucht. Der Dieselgeruch eines Generators hing unangenehm in der Luft. Immer wieder dachte ich an einen Betonsarg, nicht an einen Wohnbunker, wenn ich eine der winzigen Zellen betrat.

Ende Februar 1945 erst war Hitler hier eingezogen, weil die Wohnräume in der alten Reichskanzlei nach einem Bombenangriff ausgebrannt waren. Sooft der Führer konnte, verließ er den engen muffigen Bunker, aber bald war es unmöglich, sich gefahrlos oben aufzuhalten. Ein steile Treppe führte vom Luftschutzkeller unter der Alten Reichskanzlei – dem so genannten Vorbunker – noch einmal 2 Meter 80 hinab. Giftgassichere Stahltüren schotteten diesen Bereich ab. Die Wände waren unverputzt. Nur ein breiter roter Läufer, einige Bilder und ein paar edle Sessel auf dem Korridor deuteten darauf hin, dass hier Hitler untergebracht war. Schon nach wenigen Metern, an der Wache vorbei, erreichte man auf der rechten Seite des Ganges die Telefonvermittlung, meinen Arbeitsraum.

Die Telefone, die Schreibmaschinen, der Fernschreiber waren ebenfalls dort aufgestellt. Ich war der Einzige, der einen Fernschreiber-Lehrgang gemacht hatte. Abgelöst wurde ich ab und zu von meinem Kameraden Retzlaff. Wir waren also, wenn man so will 1 ½ Mitarbeiter, die vor allem die telefonischen Verbindungen zur Außenwelt hielten und das bis zum Schluss. Manchmal gerieten in den letzten Tagen des Chaos auch Zivilisten zufällig an den Bunker-Anschluss mit der Rufnummer 12 00 50. Einen Anruf habe ich bis heute nicht vergessen. Ein Berliner rief ins Telefon: »Nebenan werden Frauen vergewaltigt, die Leute schreien – was soll ich bloß tun?« Ich hatte keine Antwort.

Im April rückten die Kämpfe rasch immer näher heran, der Belagerungsring wurde täglich enger gezogen. Und jeder, der im Bunker unten etwas zu tun hatte, versuchte bis zuletzt noch zu telefonieren, wenn das möglich war. Es ging auch um private Dinge, wie etwa Familie und Verwandte in letzter Sekunde noch in Sicherheit zu bringen. Täglich wurde aber auch mehrmals mit einzelnen Frontabschnitten Kontakt aufgenommen und die Meldungen waren verheerend. Alles löste sich auf, alles brach zusammen, doch noch immer funktionierte das Telefon.

Etwa 14 Tage vor Kriegsschluss kam die Familie Goebbels. Sie hatte zunächst den oberen Luftschutzraum belegt, den man heute Vorbunker nennt. Er war in den 30er-Jahren als Luftschutzkeller gebaut worden, aber eben nicht bombensicher. Joseph Goebbels erhielt den Raum, der vorher für Hitlers Leibarzt Morell reserviert war. Morell hatte sich längst nach Süddeutschland abgesetzt. Hin und wieder kamen auch mal Goebbels' Kinder aus dem Vorbunker runter, um zu spielen. Dann jagte ich sie meist bald wieder nach oben, weil es zu laut war. Frau Goebbels traf sich häufiger mit Fräulein Braun. Ich hörte, wie sie sich leise unterhielten. Bei einer Gelegenheit versprachen sie sich zu bleiben und notfalls mit in den Tod zu gehen. Das geschah ganz in meiner Nähe und ich wusste, was das zu bedeuten hatte.

Es gab wenig Zeit nachzudenken, denn ständig liefen Meldungen über die Kriegssituation herein, die wir weiterzugeben hatten. So beklemmend das auch war, aber der immer schneller heranrückende Zusammenbruch wurde fast zum Alltag. Ständig fanden Besprechungen statt. Die Generäle kamen und gingen. Ernst, bleich und mit verschlossenen Mienen. Und immer standen sie ganz eng beisammen. Wir hatten keine Möglichkeit jemandem einen Platz anzubieten. Es waren nur die Zellen und der mittlere Gang zur Verfügung. Der diente gleichzeitig, wenn mehrere zugegen waren, als Konferenzraum. Aber was gab es noch wirklich zu entscheiden? Übrigens den Namen Führerbunker, wie man ihn später nannte, hat es nie gegeben. Wir sagten Reichskanzleibunker.

Am 22. April war das Ende schon greifbar. Wer weg wollte, war längst geflohen. Über Umwege hatte ich nach vielen vergeblichen Versuchen meine Frau telefonisch erreicht und ihr mitgeteilt, dass ich sie holen wollte. Es gab noch einen Platz in einem Flugzeug, mit dem sie wegfliegen konnte. Ich hatte mich noch einmal zu ihr nach Rudow durchgeschlagen, aber sie wollte nicht mit, weil unsere Tochter starkes Fieber hatte. Da kam ich allein zurück und sagte dem Kommandochef, dass meine Frau lieber zu Hause in Treptow bleiben wolle. Das eigentlich für meine Frau bestimmte Flugzeug wurde wenig später abgeschossen.

Auf dem Weg zurück traf ich Herrn Beuks, den Funker. Ich fragte ihn, ob etwas für den Chef da sei, ich ginge jetzt zur Arbeit und könnte es gleich mitnehmen. »Nein, ich habe nichts«, sagte er. Danach, ich kann die Zeit nicht mehr genau sagen, vielleicht eine Stunde später oder so, kam er ganz aufgeregt angerannt und meinte: »Heinz Lorenz, der Vertreter von Dr. Dietrich, dem Reichspressechef, hat mitgeteilt, dass er von den Alliierten einen Funkspruch aufgefangen habe, die Deutschen müssten Berlin noch zwei bis drei Wochen verteidigen, bis die Westalliierten zur gemeinsamen Einnahme bereit seien.« Diesen Funkspruch hat er dann Hitler gebracht. Herr Linge, Hitlers Kammerdiener, war auch dabei und ich fragte ihn, was der Chef dazu gesagt habe. Na ja, für uns sei der Krieg doch verloren. Er war aber der Meinung, dass es noch Krach zwischen den Russen und den Westalliierten geben werde. Und er werde das noch erleben, wie die sich bekriegen.

Hitler hätte sich wahrscheinlich schon an diesem 22. April das Leben genommen, weil er bereits an dem Tag geäußert hatte, er werde Berlin nicht mehr verlassen. Alle Angebote seines Flugkapitäns Hans Baur, der ihn mehrfach bedrängte, ihn doch noch aus der Hauptstadt zum Obersalzberg auszufliegen, hatte er abgelehnt. Darauf sagten dann die Frauen, also Eva Braun und Magda Goebbels: »Wenn der Chef hier bleibt, gehen wir auch nicht. Wir werden ihn nicht im Stich lassen.« Aber sein Selbstmord hat sich wahrscheinlich durch diesen Funkspruch hinausgezögert.

Doch wir konnten es am Gesichtsausdruck Hitlers ablesen, dass es zu Ende geht. Er sah verkümmert aus und wirkte abwesend, das sorgenvolle Gesicht war fahl und zusammengefallen. Manchmal, wenn ich ihm Depeschen überbrachte, habe ich gesehen, wie Hitlers Hände beim Lesen zitterten und er Schwierigkeiten hatte, die Brille wieder abzusetzen. Ich kannte ihn genau und das war nicht mehr der Mann, den ich fünf Jahre täglich erlebt hatte.

Wenn es eine Besprechung gab, dann kam ein wenig Leben in unsere Unterwelt. Wenn sie zu Ende war, herrschte wieder diese tote, dumpfe Atmosphäre. Wir ahnten, was oben geschah und waren begraben wie in einem Betonsarg. Eine schleichende, stumme Angst lag über allem. Einfach gespenstisch. Und alle, die noch da waren, flüsterten. Auch die Sekretärinnen flüsterten bloß herum. Ich wollte mich von dieser Stimmung nicht unterkriegen lassen und habe am Telefon einfach laut gesprochen, damit da wieder ein bisschen Leben hereinkam.

In den letzten beiden Tagen war die Hoffnungslosigkeit erdrückend. Der Reichsführer SS Heinrich Himmler hatte versucht, gesonderte Friedensverhandlungen mit den Westmächten aufzunehmen – und sich sogar zur »Durchführung einer bedingungslosen Kapitulation« bereit erklärt. Die Nachricht traf Hitler wie ein Keulenschlag. Der Verrat Himmlers bedeutete den Zusammenbruch einer Welt. Alle Gespräche kannten nur noch ein Thema, auch wenn man nicht davon sprach: Das Ende. Ich habe zugehört, wie Adolf Hitler erst sein privates und dann sein politisches Testament seiner Sekretärin Traudl Junge diktiert hat. Wir saßen Rücken an Rücken. Wir kannten uns gut und waren seit Jahren zusammen. Frau Christian, die andere Sekretärin war auch da. Ob sie sich abgewechselt haben beim Schreiben, das weiß ich nicht mehr. Jedenfalls bekamen wir Angst, als Gestapo Müller, den ich noch nie vorher gesehen hatte, davon sprach, dass wir als Zeugen womöglich alle vernichtet werden.

Am nächsten Tag legte SS-General Mohnke eine Karte von der Innenstadt Berlins vor und erläuterte in dürren Worten: »Im Norden steht der Russe, im Osten, im Süden, im Westen, 300 bis 400 Meter vor der Reichskanzlei.« Als Hitler, übernächtigt, im Morgenmantel und in Hausschuhen wissen wollte, wie lang man sich noch halten könne, bekam er zur Antwort: »Noch 20 bis 24 Stunden, mein Führer, nicht länger.«

Es breitete sich eine lähmende Stille aus. Jeder fürchtete, hier unten in diesem modrigen Bunker zu bleiben. Es war wie in einem Sarg. Gegen halb elf entstand plötzlich Bewegung im Konferenzzimmer. Eine Ordonnanz meldete den Tod Mussolinis. Seine Leiche sei an einer Tankstelle kopfüber aufgehängt und von einer schreienden Menge geschlagen, bespuckt und mit Steinen beworfen worden. Darüber redete Hitler später noch einmal gegenüber Bormann, Kierschel und Linge. Er verlangte, dass er nach seinem Tod verbrannt werden solle, damit man nicht das Gleiche mit ihm mache wie mit Mussolini. Er wollte nicht mit dem Kopf nach unten aufgehangen werden. Das wollte er auf alle Fälle vermeiden.

Der Chef hat dann seinen letzten Funkspruch durch mich absetzen lassen, der aus fünf verschiedenen Fragen bestand: »1. Wo sind die Spitzen von Wenck? 2. Wann greifen sie weiter an? 3. Wo ist die 9. Armee? 4. Wohin bricht die 9. Armee durch? 5. Wo sind die Spitzen von Holste?« Doch diese Einheiten existierten nur noch in der Vorstellung Hitlers. Als Stunde um Stunde keine Antwort kam, erhob er sich plötzlich, um sich von seinen engeren Mitarbeitern zu verabschieden. Er gab jedem die Hand und machte auch eine kleine persönliche Bemerkung. Er entbinde jeden der Anwesenden von seinem Eid. Er hoffe, dass sie die englischen oder amerikanischen Linien erreichten. Und dann die letzten Worte: »Ich bleibe an dem mir vorbestimmten Ort und werde hier ewige Wache halten.«

Am 30. April habe ich Adolf Hitler zum letzten Mal gesehen. Es war vielleicht 11 Uhr, da ist er noch einmal aus seinen Räumen gekommen und ging an mir vorbei. Ich stand auf und wir haben uns angeguckt. Er ging dann weiter bis ans Ende des Ganges und wieder zurück, dort blieb er irgendwie unschlüssig stehen. Ich schaute hinterher, da drehte er sich noch mal um und verschwand. Anschließend hat er seinem Leibdiener oder seinem Adjutanten gesagt, dass er nicht mehr gestört werden möchte. Dann hat er sich bei Bormann, Goebbels und den anderen, die da waren, verabschiedet. Das konnte ich aus drei, vier Metern Abstand sehen. Danach war es ganz ruhig.

Plötzlich hörten wir, wie in den noch nicht zerstörten Räumen der Reichskanzlei getrunken und gefeiert wurde. Musik und

Lärm dröhnten bis zu uns nach unten. Die strenge Disziplin hatte sich vollkommen aufgelöst. Ich wurde beauftragt, in der über dem Bunker liegenden Kantine anzurufen, um das Gelage dort zu beenden. Dann wurde eine Ordonanz nach oben geschickt, die mitteilen sollte, der Führer sei im Begriff zu sterben. Aber die da oben waren so betrunken, dass sie gar nicht darauf reagierten.

Unten im Bunker sahen wir uns an und jeder horchte. Wir warteten auf den Schuss. Ich habe allerdings nichts gehört. Dann rief jemand: »Linge, Linge, ich glaube es ist so weit.« Heinz Linge, der Leibdiener von Hitler, stieß mich zur Seite und trat vor Hitlers Tür. Alle schauten still zu Boden. Das Telefon klingelte und der Einzige, der in die Stille hinein am Telefon quasselte, war ich. Wer als Erster die Tür aufgemacht hat und Hitlers Leichnam fand, weiß ich nicht mehr. Ich glaube es war Linge oder Otto Günsche, der Adjutant vom Chef. Ich habe Hitler ganz schlaff auf dem Sofa sitzen sehen. Eva Braun lag neben ihm, mit angezogenen Knien, und er hing so vorne über.

Hitler hatte sich vorher von Professor Werner Haase beraten lassen, wie man am sichersten Selbstmord begeht. Haase war ein uralter Bekannter, einer der Ersten, die Hitler begleitet haben. Er war aber nicht immer im Begleitkommando. Jetzt wo es passiert war, bekam ich es mit der Angst zu tun, weil ich nicht wusste, was nun geschehen würde. Also habe ich meine Pistole durchgezogen, durchgeladen und sie in meinen Schreibtisch gelegt. Vielleicht würde ich sie ja brauchen. Ich fürchtete, wir würden von der Gestapo oder vom Reichssicherheitsdienst als Zeugen umgebracht.

Eigentlich wollte ich Franz Schädle, dem Chef des Führerbegleitkommandos Meldung machen, bin aber auf halbem Wege umgekehrt, weil ich so durcheinander war. Als ich zurückkam, nach ein paar Minuten, lag Hitler auf dem Boden, und Linge und andere waren dabei ihn einzuwickeln. Später haben sie dann die Leiche an mir und anderen vorbeigetragen. Sie trugen ihn nach oben ins Konferenzzimmer. Wir bildeten so eine Art Spalier. Das Letzte, was ich von ihm sah, waren seine Schuhe. Als Erster hatte Goebbels wieder die Sprache gefunden. Er gestikulierte wild und sagte: »Ich werde jetzt nach oben gehen und so lange herumlaufen, bis eine Kugel meinem Leben ein Ende machen wird.« Das tat er dann aber doch nicht.

Ein Mitarbeiter meinte noch zu mir: »So, jetzt wird der Chef verbrannt, geh mal schnell rauf.« – »Nee«, sagte ich. »Ich geh da nicht rauf, geh du rauf.« Aber der wollte auch nicht. Als die Leiche Hitlers im Bereich der Neuen Reichskanzlei mit Benzin entfacht war, ging bei uns unten die Parole um: »Der Chef brennt!« Keiner wusste mehr, was er tun sollte. Die Stimmung bei uns, den Letzten im Bunker, war eine merkwürdige Mischung aus Apathie, Angst und Orientierungslosigkeit.

Ich hörte dann von Ausbruchsplänen und bat Goebbels, dass er mich doch von meiner Arbeit entbinden sollte. Er aber weigerte sich mich zu entlassen und erinnerte mich an meine Soldatenpflicht. Ungefähr sagte er: »Ein Soldat verlässt seinen Arbeitsplatz nicht. Ob das im Panzer an der Front ist oder im Schützengraben.« Ich habe mich dem wehrlos gebeugt. Eigentlich hatte ich auch nicht mehr daran geglaubt, dass ich überhaupt hier noch lebend herauskomme. In den nächsten Stunden machte ich meine Arbeit vollkommen automatisch.

Am 30. April kurz vor Mitternacht kamen Bormann und General Krebs in meine Telefonzentrale. »Wir brauchen jetzt ganz dringend direkten Kontakt zum Russen.« Ich habe dann dem Posttechniker Hermann Greetz gesagt, dass er ein Kabel ziehen muss vom Bunker bis zur Zimmerstraße am Luftfahrtministerium vorbei. Dort war der nächste Russe, ca. 400 Meter entfernt von uns. Herr Greetz nahm sich die Kabeltrommel und hat sich mit Soldaten bis zu diesem Punkt durchgeschlagen. Zu mir hat er gesagt: »Auf keinen Fall diese zwei Anschlüsse blockieren.« Wir hatten ja im Keller unten eher eine primitive Telefonvermittlung. Oben in der Reichskanzlei war die modernste Anlage von Siemens eingebaut, im Bunker aber eine wie in einer billigen Pension. Beim ersten Mal hat nichts funktioniert. Ich habe ihn angeschrien: »Hermann, was ist los. Alles tot in der Leitung.« Dann ist er noch einmal hingelaufen und endlich hatte ich Kontakt gehabt. »General Krebs, ich habe jetzt den Russen am Apparat«, sagte ich und habe das Gespräch in den Nebenraum verbunden. Ich konnte alles mithören, aber nichts verstehen, denn General Krebs hat fließend Russisch gesprochen, weil er Militärattaché in Moskau gewesen war.

Dann haben Burgdorf, Krebs, Bormann und Murke untereinander verhandelt und schließlich ist General Krebs zu den Russen hingegangen und kam nach etwa zwei Stunden am frühen Nachmittag des 1. Mai unverrichteter Dinge zurück. Anschließend wurde wieder debattiert und General Krebs ist noch einmal zu den russischen Linien gegangen. Auch dieser Versuch eine Art Waffenstillstand zu vermitteln, war ohne Erfolg geblieben. Er wollte versuchen, dass wir und andere Berliner noch herauskommen und deutsche Einheiten erreichen, die in der Nähe von Berlin waren. General Wenk zum Beispiel. Die Russen bestanden auf einer bedingungslosen Kapitulation. Dann habe ich mitbekommen, dass sich die Zurückgebliebenen im Vorbunker in fünf Gruppen einteilen wollten, um über die Friedrichstraße Richtung Norden zu fliehen. So löste sich der kleine Haufen nach der Devise: Rette sich wer kann. Niemand kam aber mehr zu mir nach unten. Ich war mutterseelenallein. Die meisten gingen aus dem Bunker raus rüber in die neue Reichskanzlei. Von dort aus sind sie dann ausgeschwärmt und haben ihr Glück versucht.

Auch bei uns ging jetzt alles drunter und drüber. Was sollten wir auch tun. Ich erinnere mich, dass ich mit Hanna Reitsch und dem Diener von Goebbels ein Glas Wein getrunken habe. Da kam Frau Goebbels mit den Kindern vorbei, und Frau Reitsch hat gesagt: »Mein Gott, Frau Goebbels, und wenn ich 20-mal einfliegen soll, um die Kinder herauszuholen, die dürfen nicht hier bleiben.« Dann kam noch Frau Bruhns aus der Küche, die hat Frau Goebbels angefleht: »Lassen Sie die Kinder doch, die Kinder müssen noch weg. Wenn ich zu meiner Schwester nach Oldenburg fahre, das weiß doch kein Mensch, wessen Kinder das sind.« Sie aber hat dann gesagt: »Nein, die Kinder bleiben hier.«

Später kamen die Kinder wieder runter, weiß gekleidet in Nachthemdchen, und die Haare waren gekämmt. Ich habe weitergearbeitet und telefoniert. Dann ist Frau Goebbels mit den Kindern stillschweigend weggegangen. Na ja, irgendwann kam der Dr. Werner Naumann, er war Staatssekretär im Propagandaministerium, und sagte zu Dr. Ludwig Stumpfegger, dem letzten Leibarzt Hitlers: »Gib denen was zu trinken, irgendein Bonbonwasser.« Dr. Naumann meinte auch, wenn es nach ihm gegangen wäre, und dabei zeigte er Richtung Goebbels, dann wären die Kinder nicht mehr hier.

Frau Goebbels war dann – ich weiß es nicht mehr ganz genau – ein oder zwei Stunden weg. Danach kam sie weinend runter, setzte sich an einen Tisch, wo ihr Mann seinen Raum hatte und legte Patiencen. Ich konnte bei allem zuschauen. Goebbels trat dann zu ihr. Er hat sie aber nicht gestreichelt oder so, gar nichts. Er hat nur zugeguckt, wie sie Patiencen legte. Vielleicht eine Stunde oder anderthalb. Goebbels guckte nur zu, wortlos, vollkommen wortlos. Es war unten eine Totenstille. Jeder sprach nur leise, ganz leise, flüsterte. Dann ist Madga Goebbels alleine hochgegangen. Ihr Mann blieb. Ich habe sie danach nicht mehr lebend gesehen.

Irgendwann später habe ich zu Hentschel gesagt, der war quasi Hausmeister und für die technischen Anlagen im Bunker zuständig: »Geht der Bunker in die Luft? Du musst es doch wissen, kann der zum Explodieren gebracht werden, ist er so angelegt, dass er gesprengt wird, wenn alle weg sind?« – »Nein«, hat er gesagt, »das passiert nicht, da ist keine Anlage drin.« Zwischendurch sind immer wieder Anrufe von der Gauleitung gekommen, dann von General Bärenfänger, dann von Oberstleutnant Seifert. Es war aber kaum noch jemand da. Alles löste sich auf. Da habe ich mehrmals Goebbels gefragt: »Ich habe gehört, unsere Leute werden in Gruppen geteilt, kann ich zu den Gruppen gehen?« – »Ja, ja, ich sage Ihnen Bescheid.«

Dann sind die Generäle Burgdorf und Krebs aufgetaucht und haben miteinander gesprochen. Als ein Gespräch für General Krebs hereinkam, sagte ich: »Moment, ich lasse rufen.« Es meldete sich aber niemand. Also stand ich auf, ging um die Ecke und da waren Burgdorf und Krebs am Tisch eingenickt. Ich dachte, er schläft, also wollte ich ihn wecken: »Herr General, Telefon.« Da war er tot, aber einen Schuss hatte ich nicht gehört. Ich ging zum Telefon und sagte: »General Krebs ist zurzeit nicht mehr erreichbar.«

Plötzlich kam Bormann runter in einem schwarzen Ledermantel, darunter hatte er eine Militäruniform gehabt mit einer schwarzen Ledertasche. Und er hat sich dann von mir verabschiedet mit den Sätzen: »Du wirst ja noch gebraucht und sieh zu, dass du noch zur Friedrichstraße kommst und es über die Weidendammerbrücke schaffst, ohne von den Russen gefangen zu werden.« Einer soll Bormann später noch an der Weidendammerbrücke gesehen haben.

Schließlich waren zum Schluss nur noch ganz wenige da unten. Wir teilten irgendwie ein Schicksal und der Kontakt wurde mehr oder weniger freundschaftlich. Da wagte ich es, zu Joseph Goebbels zu sagen: »Ich möchte auch hier weg.« Irgendwann kam er dann und meinte: »Na ja, wir haben verstanden zu leben, und jetzt werden wir auch verstehen zu sterben. Sie können jetzt Schluss machen.«

Da war ich aber froh. Ich hatte schon einen voll gepackten Rucksack mit Knäckebrot und Schokolade etc. vorbereitet. Zuerst habe ich alle Kabel herausgerissen, alle Verbindungen gekappt und dann zu Hentschel gesagt: »Du, ich bin jetzt entlassen. Ich haue ab. Hier hast du die Anschrift von meiner Frau.« Er hat mir dann auch seine gegeben und ich bin in Uniform aus dem Bunker, durch den Vorbunker und den Tunnel in die neue Reichskanzlei gelaufen. Dort habe ich noch Franz Schädle getroffen, den Chef des Führerbegleitkommandos. Ich musste nur ein ganz kurzes Stück über die Straße laufen zum Borsig-Palais, um in den U-Bahnhof Hotel Kaiserhof zu gelangen, eine Station, die heute Mohrenstraße heißt.

Es war im Morgengrauen und eigentlich totenstill. In der Luft hing ein scharfer Brandgeruch und auf der Treppe in den U-Bahn-Schacht spielten zwei Gitarristen Hawaiimusik. Ich starrte sie an und ging vorbei. Das alles kam mir vollkommen unwirklich vor. Dann waren in der Ferne vereinzelt ein paar Schüsse zu hören. Im Bahnhof und im U-Bahn-Schacht saßen oder lagen dicht gedrängt und schweigend verängstigte Menschen. Ich hätte auch in Zivil fliehen können, aber das war gefährlich, denn es liefen noch Trupps herum, die Soldaten in Zivil sofort erschossen. Ich wollte unbedingt die wenigen hundert Meter zur Friedrichstraße, d.h. zur Weidendammerbrücke erreichen, um mich dort bei General Rauch zu melden, der uns raus aus Berlin bringen sollte. Im U-Bahn-Schacht traf ich den Diener Adolf Hitlers, Heinz Linge, der ebenfalls auf der Flucht war. Als wir aus dem Ausgang der U-Bahn heraustraten, stand vor uns ein zerstörter Panzer und wir sahen viele Tote. Niemand war sonst zu sehen und uns packte kalte Angst.

Zurück im Schacht haben wir uns dann drei Soldaten angeschlossen, die den unterirdischen Weg Richtung Wedding zur Station Gesundbrunnen suchten. Auf diesem Weg kreuzt die U-Bahn die Spree und wir mussten zweimal neben dem Gleisbett robben. Überall wurde jetzt geschossen. Immer wieder gab es große Löcher in der Decke, die Bombenabwürfe gerissen hatten. Dort hinein warfen die russischen Soldaten ab und zu Handgranaten, was die Sache äußerst gefährlich machte. Schließlich sind wir bis zum Stettiner Bahnhof gelaufen und hörten aus einem Luftschacht deutsche Stimmen. Wir vermuteten Kameraden und sind sofort aus dem Schacht gekrochen. Da standen wir inmitten von ca. zweihundert gefangenen deutschen Soldaten. Das war dann also das Ende.

In einem gegenüberliegenden Haus schossen vollkommen betrunkene Russen auf sich selbst, bis ein russischer Offizier mit einer Maschinenpistole die rasenden Kameraden niederschoss. Als Linge das sah, nahm er zitternd die Pistole Hitlers und wollte sich ebenfalls auf der Stelle umbringen. Ich habe ihm dann mit der Faust auf die Hand geschlagen und zu ihm gesagt: »Wenn die Russen sich selbst erschießen, müssen wir keine Angst haben.« Daraufhin haben Linge und ich unsere Pistolen weggeschleudert. Ich selbst hatte noch eine wertvolle Schweizer Armbanduhr, die wollte ich auf keinen Fall hergeben. Ich habe sie dann auf den Boden geworfen und schweren Herzens zertreten. Heinz Linge trug die goldene Armbanduhr vom Chef. Er sagte mir, dass Hitler sie ihm geschenkt habe. Ich bin mir nicht sicher, denn ich glaube eher, dass Linge sie nach dem Selbstmord Hitlers an sich genommen hatte. Die Initialen AH waren deutlich zu sehen. Er warf sie weit weg auf ein Feld, wo eine Frau in der Nähe stand, die sich bückte und die Uhr an sich nahm. Bald danach trennten wir uns und es begann mein langer Weg in die Gefangenschaft unter anderem in das berüchtigte Foltergefängnis Lubjanka des KGB. Er sollte neun Jahre dauern und meine Frau erfuhr erst 1949, dass ich den Krieg überhaupt überlebt hatte.

Protokoll von Wolfgang Weismantel und Matthias Franck

Bildnachweis:

S. 19
Jennifer Bligh
S. 21
Privatarchiv Jennifer Bligh
S. 36
Hilde Zemann
S. 62 u. 65
Privatarchiv Harald Scholtz
S. 79
Stadtarchiv Ansbach
S. 99 u. 101
Privatarchiv Martin Bergau
S. 113
Privatarchiv Rudolf Kriss
S. 115
Staatsarchiv Landshut
S. 138 u. 141
Privatarchiv Karl Ludwig Hoch
S. 155
Ullstein–Schicke
S. 167 u. 169
Nelly Limmer
S. 182
Toni Sahm
S. 185
Privatarchiv Siegfried Rabe
S. 204
Jennifer Bligh
S. 207
Privatarchiv Jennifer Bligh
S. 223
Erhard Schreiber
S. 225
Privatarchiv Rochus Misch

Quellennachweis:

Der Text »Der Krieg verendet« wurde entnommen aus:
Reinhard Baumgart: »Damals. Ein Leben in Deutschland 1929–2003«. Mit einem Nachwort von Hildegard Baumgart.

Der Text »Widerstand in der letzten Stunde« wurde entnommen aus:
Martin Broszat und Elke Fröhlich (Hrsg.): Bayern in der NS-Zeit VI. Die Herausforderung des Einzelnen. Geschichten über Widerstand und Verfolgung von Elke Fröhlich.
 Eine Publikation des Instituts für Zeitgeschichte München.

Der Abdruck »Als Gefangener quer durch Deutschland« von Rudolf Kriss erfolgt mit freundlicher Genehmigung von Dr. Hubert Kriss.